The insurance observation and thinking

保险观察与思考

（2017）

王小韦◎主编

中国金融出版社

责任编辑：亓　霞　张清民
责任校对：孙　蕊
责任印制：陈晓川

图书在版编目（CIP）数据

保险观察与思考：2017（Baoxian Guancha yu Sikao）（2017）/王小韦主编．—北京：中国金融出版社，2018.6
ISBN 978－7－5049－9576－6

Ⅰ．①保…　Ⅱ．①王…　Ⅲ．①保险业—中国—2017—文集
Ⅳ．①F842－53

中国版本图书馆 CIP 数据核字（2018）第 100032 号

出版
发行　中国金融出版社
社址　北京市丰台区益泽路 2 号
市场开发部　（010）63266347，63805472，63439533（传真）
网 上 书 店　http：//www.chinafph.com
（010）63286832，63365686（传真）
读者服务部　（010）66070833，62568380
邮编　100071
经销　新华书店
印刷　北京市松源印刷有限公司
尺寸　169 毫米×239 毫米
印张　26.5
字数　391 千
版次　2018 年 6 月第 1 版
印次　2018 年 6 月第 1 次印刷
定价　79.00 元
ISBN 978－7－5049－9576－6
如出现印装错误本社负责调换　联系电话（010）63263947

谨以此书献给孜孜不倦地钻研保险理论的拓荒者！

他们好比一群在沙滩上嬉戏的孩子，光着头、赤着脚，提小桶、拿小铲，即使发现一个残缺不全的贝壳、一条奄奄一息的小鱼、一支失去光泽的羽毛，也会欢呼雀跃，乐在其中。

编　委　会

主　　编： 王小韦

副 主 编： 马丽娟　胡　刚　高笑寒

撰稿人员（排名不分先后）：

张育新　曹春喜　田　丽　王小韦　马丽娟
胡　刚　高笑寒　陈　曙　王雨飞　黄　鹏
郜　恺　李　霞（甘肃保监局）　杨科技
张艳玲　范江丽　耿西瑶　韩　蕾　许　凤
海　畅　张　婷　戴　娟　孙韵平　高　川
慕阳阳　薛　玥　黄明明　苏　洁　常　璇
浐　灞（王小韦）　航　天（王雨飞）

特约学者： 王卫国　周小强

序一

半年前的一天，我出差回来，看见办公桌上放着一本《保险观察与思考（2012—2016）》，同事说是该书主编王小韦赠送的。抽时间浏览了一下，留下这样的印象：作者群体是保险监管部门的一线工作人员，文章选题涉及面较宽，涵盖保险中介、车险改革、典型案例剖析、反保险欺诈和销售误导治理等多个领域；所收录的文章皆是在《中国保险报》《中国保险》等报纸杂志上发表过的，最早的文章是2012年发表的，如此推算，这个团队的写作时间已有五年；除保险新闻篇外，其他各篇文章结构大多数分为市场表现、背后根源和化解对策三部分，是对保险市场现实问题的进一步剖析和研究。说实在的，当时看了这本书后，一方面，感到所载文章大多数属于“散、短、实”的一般性文章；另一方面，又着实为这群创作人执着的写作、钻研、探究精神而感动。毕竟，长时间坚持写作，如果没有一种发自内心地对行业的热爱，是很难持续下去的。

随着时间的流逝，半年前的这一情景已经淡忘。然而，没想到的是，前不久又听说该书要出版第二本，即《保险观察与思考（2017）》，且主编王小韦还托人向我发出写序的邀请。为方便写序，还专门送来书稿及后记。后记的标题是“仰望百万，伏耕卅万”，其中提到，2018年要发表30万字左右的文章，截至2018年底要累计发表100万字的文章。说心里话，仅仅看完这个后记，我的感受就已经不再是半年前的感动，而是一种深深的触动或震撼。由此，也爽快地答应了写序的邀请。

为了起草序言，我翻阅了他们的书稿，并选择一些重点文章进行了通读。读罢，进一步加深了半年前的印象：一是这群创作人十分勤奋。从发表文章的频次看，从2012年至2017年发表数量呈现出持续上升的势头，前期平均每年发表十几篇，中期每年发表三四十篇，后期基本上每年发表六七十篇。有的文章素材来源于新闻报道，从报道到发表文章，间隔非常短。例如，《野象“玩”得欢 保险赔得快》一文，央视报道相关事件的时间是2016年2月15日，而分析文章就发表在一周后的《中国保险报》上；《违规洒水结冰导致系列车祸，保险该不该赔》一文，媒体报道相关事件的时间是2016年1月14日，分析文章就发表在两周后的《中国保险报》上。从素材出现到发表文章之间的时间间隔，就不难看出作者对保险市场事件的敏感和用心。二是对问题持续追踪研究。书中所载文章有相当一部分属于持续跟踪性研究，且早于相关政策或监管规定的出台。例如，对于销售误导这一保险市场的顽症，两册书中持续有多篇文章进行论述，提出的治理措施和建议涉及销售人员持证上岗、薪酬制度改革及推行销售行为录音录像等，其中的《录音录像：银保业务监管的划时代改革》一文发表在2014年8月5日的《中国保险报》上，此后的2017年，保险监管部门出台了代理保险销售行为录音录像的监管规定。再如，关于保险专业中介机构市场准入程序，之前按照相关规定，一直是“先证后照”，即申请人先到保险监管部门申办中介业务许可证，凭许可证到工商行政管理部门办理营业执照，而酝酿中的商事制度改革方案调整了准入次序，即实行“先照后证”，这样就需要加强保险监管和工商行政管理部门的有机对接，为此，作者2013年10月30日发表《保险中介监管应与工商登记改革衔接》一文，专门提出相关建议。此后，针对市场上出现的只办理营业执照而未办理保险中介业务许可证的机构，作者也积极撰写相关文章予以分析研究。

概览这本即将出版的《保险观察与思考（2017）》，除了上述印象之外，我还发现，所载文章具有贴近政策、贴近市场、贴近消费者的“三贴近”特征。应当说，这类文章的大量出现，对于丰富保险市场研究成果、改进保险市场研究方法，会具有一定的补充和借鉴作用，对广大读者洞察了解保险市场的运行状况也会有一定裨益。

不过，在为这本书点赞的同时，也需要提醒一下不足之处：一是学术性有待提高。有的文章研究判断的基础与主流认识尚有一定差距。二是逻辑性有待提高。有的文章推理论证的逻辑性不够严密，结论尚需做进一步推敲。

三是流畅性有待提高。有的文章在语言表述上尚存在一些小的瑕疵。因此，殷切希望这本书的各位作者在取得成绩、进展的基础上再接再厉，在今后的研究、写作中，进一步提高自身理论素养和洞察市场的水平，争取出更多更好的保险市场研究成果，为保险业实现持续健康发展作出更大的贡献。

聊为序。

中国保险学会副秘书长、《保险研究》主编　冯占军

2017 年 11 月 18 日

序二

王小韦先生主编的《保险观察与思考（2017）》就要出版了，这已经是该写作组出版的第二本书了。首先，我对本书的各位作者表示由衷的敬意，敬佩他们在繁忙的保险监管工作之余，利用大量碎片化的时间，甚至占用大量休息时间对保险业运作、监管和保险公司经营中的相关事件进行深入分析，并累积成书。

本书分为案例篇、车险篇、创新篇、新闻篇和中介市场篇，从不同角度对保险业发生的各类事件，尤其是对理赔事件进行深入剖析，进而上升到分析保险业的经营问题、监管问题以及更加远大的目标——整个社会的风险控制或风险管理问题，探讨如何通过保险业的工作进一步降低整个社会的风险水平，让整个社会更加和谐！体现了作者不仅关注保险业，更加关注社会和谐发展的宽阔胸怀！

王小韦先生提出，整个社会的风险管控网络可分为纵向网络和横向网络，纵向网络是指各行各业的政府安全监管网络，横向网络是指通过如保险合同这样的商业交易手段来管控风险。并提出由于纵向监管总是不会完全到位，这给保险业进行横向风险管控提供了空间！在此基础上，作者进一步提出："保险业存在和发展的根本目的，就是减少和降低人民群众不必要的生命和财产损失，建设和谐社会。"

这个目标非常远大，确实不容易做到！但它确实是我们对保险业的长久期望。我一直认为，保障性保险属于消费而不是投资，经营保障性保险的保险公司同时具备实体企业属性和金融企业属性，财险公司比人身险公司更具备实体企业属性。因此，我们期望，保险业尤其是财险业，不但要将自己视为一家金融企业，为客户提供与风险有关的现金流交易，也要将自己视为一家风险管理企业，为客户提供风险管控服务！如果能够同时提供保险服务和安全管控、健康管控等服务，将会极大地提升保险业的社会地位，因为，人类对风险管控的评价要远高于对保险这种事后补偿方式的评价。

我们已经看到有的保险公司、有的保险业务已经结合保险合同激励客户加强风险管控、降低风险，我们希望能够做得更多！希望保险业的未来会更好！

上海对外经贸大学保险系教授 郭振华

2017 年 11 月 29 日

序三

集腋成裘，积沙成塔。

2012 年至今，王小韦先生利用业余时间与同事、保险同仁在《中国保险报》《中国保险》《保险理论探索》《中国保险市场》《保险中介市场》等保险行业主流报纸杂志上累计公开发表 240 余篇、70 余万字的文章。将这些文章结集，成就了已经出版的《保险观察与思考（2012—2016）》和即将出版的《保险观察与思考（2017）》两本书。

对于书和作者，熟悉的人很多，我是其中更为熟悉的一个。原因有两个：一是工作需要。多年来，我在保险行业一直从事文字工作，由于写作需要，我会浏览和阅读各类文章，首选的当然是保险专业的文章。《保险观察与思考（2012—2016）》收录的文章，都是公开发表的，我都比较熟悉。二是工作经历。我曾在《中国保险报》供职多年，现在是中国保险行业协会的《中国保险市场》《国际保险资讯》两本杂志的主编。以稿为媒，虽然我知道王小韦先生一直笔耕不辍，但今年上半年，当收到《保险观察与思考（2012—2016）》的赠书时，我还是颇为吃惊和感动，因为对于业余从事写作和研究的人员来说，能取得如此丰硕的成果，确属难能可贵。《中国保险报》总编辑于华先生，在为该书撰写的序言中，将王小韦等作者称作“陕军”，归纳了三大特点：韧劲十足，颇具陕西人的性格特点；视野开阔，题材广泛；勇于探索，大胆前瞻。于华先生的评价，于作者、于该书，应当说都是比较中肯的。

浏览即将出版的《保险观察与思考（2017）》书稿，对其中印象深刻的几篇文章，我也略谈一下感受。其一，在《提升车险服务的三大路径》一文中，针对车险诉讼案件，作者建议在合同制订过程中，要在保险行业法律、业务、精算人员主导的前提下，邀请资深法官、律师、交警、车险消费者代表参与，保证车险合同体现的精神与交通规则、法律导向等价值取向一致，使条款在理解上高度一致，减少理赔分歧和诉讼，也有利于和谐社会建设。在一些社会广泛关注的案例中，诉讼纷争的焦点在于交通事故责任认定比例的分配上，对于个别的保险公司来说，只是赔付比例调整的问题，但对于整个保险行业来说，总体风险没有降低。只有降低承保标的物的风险状况，防范风险事故发生，才能切实发挥好"保险姓保"的天然属性和功能。其二，在《大型保险公司深耕汽车4S店业务策略》一文中，作者深入研究了汽车流通新政下的车险经营对策，全面分析了车险经营中存在的问题以及车险市场自律政策变迁、保险中介监管政策变迁等一整套的政策环境变化，视角广泛，论证严密，建议充实。其三，在《未来保险业发展的三大制高点》一文中，作者将视野投向了保险业发展的更长远的未来，结合对传统保险经营的熟稔，指出随着互联网技术、人工智能、大数据等技术的普及和应用，传统保险经营日益凸显出产品、成本和服务方面的三大瓶颈，市场主体只有抓住现有问题，洞悉未来，抢占数据、科技和服务三大未来制高点，在技术和专业上下功夫，才能占领未来行业发展高地。

以上是我对于《保险观察与思考（2017）》的初步印象、一点思考和推介，匆匆一阅，难免挂一漏万，甚至贻笑大方，但总算是完成了撰写序言的邀请。作为文字工作者，我深知一部好作品的生命力，在于作品的优秀；一位好作者的生命力，在于创作出优秀的作品。

板凳要坐十年冷，文章不写半句空。当前，在全行业深入学习贯彻党的十九大精神，认真落实全国金融工作会议要求，实现保险回归本源和重塑保险监管的目标中，我也祝愿和期待作者能够深入调查研究，理论联系实际，创作出数量更多、质量更高、价值更大的作品。

中国保险行业协会编辑部主任 仝春建

2017年11月30日

保险行业的终极使命

（前言）

斗转星移，春华秋实。

继2017年出版《保险观察与思考（2012—2016）》后，我与诸多同事继续笔耕不辍，砥砺奋进，集腋成裘。据统计，从2016年9月初至2017年9月底，陆续在《中国保险报》《保险理论与实践》《保险中介市场》等报纸杂志上发表各类文章近百篇。撷英其中，成就了眼前的《保险观察与思考（2017）》。两本图书总计收录230多篇文章。

围绕读者关注的基本问题，作为主创作者和主编，我认为该书具有三大特点：一是体例兼容性。从体例上看，本书体例迥异于常见的保险教材或者保险类的大众读本等图书。通读本书，可以捕捉到这些图书交集的影子；从研究主题看，同一个主题在不同的年份有不同的监管政策或者市场表现，类似于“纪传体”；从研究年份看，同一个年份研究的问题跨度比较大，类似于“编年体”。二是内容贯通性。从本书涉及的内容看，除以保险中介监管、商业车险改革为主外，还有保险典型案例剖析、保险销售误导治理、反保险欺诈、保险新闻等内容，研究保险市场所用的素材均来自于保险市场上第一手鲜活的资料。三是对象广泛性。本书读者定位于保险监管、保险公司顶层制度设计者以及关注保险业的人士，有利于保险学界及时了解保险监管政策变迁，缩短理论研究与监管实务之间出现的差距和鸿沟。本书收录的《中国保监会关于深化保险中介市场改革的意见》（保监发〔2015〕91号），是近年来保险中介监管领域非常重要的监管政策。但是，有很多保险学者在研究我国保险中介市场发展时却对这个文件忽视不见。本书收录了河北农业大学王卫国教授的《正确理解意外伤害保险的含义》、周小强律师的《“意外死亡”之果与“意外伤害”之因不应混淆》和我的《动物园老虎伤人，保险赔不赔》，三位作者分别来自于保险法学理论研究、保险法务实操和保险监管领域的专业人员，三篇文章共同组成意外伤害保险的资料体系，通过阅读、理解和应用，有利于基层保险公司经营者从监管政策和经营管理制度的视角提供保险服务，减少一线保险经营机构和保险消费者之间的分歧；有利于公众提高防范意识和能力，消除公众对于某些具体保险经营行为的误解。所以，倾心创作、编辑这样一本图书，无论是对作者、读者，还是对保险事业的发展，都有积极的意义。本书的特色、价值和生命力在于问题、素材、思考均来自于保险监管和经营市场一线以及公众的日常生活，剖析问题的目的更多的是着眼于改善监管和经营管理，促进保险行业回归保险的保障功能。

针对治理销售误导问题，本书收录了《新形势下遏制销售误导的新思维》《录音录像：银保业务监管的划时代改革》等文章，呼吁加快对保险销售行为进行录音录像，通过音像资料固定证据，能够还原销售过程，以便保险公司上级机构、保险监管部门和人民法院等机构依法认定是否构成销售误导，提高工作效率和质量。我之所以不遗余力地反复呼吁要进行录音录像，是源于对一些实际案件的分析。庆幸的是，在呼吁声中，金融监管部门出台了三个相关的监管文件。第一个监管文件是2016年5月5日银监会印发的《关于规范商业银行代理销售业务的通知》（银监发〔2016〕24号），该文件第三十一条规定：“商业银行通过营业网点开展代销业务的，应当根据国务院金融监督管理机构的相关规定实施录音录像，完整客观地记录营销推介、风险和关键信息提示、客户确认和反馈等重点销售环节。”其中包含对银行代理保险业务进行录音录像。第二个监管文件是2017年6月28日保监会印发的《保险销售行为可回溯管理暂行办法》（保监发〔2017〕54号），要求保险公司、保险中介机构通过录音录像等技术手段采集视听资料、电子数据的方式，记录和保存保险销售过程中的关键环节，实现销售行为可回放、重要信息可查询和问题可确认。第三个监管文件是2017年8月23日银监会办公厅印发的《关于印发银行业金融机构销售专区录音录像管理暂行规定的通知》（银监办发〔2017〕110 号），进一步明确要求银行业金融机构设立销售专区并在销售专区内安装电子系统，对自有理财产品及代销产品销售过程同步录音录像。对于银行机构代理保险业务实施录音录像，在银行业监管部门和保险业监管部门之间存在监管的交叉地带，即银行机构由银监会监管，而代理销售的保险产品由保监会监管。为保证该项制度顺利实施，仍需两个监管部门进一步沟通、协调，制定更具有操作性的实施细则。当然，最理想的状态是有两个监管部门沟通，通过联合发文的形式，统一银行代理保险业务录音录像的标准。可以预见，保险销售行为录音录像制度，对提升保险监管水平和促进保险业发展必将发挥积极的作用。

针对保险监管政策更替、改革的问题，本书立足于保险监管实践，进行了一系列解读并提出建议和意见。保险监管作为金融监管的一部分，专业性强、影响力大，推行改革，如果设计方案的配套政策跟不上或不健全，非但不能达到预期的目标，反而会使改革产生遗憾。例如，近年来国务院开展的商事制度改革，对注册资本、经营范围、审批顺序、注册地址等内容进行了规定，对促进“双创”有积极的影响，营造了良好的经商环境。商事制度改革落实到保险行业，对保险公司等保险机构和保险中介机构采取分类原则：对于保险公司、保险资产管理公司等保险机构维持现行规定；对保险中介机构仅涉及审批顺序调整以及注册资本金、经营范围等监管要求维持现行规定。此项改革在陕西省内动议于 2013 年，我撰写了《保险中介监管应与工商登记改革衔接》《论保险中介行政审批衔接商事制度》等文章，呼吁需要进行配套改革。不出所料，随后出现了“有照无证”的“准保险中介机构”违规从事保险代理业务的现象。2016 年 5 月，基于对辖内保险市场的调研和查阅大量的资料，撰写了题为《车险经营：越亏损 越豪放》的文章，剖析了保险市场上出现的“买商品，送保险；买多少，送多少”现象。2017 年 4 月，我在开展调查实务的基础上，撰写了《揭开另类“车险超市”的神秘面纱》等文章。为了从源头上遏制“有照无证”保险中介机构的产生，依据国务院有关文件，我和同事积极与陕西省工商行政管理局沟通，为完善配套改革献言献策、奔走呼吁。功夫不负有心人，历经半年的沟通协调，终于促成陕西保监局和陕西省工商行政管理局联合下发了《关于做好保险专业中介机构登记注册与行政审批衔接工作的通知》（陕保监发〔2017〕102号），在一定程度上为规范市场准入铺平了道路，为改革具体措施发挥了“补短板”的作用。

各类风险无处不在、无时不生、无事不存。面对生活中实实在在发生的一些事故，很难判断是意外还是故意。2016年2月中旬，在云南西双版纳野象风景区发生了野象踩踏游客汽车的事件，从央视报道的画面中可以看到，个别游客紧贴着野象围观，我们撰写了《野象“玩”得欢 保险赔得快》的文章（见《保险观察与思考（2012—2016）》），在盛赞责任保险作用之大的同时，也为游客的风险意识之淡薄深感担忧。2017年2月，我们撰写了《动物园老虎伤人，保险赔不赔》的文章，对2017年1月29日发生在浙江雅戈尔动物园发生的老虎咬伤游客的事件和2016年7月23日发生在北京八达岭野生动物园老虎伤人事件从保险的视角进行了分析。对于发生在野生动物园的动物伤人事件，是否实际有保险赔偿，从公开资料中尚未看到。假设在保险充分覆盖的情况下，有可能涉及人身意外伤害保险、公众场所责任保险等险种的赔偿问题，我们在对事件进行分析时，紧扣保险条款，从保险经营的产品设计、营销、风险排查及风险预防等关键环节进行研究，试图提高保险公司的经营能力，减少风险事故的发生，减少保险消费者不必要的生命和财产损失，同时实现保险公司自身经济效益、社会效益的双丰收。

随着汽车社会的到来，一方面汽车扩大了人们的生活半径，使人们的生活更加方便和舒适；另一方面，交通事故频发，碾碎了很多家庭的幸福和快乐。针对典型的交通事故，我们撰写了《预防大巴车风险：管控“软措施”应当更“硬”》《剖析典型热点事件，提高风险管控能力》等文章，结合保险行业车险经营中的诸多具体问题，积极论证车险经营必须进行转型发展的必要性，将经营的重点从重营销、轻风控、弱理赔状态向重风控、强理赔、轻营销转型，通过减少风险事故彰显保险的保障功能。

作为一名专业的风险和保险研究人员，我经过对大量风险事故进行研究认为，加强风险事故管控，需要建立一个纵横交错的风险管控网络，其中纵向条线是基于法律赋予的监管关系，横向条线是基于保险合同的关系。按照法律规定，一般来说纵向条线的监管关系肯定存在，横向条线的合同关系只有在投保的情况下才能发生。纵向条线与横向条线既有相辅相成、相得益彰的关系，也有相互排斥、相互替代的作用。以交通事故为例，纵向条线的监管关系应当由交通监管部门建设统一的监管平台，由汽车运输企业在运输车辆上安装具有定位功能的行车记录仪，横向条线的合同关系是投保交强险和商业车险。在纵向条线上，通过监管使经营机构的运输车辆速度和驾驶员连续驾驶时间符合规定，交通事故就有可能减少甚至杜绝。在此种情况下，纵向条线的监管关系会取代横向条线的合同关系。如果纵向监管不到位，会为发挥横向合同关系留下空间。横向条线建立以后，保险公司如果能够主动对投保车辆安装的行车记录仪进行检查，对运输公司以及交通监管部门的监控平台进行检查，对投保车辆运行的状态进行实时监控，减少事故的发生也就是大概率的事件了。

本书收录的上述事故，绝大多数涉及保险理赔。但是，由于保险覆盖面、渗透度等因素的限制，保险理赔金额与实际造成的损失之间往往有较大的缺口。例如，2017 年“天鸽”台风中遇难的 54 岁驾驶员，某保险公司通融赔付 61 万元。保险赔付以后，引发网友广泛热议。我们列举此案件，着力点不是探讨案件本身，着力点在于此赔偿金额与实际需求之间差距悬殊。以此为契机，有的保险公司在营销过程中，通过介绍死亡赔偿金政策，建议消费者提高保险金额。如此一来，有可能形成恶性循环。

通过对大量风险事故的研究，我们研究的方向改为如何减少和防范风险事故的发生。当然，随着风险事故的减少，很有可能会抑制保险需求。这样的思考，的确是保险从业者一厢情愿的事情。因为人工智能的发展，对于保险业的改变，也许不是循序渐进的，而是一种替代性、颠覆性的改变。例如，人工智能运用于汽车驾驶上，有的自动驾驶汽车生产厂家提出，在现有交通规则不变的前提下，自动驾驶汽车导致的交通事故由汽车生产厂家进行赔偿，保费包含在车价中。再如，对于运输企业来说，通过加大智能监管措施的实施力度，要求运营车辆安装行车记录仪并确保使用，要求运输企业建立管理平台，要求交通运输企业建立监管平台，能够对超速、超载、超员以及驾驶员连续驾驶时间超时等违规情形进行远程操控，交通事故发生的概率一定会大幅降低，同时也一定会抑制保险需求。另外，对于一些责任保险的推广，保险行业呼吁，应当建立强制责任保险制度。在进行调研的基础上，我们撰写了《推动安责险：法治和技术一个都不能少》，论证发展责任保险既需要法制手段，更需要提高保险从业人员的技术水平。

对于保险的保障功能，首先是保险行业的天然职能，应该是保险行业自主、自发的行为；其次是满足消费者理财的要求。防范和化解风险，保险行业是一种基于商业保险合同的商业手段，只有与纵向的行政手段相配合，才能够最大限度地发挥作用，采取切实有效的防控措施，督促和引导投保人遵守相关法律法规、技术规范，促进安全生产，减少和降低人民群众不必要的生命和财产损失，这才是建设和谐社会的基本要求，这才是发展的根本目的，这才是保险行业存在和发展的根本目的，这才是我们出版本书的根本目的。我们认为面对大灾大难和风险事故，考量保险行业的贡献和作为，既要考量提供经济补偿金额的大小，还要考量保险机构在预防事故的发生、减轻风险事故程度和后果上做了哪些工作，减少了多少损失。当然，预防、减少风险事故对实现保护保险消费者的财产和生命安全这样的愿景，肯定还有很长的路要走，有很多的事要做。我与志同道合的同事还会继续观察、继续思考、继续前行，推动保险事业的发展，终极目的在于预防化解风险，减少人们不必要的生命和财产损失，配合行政、法律等强制手段，以经济手段为杠杆，为生产安全、安居乐业构建一个安全网。

本书收录的文章，鉴于作的学识、时间等因素，文章的观点、语言及结构等方面存在瑕疵甚至错误在所难免，但是所有文章均系我及诸位同事的原创文章。在此，欢迎广大读者来电、来函提出意见和建议（邮箱：2639994659@qq.com），或者撰文进行探讨。我们将会以此为契机，推进对保险观察和思考的深度、广度、清晰度和正确度，形成一系列保险研究方面的文章，形成一定的保险研究理论成果，形成一定意义的服务保险监管制度建设、保险监管实务操作的保险理论基石，并录入《保险观察与思考(2018)》一书，试图通过广大读者与作者的共同努力，为繁荣保险理论、促进保险实践、服务经济社会和民生贡献绵薄之力。

王小韦
2017 年 9 月 22 日

目　录

【经典案例篇】

【保险新闻篇】

【保险创新篇】

附录

保险中介篇

新形势下如何做保险中介培训工作

王小韦　马丽娟

本文以提高保险中介综合能力为主线，扼要回顾相关政策变迁，分析在不同政策背景下保险中介培训的新特点，进而提出改进的意见和建议。

呼唤强化培训

一般来说，保险中介市场准入门槛高低与培训需求高低呈反比关系，即保险中介市场准入门槛越高，从事业务越简单，对于培训的需求越低；相反，保险中介市场准入门槛越低，从事业务越复杂，对于培训的需求越高。从当前的形势看，由于保险中介市场准入门槛普降，保险业态多元化，对保险中介培训提出了更高的要求。

保险中介市场是政策主导型市场，市场结构的变化与政策变化息息相关。所以，研究新形势下的保险中介培训工作，离不开对保险中介监管政策和保险监管政策的研究，离不开对新的保险业态的研究。

一是保险中介监管体制改革使保险中介群体市场准入门槛普降。近年来，保险中介监管体制改革持续进行，但是按照时间节点和改革内容看，最大的改革莫过于2015年4月对《保险法》的修订。《保险法》规定，保险销售人员从业资格由保险监管部门核准改革为由保险机构自行决定用人。从内涵上讲，保险中介监管改革包括人员监管和机构监管两个层面。

第一，在人员监管方面，随着2015年4月《保险法》的修订，保险销售人员从业资格从保险监管部门核准资格，改革为保险机构审核资格，保险公司、保险专业中介机构和保险兼业代理机构的保险销售人员取消了“持证上岗”的要求，用人单位在选择招聘人员的过程中，按照业务优先的原则，考虑更多的是从业人员是否能够带来业务，从而降低了其他从业要求。

第二，在机构监管方面，由于继续维持非银行类兼业代理机构资格审批、保险专业中介机构市场准入的高门槛，加上推进保险专业中介机构的分支机构由审批制转为报备制等政策杠杆的综合应用，保险中介市场格局发生了很大的变化。保险中介市场准入门槛的普降，诱发了保险个人代理人人数快速增长。

二是保险产业政策调整拉开了保险公司投资范围多元化、投资主体多元化的帷幕，拉开了保险中介多元化营销的序幕，拉开了保险业态复杂化的序幕。

随着2014年保险业“新国十条”的落地，保险公司的投资范围空前扩大，投资谨慎的保险公司沿着保险领域上下游产业链条进行延伸经营。从保险公司的投资主体看，银行纷纷控股、参股投资保险公司。另外，一些房地产公司、互联网公司等新兴主体成为投资保险公司的新锐。

综合上述两大因素，不难看出保险市场产品的丰富性以及保险中介的扩张性不期而至，要提高保险中介的综合素质，培训无疑是最直接、最基础的举措。

强身健体和综合治理

提高保险中介从业人员的综合素质，培训当然是基础，但更多的是综合运用法律手段、经济手段和行政手段。

一是创新保险营销员管理体制，强化用人单位的管理责任。

现行的保险监管法规，已经确定了由保险机构对保险从业人员履行审核录用权，按照依法行政、依法监管的要求，恢复到先前的模式的可能性已经非常小。改革中遇到的问题，还需要用改革的思维来解决。

构建保险中介机构服务评价体系和独立代理人综合评级制度，健全完善保险中介机构和从业人员诚信记录及失信惩戒机制。建议加快推进《中国保监会关于深化保险中介市场改革的意见》（保监发〔2015〕91号）落地的实施细则，由保险中介行业组织承担行业从业人员的执业登记。与此同时，按照权利和义务对等的原则，强化保险机构对从业人员的管理责任，通过合同约定，督促保险从业人员依法合规从事保险中介业务。

二是对销售行为实时管理，固化保险销售过程。

有关资料显示，当前保险投诉增幅高于保险业务发展增幅。而保险纠纷处理过程中，认定是否构成销售误导其中很关键的一个环节就是取证。而从目前看，由于缺乏第三方证据的支持，无论是人民法院判决还是保险行业协会调解，都面临着取证难的问题。而从保险监管事务看，有的地方保险监管部门在查处销售误导投诉过程中，由于缺乏第三方证据的支持，非但未能查清是否构成销售误导的真相，反倒给保险监管部门带来行政复议甚至行政诉讼的风险。

建议尽快出台保险销售行为可追溯管理办法，要求保险公司和保险中介机构对保险培训、保险销售过程的关键行为进行录音录像。

三是主动推进保险监管转型试点，探索适应综合经营下的协同监管机制。

加强对保险中介从业人员培训的终极目的是督促其依法合规经营。为了达到这样的目的，在正面加强对保险中介培训的同时，还应加强对保险公司的监管，从源头上督促保险公司依法合规经营。

从目前保险市场情况看，保险公司的跨界经营范围，已经延伸到房地产、医疗、乳业等诸多领域。其中，有的保险机构已经形成以保险为主体的保险集团；有的机构已经形成以房地产为核心业务，保险成为其融资平台的地产集团；有的机构已经形成以投资为核心业务，保险成为其融资平台的综合金融集团。

面对日益复杂的市场行为，为了提高监管的有效性和防止出现区域性风险和系统性风险，保险监管部门需要与更多的监管部门建立信息共享机制，将风险防范关口前移。与此同时，保险监管内部也需要在保监会层面与派出机构之间进行上下联动监管。

在新形势下，保险中介培训要适应时代变化，在培训内容设计、培训方式上进行创新，提升保险中介的服务和风控能力，从而促进保险行业持续健康发展，协调有序地发挥保险资金补偿、资金融通和社会管理功能。

（本文发表于 2016 年 10 月 27 日《中国保险报》）

浅谈当前银保业务监管转型路径

王小韦　杜　娟

本文立足于监管实际，着眼于近年来高速发展的保险市场上银保业务所隐藏的风险，通过梳理回顾我国银保业务监管政策发展的历史脉络，简要分析在不同时期监管政策对资格监管、行为监管以及资金监管的监管方向和监管重点的变化，研究探讨当下如何更好地防范银保业务的风险，提出对银保业务资金运用监管以及银保业务监管的整体转型路径，给出了完善制度、强化防范风险和上下联动等一系列建议。

研究当前银保业务的监管，要立足于现行的监管政策，但又不能仅拘泥于此，要对银保业务监管政策发展的历史脉络和未来发展趋势进行综合研究。鉴于银保业务监管政策的复杂性，研究银保业务监管应当坚持以下几个原则：一是打通原则。银保业务监管在银监会和保监会两个监管部门之间具有交叉性，故制定、出台监管政策多数采取两个监管部门联合发文的形式。据不完全统计，迄今为止尚未出台银保业务监管的部门规章以上的监管法规，而《保险法》层面的监管规定重在宏观监管方向，对监管实务操作的指导性不强。多方面的原因，导致银保业务监管规定在顶层制度设计层面缺乏或者是无法进行整体设计，而是出台一些接踵而至的文件，这种现象经常给监管研究留下一种打补丁式制定监管规定的感觉。对于同一个问题，在不同时期或者不同部门下发的文件中规定有所不同甚至冲突的情形，自然不难理解。二是历史性原则。银保业务监管在保险监管领域属于保险中介监管，而保险中介监管在2011年下半年至2013年底推行了“兼业代理专业化”改革意向，监管政策的设计导向是将现有的保险兼业代理机构转为保险专业中介机构。三是市场性原则。在这里强调的是银保业务的市场主体发生了根本性变化，原来只是作为销售渠道的银行纷纷成立自己的保险公司，那么监管政策制定和执行过程中，需要立足于这个市场实际。有的政策即使金融监管部门不出台明文规定，银行自身也会根据经营需要作出相应的调整。

短短六年，银行系保险公司发展速度和规模不可小觑，其将渠道优势迅速转化为经营优势，一跃成为保险市场上新兴的“后起之秀”。其特点有三：一是银行做东。截至2016年5月底，在190家保险机构（包含保险资产管理公司）中，银行参股、控股的达34家，占比为18%，几乎覆盖所有的大型银行。银行系保险公司的诞生，标志着银行机构不再满足于代理保险公司的保险业务，只是“为人做嫁衣”赚取一点代销手续费，而是直接设立自己的保险公司，同时将代理保险的佣金和保险经营的红利收入囊中，这大大改变了保险公司市场的主体结构。二是股东决策。参股保险公司的银行，在选择与保险公司合作的过程中，一般优先选定自己的保险公司，或者只有在完成一定的代理业务量后，才选择其他的保险公司。销售哪家保险公司的产品以及销售额度都由总行或总公司确定。三是产品专属。立足现有渠道优势和产品特性，银行系保险公司在机构铺设中具有鲜明的特点，多数只在省会城市设立省级分公司，一般不再往地级市和县级市场延伸设立分支机构，也不组建个险队伍，专业瞄准银行渠道，银保业务占比过半，而其以高现金价值的产品为主。

随着银行和保险公司双向持股、控股比例的上升以及银保业务在保险行业业务中占比的提升，银保业务也被赋予全新的内涵，已经突破了传统单一的销售渠道的概念，演化为一种全新的销售模式，甚至商业模式。从产品本身来讲，新兴寿险产品凸显理财功能、淡化保障功能，也促使银保业务风险隐患增多，尤其是银行代理销售的银行系寿险公司理财型寿险产品。不断增多的风险隐患，对保险监管制度建设和监管能力提出更高的要求。

本文聚焦于防范银保业务风险，回顾银保业务监管政策变迁，简要分析不同监管时期的监管重点，提出对银保业务资金运用监管以及银保业务监管的整体转型路径，供同业之间交流。

一、当前银保业务监管中的两大短板

银保业务开展过程中，存在资格和行为两个核心问题，分析银保业务监管的短板是以两个核心问题为切入口进行具体研究的。

（一）资格监管凸显重牌照、轻素质现象

市场准入监管是银保业务监管的首个环节，体现在资格监管上，具体包括机构资格和人员资格两个方面。

1. 机构资格监管。现行兼业代理监管的基本依据是保监会于 2000 年 8 月发布的规范性文件《保险兼业代理管理暂行办法》（保监发〔2000〕144 号）。这个文件规定了保险兼业代理机构市场准入的基本条件、持证展业等内容，但是对于许可证层级并未作出详细规定。明确要求银行类兼业代理机构实行“一点一证”持证制度，是根据 2010 年 1 月保监会、银监会联合下发的《关于加强银行代理寿险业务结构调整 促进银行代理寿险业务健康发展的通知》（保监发〔2010〕4 号，已废止）的规定。在“一点一证”持证制度实行后的第 5 年，2015 年 9 月保监会下发的《关于深化保险中介市场改革的意见》（保监发〔2015〕91 号）中首次明确提出，保险兼业代理机构许可证实行法人机构持证、分支机构备案模式。2016 年 5 月，保监会发布《关于银行类保险兼业代理机构行政许可有关事项的通知》（保险中介〔2016〕44 号），对银行兼业代理机构持证模式进行了根本性改革，废止“一点一证”持证制度，推行“法人机构持证制度”。回顾银行代理保险业务持证制度演变，可以得出在持证监管发展中经历了“宽泛—严格—宽泛”的过程。表面上看，推行持证制度改革，简化了行政审批，减少了事务性工作，实质上反映了国家商事制度改革的总体要求，体现了“放开前端，管住后端”的保险监管理念转型，调整了监管资源配置。今天，盛赞银行类机构持证方式改革为法人机构，不是否定当年决策银行机构“一点一证”持证制度政策的初衷，只是这种持证制度在操作层面的确有问题，其中最典型的就是许可证有效期的逻辑性矛盾问题，下级机构的有效期长于上级机构的有效期。持证制度改革后，监管部门也有一种担心，认为不给银行的每个分支机构颁发许

可证了，而持有许可证的法人机构在保监局管辖区域以外，会削弱监管权威。任何一项监管制度在设计时都不能解决一切风险问题，监管制度体系中，任何一个单独的监管举措都需要与其他举措相互辅助、共同作用。所以，持证制度改革，可以将银保业务监管一线工作人员的时间和精力解放出来，转而投向代理行为合规性的监管。

2. 人员资格监管。根据《保险法》（2009 版）、《保险营销员管理规定》（已废止）等保险监管规定，所有保险营销人员都需要持保险监管部门核发的从业资格证书上岗，银行代理保险业务的人员也不例外。2010 年 1 月，保监会、银监会联合下发的《关于加强银行代理寿险业务结构调整　促进银行代理寿险业务健康发展的通知》（保监发〔2010〕4 号，已废止）中，再次重申银行代理保险业务的人员持证上岗的要求。在随后下发的监管规范性文件中，屡次提到保险销售人员持证上岗的要求。2015 年 4 月《保险法》修订，取消了保险营销人员资格考试，将对保险营销人员的选择权赋予了保险机构。但是，对于银行代理保险业务的执业登记管理规定尚未明确。客观来讲，对于加强银行代理保险业务的人员综合能力的培训，在保险监管、银行监管的相关规定上过于原则，操作性不强。具体来讲，在《保险兼业代理管理暂行办法》中，明确规定保险公司应当加强对银行代理保险业务的人员开展业务培训，但监管机关在检查实务中发现，有的保险公司向银行支付培训费，银行称自行进行了业务培训，却无法提供培训内容以及参加人员、地点等具体信息。在强大的证据面前，只能如实陈述是为了变相提高保险佣金。所以，银行代理保险业务的人员从业资格考试制度取消，对于监管和经营都是一把“双刃剑”，不能简单地用好还是坏来评价。资格取消了，如果银行和保险公司继续加强从业人员培训，提高其业务技能，银保业务品质能够得到保证，新旧政策就会水到渠成的平稳过渡；如果后续培训跟不上，新旧政策衔接就会出现问题。从目前银保市场表现看，保险从业人员素质已经成为制约其发展的一个瓶颈。

综上所述，银保业务监管政策沿革中，改变了事务性工作的约束，倾斜到提高从业人员素质监管上，为银保业务依法合规经营奠定了基础。

（二）在行为监管中存在重治标、轻治本的现象

按照保险行业主流的说法，寿险是销售误导的“重灾区”，而银保业务又是“重中之重”。银保业务销售误导治理难，难点不在于监管制度缺失，难就难在销售误导的认定。销售误导投诉中，对销售过程的表述，投诉人和被投诉银行通常各执一词，莫衷一是，保险监管部门或者人民法院等机构在处理纠纷时，面对的最大困难就是查清销售过程中的真相。回顾监管历史，针对治理销售误导的措施层出不穷，如由投保人抄录风险提示语、禁止驻点销售、电话回访录音等。但是，在保险监管部门处理投诉案件的实务中，这些举措都显得苍白无力，鞭长莫及。

2016 年 5 月，银监会下发了《关于规范商业银行代理销售业务的通知》（银监发〔2016〕24 号，以下简称 24 号文），原创性地规定商业银行对所有代销业务进行录音录像。此项措施，从根本上铲除了销售误导滋生的土壤，取得了“四两拨千斤”的效果，是治理销售误导的治本之策。监管制度创新，为保险监管部门保护保险消费者合法权益和维护保险市场经营秩序奠定了基础；对销售行为全过程录音录像，能够彻底扭转保险监管部门查处销售误导行为难的被动局面。推行银行对代理业务进行录音录像，不仅是保险监管部门或者银行监管部门监管工作的需要，也是银行适应自身业务发展的需要。按照银行是否参股保险公司将银保业务分为两个阶段。在第一个阶段，银行提供渠道，保险公司提供产品，如果发生销售误导等投诉，一般由保险公司进行兜底善后。在第二个阶段，也就是现阶段，从投资保险公司的银行的视角看，左手提供产品，右手提供渠道，如果不发生退保等行为，在销售环节，银行理所当然地收取代理佣金，这样符合银行的初衷，但是一旦发生退保，到手的保费不仅要退还投保人，银行还要退还手续费。在这种情况下，银行系保险公司和银行之间也要“亲兄弟明算账”。而明算账的唯一依据就是录音录像形成的客观证据。

当然，现在能够出台对销售行为录音录像的监管政策，既有监管部门痛下决心，也有互联网信息技术飞速发展所提供的支持，凝结了基层金融监管机构创新的智慧和心血。追溯其历史，此举是上海银监局于 2013 年率先提

出的，次年该局又联合上海保监局正式发文确立。在保险监管系统，北京、广东等地保监局，积极探索，对理财型保险业务、新产品说明会等经营行为进行录音录像。正是在这些探索的基础上，银监会出台了系统的监管规定。

对于代理保险业务关键环节录音录像，也有不赞成实施的相反观点。他们不赞成的理由有以下几点：一是侵犯了消费者隐私权；二是增加了银行代理机构经营负担；三是填补业务流程空白问题，如亟待填补保险机构接受资料的问题。经过多年的跟踪研究，作者认为没有任何一项监管措施不存在被质疑的理由，只要评估结果利大于弊，就可以制定实施。如果离开了对销售行为第三方客观证据的固定和调取，要查实是否构成销售误导无异于大海捞针。

二、当前银保业务发展的三大特点

追溯银保业务的发展历史，近年来银保业务发展迅速，市场格局呈现出以下三个新特点。

一是新理论。新理论更多地着眼于对保险承保和投资关系的看法或者观点，这是决定保险公司发展战略的大问题，关系到保险公司人力资源配置、经营理念等根本问题。保险经营理论的新和旧是一个相对概念。为了方便表述和研究，本文将保险业发展理论划分为三个阶段。第一个阶段为 1995 年至 2006 年，此阶段保险发展理论的特点是唯承保、乏投资。自 1980 年我国保险业恢复以来，于 1995 年颁布的《保险法》（1995 版）对保险公司的资金运用有严格的限制，所以保险公司重视承保业务。当然，实行这样的保险监管政策是与当时的社会经济和政策密切相关的。第二个阶段为 2006 年至 2014 年 10 月，此阶段重视承保，倾向投资。2006 年国务院下发的保险业“国十条”中明确指出，保险业具有经济补偿、融通资金和社会管理三大功能。2014 年 9 月，国务院下发保险业“新国十条”进一步放宽保险公司的经营范围，重构保险产业链条。从此，在保险业务发展中，承保、投资双轮驱动理论逐步被升级，有的保险公司专营投资理财型的保险产品，大力发展投资业务，以保险资金运用的收益反哺承保的少量收益或者亏损，从而实现整体经营盈利。近年来，在继承传统理论的基础上，一些公司创新提出资产负债理论，强调发展投资业务，围绕投资业务的资金需求研发出新型保险产品，包含或者点缀零星的保障功能，其中高现金价值产品是其典型代表。在银保业务经营创新中，2012 年有银行机构的高管人员在接受媒体采访中，谈到推进银行和出资设立的保险公司一体化建设（以下简称行司一体化）的经营思路，并列举了美国一些大型保险公司的案例。本文无意于评价行司一体化的优劣，建议在研究经营模式时要考虑不同国家的金融监管架构。有的保险公司高管在接受采访中，试图论述其经营为资产负债理论，但是在论述的过程中，缺乏严密性，更多倾向于实务中如何操作。经过对海量公开资料的检索，有关资产负债或者负债资产等目前没有系统的理论。

二是新主体。从 2010 年至今，短短几年时间里，银行系保险公司发展迅猛。按照股权关系结构，银行系保险公司分为以下三大类。

其一，银行参股或控股的保险公司。公开资料显示，工商银行、农业银行、中国银行、建设银行、交通银行、招商银行、光大银行等均参股或控股保险公司。此种类型的保险公司，站在集团的角度指定下属银行代理自己的保险产品。分别成立于 2002 年的招商信诺、光大永明是银行系保险公司的"拓荒牛"，2009 年，中国邮政集团成立了全资子公司——中邮人寿。从 2010 年至 2015 年，工商银行、农业银行、中国银行、建设银行等大型银行先后设立了各自绝对控股的寿险公司（见表 1－1），在寿险业内，它们 2015 年业务规模的排名普遍靠前。银行系保险公司兴起之时，就是传统的银保网点数量下降之日。以中国人寿为例。有媒体记者对中国人寿 2007 年至 2014 年年报进行研究，撰写了《国寿转型：一年"丢"2.7 万个银保网点》。文章中称，2009 年、2010 年中国人寿银保业务网点达到 9.7 万家，2010 年后逐年减少，2014 年减至 6.1 万家。中国保险中介市场发展报告显示，2009 年底、2010 年底邮政储蓄银行持有兼业代理许可证的网点分别为 14.90 万家、18.99 万家。而中国人寿在 2009 年、2010 年开展银保业务的网点占同期持有兼业代理资格网点占比分别为 65% 和 51%，下降趋势明显。

表 1－1　　　　　　　　银行系保险公司简况一览表

公司名称	成立时间	银行控股比例（%）	2015 年保费收入（亿元）	市场排名
光大永明	2002 年 4 月	光大集团 50	31.22	54
招商信诺	2003 年 8 月	招商银行 50	78.47	33
中邮人寿	2009 年 8 月	中邮集团 100	247.42	16
交银康联	2010 年 1 月	交通银行 62.5	40.72	45
建信人寿	2011 年 6 月	建设银行 51	205.27	19
工银安盛	2012 年 10 月	工商银行 60	235.38	18
农银人寿	2013 年 1 月	农业银行 51	144.3	23
中银三星	2015 年 8 月	中国银行 51	45.28	41

其二，保险公司参股或控股的银行。例如，国寿、平安、安邦等保险公司参股或控股的银行。保险公司参股或控股银行，与银行参股或控股保险公司异曲同工，同样打开了销售自己的理财型保险产品、开展综合金融业务的大门。

其三，保险业外的股东参股或控股保险公司、银行的金控集团。一些大型上市企业、地产公司打通了房地产业、银行业和保险业之间的经营壁垒，参股或控股保险公司、银行。例如，其利用自有的营销网络，以万能险等高理财、低保障的保险产品吸纳的资金直接用于特定的房地产项目，导致保险公司的风险等级偏高，对此应重点关注。

相对而言，第三种主体的银保业务风险隐患最大，应当列为银保业务监管的重中之重。

三是新风险。银行系保险公司的出现，成为金融风险在银行和保险公司之间传递的天然土壤。银行系保险公司，一般具有以下特点：其一，公司董事长、总经理等高管团队来自银行或者房地产公司的管理层，业务部门的管理人员聘自保险公司；其二，选择的多为自己股东的保险公司，在考核中，股东银行直接给对应的省级分行和省级保险公司下达经营指标；其三，业务结构集中于理财型的保险产品，忽略了保障型保险产品的比例。尽管这种做法与保监部门、银监部门联合下发的文件精神不符，但是鉴于规范性文件缺乏罚则，监管略显捉襟见肘。

在上述多重因素共同作用下，预埋了金融风险在保险业、银行业和房地产业之间传递的风险隐患，亟须构建行业之间的“防火墙”。

三、提升银保业务监管的三大建议

为了提高监管能力和效率，笔者提出以下建议：

一是完善监管制度，夯实监管基础。为了加强对银保业务的监管，维护银保市场秩序，保监会、银监会等金融监管部门先后多次单独或者联合发文，建立健全了银保业务监管制度，市场监管卓有成效。但是，从依法行政、依法监管的角度看，由于这些监管规定绝大多数属于规范性文件，未能上升到部门规章以上的效力层次，罚则设定普遍缺乏，制约了监管制度有效性、权威性的发挥。

应根据《立法法》《行政处罚法》等法律规定，建议尽快制定出台部门规章层级的保险代理人监管规定，根据金融监管部门出台的银保业务监管的规范性文件，对禁止性行为设定罚则，引导银保业务涉及的保险公司和银行有令必行、有禁必止。

二是锁定关键环节，破解监管难题。归纳起来，保险监管措施体系中包括资格管理、销售行为监管和偿付能力监管等。从监管措施之间的内在逻辑关系看，不同的监管措施针对不同的监管要点，各种监管措施多管齐下，共同形成监管合力，相互之间既各自独立，又相辅相成，不能将其割裂开来、孤立起来。从监管措施的重要性来讲，偿付能力监管首当其冲，防范保险资金运用风险要放在首要位置。具体来讲，要足额提取各项准备金，要求保险公司事前、事中、事后向监管部门报送资金投放的具体情况，必要时备案相关的各种投资合同。

三是创新联动机制，营造监管合力。根据现行的相关规定，保险公司通过银行渠道销售的理财型保险产品是不计入保费的，有的保险公司将这部分资金称为保户投资款新增交费。保险资金运用在总公司层面操作，省级及以下机构不参与；保险资金运用监管在保监会层面，保监局及派出机构不参与。为了提高监管效率，建议在维持现有体制的基础上，逐步吸纳基层保监局监管人员参与保险资金运用监管。例如，为推动资金投放落地项目的属地监管，要求保险公司总公司在向保监会上报的资金运用报告中应抄报项目落地的保监局。

由于股东结构、业务结构及投资结构等诸多因素，银保业务在不同的经济发展时期具有不同的特点，出现新情况、新问题是不可避免的，要求保险监管部门适时会同银监会等金融监管部门，互通信息，密切配合，提高监管效能和监管效率，促进保险行业持续健康发展。

（本文发表于 2016 年第 10 期《保险理论与实践》）

互联网保险中介转型之道

王小韦　王雨飞

互联网保险中介转型是指互联网保险从当下的渠道意义，升华为真正意义上的互联网保险以后，保险中介机构如何定位、生存和发展等的一系列问题。对于互联网保险中介转型，浅层次看是研究保险中介如何迎接和融合互联网技术问题；深层次看是研究互联网技术背景下，保险行业如何更好地发挥行业功能作用的问题。

本文选择从以下三个视角切入：一是在没有互联网背景下，在保险行业产业链条上保险中介主体和保险公司之间的竞争及合作关系；二是在互联网背景下，保险公司经营表象和本质发生了怎样的变化；三是未来保险公司转型为真正意义上的互联网保险以后，互联网保险中介的存在空间和经营策略。

线下业态：竞争大于合作

理论上讲，在保险行业产业链条上，保险公司和保险中介机构分别属于不同的链条，两者都是由保险监管部门核发经营许可证，是具有平等的权利与义务的主体，且具有互补性，应以合作为主，竞争为辅。

十年来，保险中介的发展分成三个阶段。

第一个阶段，从 2007 年至 2012 年，保险中介市场准入的特点是各类保险中介机构呈并轨制，保险公司通过签订自律公约的方式对保险产品的销售价格以及与保险中介机构签订的销售佣金进行限制，确定了保险公司与保险中介机构之间佣金的基准水平。

第二个阶段，从 2012 年至 2015 年 4 月底，《保险法》（2015 版）修订前。2012 年，保险中介改革拉开帷幕，改革要点概括为“兼业代理专业化，专业代理规模化，保险营销规范化，中介业务规范化”。在具体实施中，暂停了车商等兼业代理机构市场准入，提高了专业代理机构市场准入门槛，规范发展个人代理。截至目前，许多保险公司开设了自己的保险销售公司，有的保险公司分别开设了多家保险销售公司和保险经纪公司。2014 年 1 月，新一轮保险中介市场清理整顿启动，保险中介改革转入调研摸底阶段。

第三个阶段，从 2015 年 4 月《保险法》（2015 版）修订至今，逐步恢复了各类保险中介机构市场准入，重启了保险中介市场主体并轨制模式。在这期间，有几个关键性保险监管规定的修改：一是《保险法》的修改，彻底改革个人代理市场准入方式，废止实行了 20 余年的由保险监管部门通过考试发证核准从业资格，改革为由保险机构自行认定从业资格，市场准入门槛可谓一降到底。二是 2015 年 9 月 17 日，保监会印发《关于深化保险中介市场改革的意见》（保监发〔2015〕91 号），明确规定降低专业代理准入门槛，恢复兼业代理市场准入审批。从政策落地的情况看，专业代理准入未降反升，兼业代理尚未完全恢复，未来保险中介市场格局有待各项政策全部落地才能够判定。

所以说，在没有互联网技术的条件下，保险交易行为是线下面对面的交流，保险公司与保险中介机构既有合作，也有竞争，大多数情形下竞争大于合作，因为保险中介机构担心保险公司会“绕过”自己，直接为保险消费者承保；而从保险公司的角度看，也会对保险中介机构的所谓“大牌”业务员“挖角”，引发保险中介机构的不满。

线上竞争：短兵相接

互联网技术在改变社会生产方式和公众生活方式的同时，对保险公司和保险中介机构也产生了巨大影响。

面对互联网技术发展的大潮，保险专业中介机构采取的措施就是实现销售渠道从线下向线上转移，也有的仅仅是将互联网作为导流，开展业务还是通过线下交流。

线上开展互联网保险业务与线下开展保险业务不同，在保险公司的官方网站上和保险专业中介机构的网站上同时销售同一款保险产品时，消费者选择从保险公司官方网站上购买的可能性要大于从保险专业中介机构的网站上购买的可能性。也就是说，通过互联网对保险产品进行推介，会使保险公司和保险专业中介机构之间的竞争更加直接。

去渠道，提素质

随着互联网技术对保险业的影响向纵深推进，对于保险中介未来的生存和发展空间，保险业界和学界有多种看法和观点。归纳起来有以下三种观点：第一种观点是必然去中介化。互联网技术本身就是促进供求双方互联互通，互联网技术应用于保险领域，必然会压缩保险中介生存和发展的空间。第二种观点是有条件地去中介化。随着互联网技术的发展，代理保险产品单一的中介机构会被保险市场淘汰，退出保险中介历史舞台。第三种观点是保险中介机构可以大有作为。保险中介机构要主动作为，适应互联网技术的新变化，在保险市场夹缝中寻求更多的商机，不能坐以待毙。

随着互联网技术的发展，保险公司的经营能力和保险消费者运用保险手段对个人风险管理和理财规划的能力都会有一定提高，保险消费者直接跟保险公司咨询、沟通保险事项的动力更足，能力更强。从未来发展的整体趋势上看，保险中介生存和发展的空间会趋于缩小，但是具体到保险中介市场来说，不能一概而论，要具体情况具体分析。

举例来说，那些业务技能不足的个人代理以及没有稳定业务来源、依靠“过单”为生的专业代理机构，其生存和发展的空间会受到很大挤压；而汽车经销商、修理厂等兼业代理机构和具有行业背景、股东背景的保险经纪公司，其生存和发展的空间不会受到影响。

研究未来互联网保险中介，主要考虑以下问题：

一是准确定位，彰显长板。随着互联网保险的发展，保险公司或者直接开设互联网保险公司，或者直接在官网上销售保险产品，压缩了保险中介机构的渠道空间，包括线下渠道空间和线上渠道空间。鉴于此种情形，保险中介机构需要准确定位，立足于渠道，但是要突破渠道观念的限制，更多地发挥与投保人直接接触的优势，彰显其在保险产业链上的经营长板。在保险监管实务中，有些思维敏锐的保险专业代理机构在探索“独立代理人”模式，广泛吸纳保险个人代理加盟，利用可以签约多家保险公司的优势，整合保险个人代理资源。

二是深耕主业，综合经营。互联网保险中介机构在立足主业销售的同时，主动渗透保险公司业务的核心内容。例如，协助保险公司进行产品研发，通过为保险公司提供精准的产品需求和精准的客户群体，提升保险公司的产品研发能力和销售能力；再如，协助保险公司进行风险控制，提升保险公司的经营能力。通过扩展经营范围，保险中介机构在赢得业务空间的同时，提高了自身的经济效益。如果恢复车商等兼业代理市场准入审批，这些机构拥有了代理保险业务的资质，就会和保险公司直接建立业务关系，不必再通过保险专业代理机构“过单”，那些依靠“过单”为生的保险专业代理机构立马会丧失业务来源。对于个人代理来说，钻研保险业务，深耕长期寿险、健康险等个性化非常强的领域，可以继续赢得生存空间。银行类兼业代理机构代理的险种是理财型的万能险种，互联网保险对其影响不大。

三是提高素质，稳定队伍。在没有互联网技术的背景下，保险公司和保险中介机构的竞争不仅有业务竞争，还有人才竞争，竞争的结果往往是保险公司成功从保险中介机构“挖角”。未来，在互联网技术的背景下，保险公司与保险中介机构继续以人才竞争为主。相对而言，同时熟悉互联网技术和保险知识的复合型人才很少。保险中介机构要提高竞争能力，需要在用工制度上下功夫，通过提供事业上升空间、提高待遇、感情投入等综合手段，稳定员工队伍，才能在竞争中立于不败之地。

互联网保险中介转型，一定是一场竞争，一场传统商业模式与新型商业模式的竞争，一场传统思维模式和新型思维模式的竞争。

（本文发表于 2017 年 1 月 24 日《中国保险报》）

保险中介 APP 营销　创新还是搅局

黄　鹏　马丽娟

随着移动终端时代的到来，保险中介领域兴起了一股 APP 营销热潮。本文以保险中介 APP 营销现状为切入点，深入分析发展中存在的问题和痛点，提出发展建议。

多元化销售趋势：APP 营销悄然兴起

随着传统销售渠道竞争的加剧，移动互联网作为新兴的保险营销渠道和增值服务提供平台，越来越受到保险中介机构的青睐，而移动互联网最重要的应用平台就是 APP。本文重点研究保险中介 APP 营销，即保险中介机构（本文中保险中介机构是指保险专业中介机构）利用移动终端 APP 形式销售保险产品。

从当前市场发展现状看，保险中介 APP 发展主要有以下几个特点：首先，兴起较晚，但发展较快。保险中介机构利用 APP 开展业务是近两年才开始兴起的，但一兴起就有大量的保险中介机构投入 APP 的开发和使用中。以陕西省为例，2014 年辖内拥有 APP 的机构仅为 1 家，而到 2016 年底，已有 8 家机构开发和使用了 APP 程序。其次，功能单一，使用群体有限。目前各保险中介机构的 APP 模块设置均较为简单，大部分机构的 APP 只有比价功能，主要为保险中介机构内部的业务员使用，社会公众使用率较低。最后，消费习惯待培养，渠道保费贡献度低。受传统保险销售方式、APP 功能的局限性及机构知名度等因素的影响，新兴的销售渠道并未成为消费者购买保险的首选，因此 APP 渠道的保费贡献度较低。此外，APP 营销还具有操作简便、成本低廉等特点，部分中介机构仅通过建立微信公众号，便可以实现保险产品的介绍、在线咨询和在线投保等工作。

艰难抉择：是盲目跟进还是谨慎为之

当前保险中介市场处于调整变革期，各种新事物、新现象层出不穷，而中介机构总体缺乏核心竞争力，对风险的鉴别和防控不足，为了在竞争激烈的市场上立足，只要出现新型销售模式，无论适合与否，就盲目跟风。随着保险公司 APP 营销的快速发展，保险中介机构纷纷效仿，APP 营销逐渐呈现出野蛮生长之势，这种状况会不会和前几年中介保险电销一样？综观中介机构经营互联网保险的内外部环境，尚有以下几个方面的问题亟须解决。

一是犹抱琵琶半遮面。APP 仅是一种展业工具，而非严格意义上的销售平台。但受政策所限，中介机构也不能进行 APP 的宣传和推广，鲜有消费者会主动使用中介机构的 APP 购买保险产品。

二是舍本逐末焉可为。虽然一提起 APP 就立刻拥有高大上的即视感，但无论其程序包装得多花哨，还得看实体机构本身的核心竞争力。目前，我国保险专业中介机构缺少标志性的、代表性的品牌，在保险消费者中的影响有限，因此一般机构投资 APP，并不能争得更多的客户群。而 APP 前期开发和后期维护需投入大量的资金，并且 IT 技术也并非保险中介机构的专长，因此反倒会拖累机构，衍生出新的问题。

三是山雨欲来风满楼。利用 APP 进行销售并非一劳永逸的事情，而是一项持续和复杂的系统工程，并且每个环节均需考验机构的实力和能力，一旦出现问题，小则损失成本，严重者甚至成为使用者非法集资的工具，有引发案件风险。一个功能完备的 APP 理应可以实现全流程线上投保，其包含核保和支付两个核心环节，这两个环节也恰好是整个 APP 营销中最难突破和风险最大的环节。

破解之策：量力而行 寻求突破

综上所述，APP 营销，建议保险中介机构从以下几个方面进行规划：

首先，充分调研，不能盲目跟风。拟进行 APP 营销的保险中介机构要充分考虑自身的业务特点和客户群体，借鉴成熟经验，并与保险公司、系统开发商等合作单位进行充分的沟通，保证项目可实施、可落地，不能头脑发热、盲目跟风，稳扎稳打地谋求长远发展。

其次，充分学习，了解政策与技术。保险中介机构在拟开展 APP 营销之前，要认真学习和了解当前的监管政策，在监管政策框架内合规进行开发和展业，不碰监管的红线，避免违规造成成本损失。同时，还要了解 IT 技术管理方面的相关知识，无论是自主开发还是委托第三方开发，都应了解核心技术，掌握数据管理和维护的主动权，做到心中有数。

最后，循序渐进，提升管理水平。打铁还需自身硬，一旦决定要开展 APP 营销，保险中介机构就必须加强自身的团队管理。对于自身开展 APP 营销的目的和目标要明确，切忌思路不清、贪大求全，应当循序渐进，兼顾线下，加强后援，减少因结算、出单等问题而导致的争议，保证投保人利益的同时，也降低自身的风险。

保险中介 APP 营销的未来走向，取决于市场环境、机构自身、监管引导及消费者觉悟等多方因素。或许应该以更加包容、更加开放的眼光来看待保险中介 APP 营销，无论如何，它都无疑为保险消费者提供了一条更加便捷、高效的保险购买渠道。

（本文发表于 2017 年 2 月 21 日《中国保险报》）

保险公估机构转型：增质、增技、增营

黄 鹏 郜 恺 王小韦

保险公估机构转型是指随着保险监管政策改革，保险公估机构的监管体制由沿用多年的审批制改革为备案制之后，保险中介机构经营策略的调整。研究保险公估机构转型，有利于确保监管改革平稳过渡，有利于构建新型的保险中介格局，有利于完善社会资产评估机制。

改革基调

我国现行的保险中介监管制度，将保险专业中介机构分成保险专业代理机构、保险经纪机构和保险公估机构三种类型，这三大保险中介主体都由保险监管部门核准资格、颁发业务经营许可证。

以机构数量、在专业中介机构中的占比、估损金额及收入等指标进行分析，保险公估机构发展状况可归纳为以下几点。

一是数量少，发展缓。我国第一家保险公估机构成立于 1994 年，发展到 2001 年，全国只有 7 家，2003 年增至 114 家，以后机构数量增长趋于平稳，基本保持年增长率为 6% 左右，截至目前，全国共有公估机构 357 家。

二是业务少，收入低。2010—2016 年公估机构总收入分别为 12. 15 亿元、13. 64 亿元、15. 05 亿元、18. 90 亿元、22. 02 亿元、21. 92 亿元、20. 39 亿元（截至 2016 年 11 月），从数据来看，整个保险公估行业增长较为缓慢。

三是起步晚，体量小。我国公估机构开展的估损业务量在保险行业中占比为 10% ~20%。而据统计，英国、美国等国家的保险公估行业估损业务量为 80%。

四是不平衡，两极化。当然，在看到保险公估行业整体经营状态欠佳的同时，也看到该行业中规模遥遥领先的机构每年的业务量、收入在行业中占比很高，不但兼并了很多小的公估机构，而且参与了保险公估行业经营标准的制定。

改革背景

概括起来，保险公估机构生存困难，有以下几个方面的原因。

一是身份较为尴尬。虽然保险公估机构是第三方机构，经营的原则是公平公正，但在我国保险经营环境下，一方面，保险公司仍将估损和赔付视为自身的核心业务，不愿意让公估机构这个“外人”从自己口袋里掏钱，所以一般让公估机构承接的是非正常工作时间段的、疑难杂症类型的及边缘地带的业务；另一方面，由被保险人自掏腰包聘请公估机构的消费理念尚未形成，公估机构承接的来自于被保险人的业务少之又少，难以成为公估机构收入来源的主流。

二是“兼业”的保险公估机构之间竞争太激烈。从事保险公估的机构除了由保险监管部门审批的保险公估机构以外，还有物价局、司法部门、人民法院、质量技术监督局等机构批准设立或者直接设立的可以进行保险公估的机构。

三是公估报告的权威性问题。按照现在保险市场通行的做法，出现保险事故，一般首先由保险公司进行查勘、定损，其次才会邀请保险公估机构进行估损。但是，如果被保险人认为保险公司或者保险公估机构估损金额偏低，会申请物价局价格认证中心等机构进行重新评估，多数结果是后者的估损金额高于前者的估损金额，人民法院会直接采信物价局价格认证中心出具的评估报告或者具有司法鉴定资格评估机构出具的报告，从而推翻原来由保险公司或者保险公估机构出具的评估报告。

透过公估机构“出局”的现象，分析公估机构“出局”可能有以下两个原因。

第一，在《保险法》中的法律定位问题。在《保险法》中，对保险专业代理机构、保险经纪机构都有专门的章节进行规定，对保险公估机构的表述是“保险活动当事人可以委托保险公估机构等依法设立的独立评估机构或者具有相关专业知识的人员，对保险事故进行评估和鉴定”。从上述条文中，至少可以解读出以下含义：一是有资格进行保险公估的不仅仅是保险公估机构，只要是依法设立的独立评估机构，都可以开展保险公估业务。二是有资格开展保险公估业务的不仅仅是机构，具有专业知识的自然人同样可以开展公估业务。

第二，在《资产评估法》中的法律地位问题。《资产评估法》第十六条规定，设立评估机构，应当向工商行政管理部门申请办理登记。评估机构应当自领取营业执照之日起 30 日内向有关行政管理部门备案。所以，按照《资产评估法》的规定，保险公估机构应当被纳入监管。

改革前景

从机构的名称看，对于各类保险事故，保险公估机构有得天独厚的优先权。但是，在保险实务中，保险公估机构这样的优势并不显著。综合存量的一些公估机构的生存和发展之道，其在监管模式下实行“批改备”开展业务有以下三条策略。

一是增加技术资质，提高报告效力。2012 年，有的保险公估机构已经在申请司法部门的司法鉴定资格。具有司法鉴定资格的保险公估机构出具的鉴定报告更具有权威性，增加了与保险公司谈判的砝码。在保险实务中，保险公估机构的业务来源一般是接受保险公司的委托，很少接受被保险人的委托。表现在保险公估机构设立上，很多保险公估机构的股东或者高管是保险公司退休人员或者离职人员，利用原来的业务关系开展保险公估业务。另外，有的地方物价局下设的物价评估机构出具的交通事故定损报告，也被人民法院采纳，客观上挤压了一些保险公估机构的业务空间。现有的保险公估机构，为了提高市场竞争力，可以积极申请司法鉴定资格。

二是增加经营范围，延长产业链条。在保险中介实务中，有的保险代理机构、经纪机构为了拓展业务空间，延长业务链条，会主动设立保险公估机构，从而搭建起保险中介集团，为同一业务增加商业机会。以此为经验，“出局”的保险公估机构，不妨主动将业务向保险销售环节延伸，增加商业机会。同时，也可向市场上的新兴行业拓展，如与合法合规的互助组织进行合作，开展会员的事故核定，开拓商业保险之外的业务领域。

三是提高素质，提升竞争能力。从目前保险公估机构实际开展的业务看，其业务集中于财险领域。而财险领域的业务，车险业务在行业中的占比保持在70%左右，所以保险公司直属的查勘队伍的技术专长集中于此领域，而非车险领域高技术难度的工程、企业财产等保险标的，保险公司一般会聘请业内的技术专家。保险公估机构也要着力于培养专家型的技术队伍，以便与保险公司的队伍技术专长形成互补结构，从而更好地开展业务。

总之，随着国家商事制度改革、资产评估和保险中介监管政策变迁，保险公估机构需要相机行事，需要新的业务增长点。

（本文发表于2017年2月21日《中国保险报》）

保险中介互联网转型的窘境与出路

马丽娟

近年来，互联网金融蓬勃发展，借此东风，互联网保险也驶入了发展的快车道。然而，在互联网保险迅速发展的背后，受政策环境和市场竞争等因素的影响，中介机构经营互联网保险业务却始终在艰难前行。本文通过梳理近年来互联网保险监管政策变迁，透视中介机构互联网保险转型的痛点。

政策变迁

目前，比较合理的互联网保险的发展历程划分为四个阶段：萌芽期（1997—2007 年）、探索期（2008—2011 年）、调整期（2012—2015 年）、全面发展期（2016 年至今）。而政策变迁分布在这四个阶段中。

1997 年，我国就出现了首个互联网保险信息网，并迅速诞生了第一张电子保单，宣告保险行业正式进入互联网时代。

在探索期，电子商务平台大量涌现，保险机构纷纷开始建立自己的销售网站，2011 年底互联网保险保费收入 32 亿元。面对如此火爆发展的互联网保险业务，2011 年 9 月保监会发布《中国保险业发展“十二五”规划纲要》，鼓励保险业务创新，推动保单电子化和快速理赔的发展。

在调整期，保险机构通过整合线上线下资源，取得跨越式发展，2015 年互联网保险保费收入达 2234 亿元。在此阶段，保监会出台了一系列规范保险机构互联网保险业务经营的法律法规。2013 年 4 月，保监会出台《关于专业网络保险公司开业验收有关问题的通知》（保监发〔2013〕66 号），专门细化了专业网络保险公司开业验收的相关规定。2013 年 12 月，保监会出台《关于促进人身保险公司互联网保险业务规范发展的通知（征求意见稿）》，对涉及人身险的保险公司互联网保险业务操作规范进行了细化。2015 年 7 月，保监会下发《互联网保险业务监管暂行办法》（保监发〔2015〕69 号），明确了互联网保险发展的主体、经营范围和准入标准等规定。可见，调整期阶段，既是互联网保险业务井喷式发展阶段，又是互联网保险规范性文件集中出台，市场秩序逐步规范的重要时期。

进入全面发展期后，2016 年 1 月，保监会下发《关于加强互联网平台保证保险业务管理的通知》（保监产险〔2016〕6 号），重点对互联网平台选择、信息披露和内控管理等提出明确要求。

中介互联网保险转型痛点

互联网保险业务的发展模式主要包括保险公司直销、保险中介机构销售、借助第三方平台和专业互联网保险公司销售等。本文重点研究保险中介机构互联网保险业务发展情况。

相较于保险公司而言，中介机构发展互联网保险业务具有先天的劣势。互联网时代，保险业一直存在“去线下、去中介”的呼声。保险公司在互联网化后，使用互联网技术直接对线下客户进行精准营销成为可能，并且能快速促成线上交易，降低交易成本，中介的作用大大削弱。

《2016 中国互联网保险行业发展报告》指出，在车险领域，原来由保险中介强势把控的车险业务，正面临互联网的冲击。互联网直销渠道大量抢占车险市场份额，尤其是人保财险和平安产险，2015 年通过互联网实现了保费收入 500 多亿元。人身险产品方面，保险公司也进一步发力互联网，通过官网、微信、第三方平台等渠道引导大量客户自主购买，增速连续几年超过 100%，使保险中介面临极大的挑战。随着保险市场竞争的进一步加剧，中介机构在赖以生存的传统车险领域的优势逐渐缩小，为了寻求新的业务模式和利润增长点，部分中介机构不得不转向互联网保险。然而，中介机构在品牌效应、技术实力及成本投入等各方面均与保险公司尤其是大型保险公司存在较大的差距。涉足互联网保险，如何打开市场、积累客户始终是困扰中介机构的一大难题。

从监管角度看，中介机构经营互联网保险业务的门槛不断提高，《互联网保险业务监管暂行办法》中明确提出，经营互联网保险的专业中介机构是指经营区域不限于注册地所在省、自治区、直辖市的保险专业代理公司、保险经纪公司和保险公估机构。也就是说，要开展互联网保险业务，保险代理或经纪公司注册资本金实缴货币必须不低于5000万元，且根据保监会最新监管政策，注册资本金还需要进行全额银行托管。保险专业中介机构开展互联网保险业务的成本可见一斑。除此以外，互联网保险的前期市场投入对于中介机构而言也是一笔不小的开支，这种所谓的获客费用或市场投放，如果放在天猫、淘宝等互联网平台属于司空见惯的现象，但如果由中介机构发放给客户用来抵扣保费，则涉及违反《保险法》中给予被保险人、受益人合同约定以外的其他利益等相关规定。

破解之策

互联网技术的发展使得保险营销对实体渠道和人力的依赖逐渐减弱，保险中介机构面临的形势越来越严峻，发展互联网保险无疑是中介机构经营转型的一个机遇和转折点，可以从以下几个方面推动中介互联网保险的发展。

第一，完善法律，促进规范。从政策层面上看，尽管近年来保监会围绕互联网保险出台了一系列规范发展的制度，但从法律效力上来讲，这些都是部门规章或规范性文件，并未上升到法律层面。要促进中介互联网保险的发展，至少需要从三个方面着手改进现行制度：一是在《保险法》中增加互联网保险的有关内容，对互联网保险的运营资质、支付安全及风险防范等作出规定。二是统筹整合现行规章，出台更具法律效力的互联网保险基本大法，并逐步完善配套法律法规。三是细化互联网保险操作规程，针对中介互联网保险发展的特点制定操作细则。

第二，充分调研，谨慎发展。作为中介机构，要充分调研市场现状，对自身的经营实力作出正确评估，并制定清晰明确、切实可行的市场发展战略，围绕互联网保险“深度挖掘客户，贴心服务客户”的核心要求增加前期、中期及后期的成本投入，包括信息技术、网络安全、品牌宣传及售前售后服务等各方面的投入，并结合自身经营特点为客户提供有别于保险公司的差异化服务，强化线上销售线下服务相结合（O2O）的新型营销模式，并通过数据收集和分析，深挖细分客户群体，结合客户需求为保险公司提供创新产品的思路和建议。

第三，强化教育，净化环境。保险监管者和行业自律组织一方面应加强对互联网保险经营风险的辨识和防范，将互联网保险风险排查工作常态化，持续打击违规开展互联网保险的行为，肃清市场环境；另一方面，应通过普法宣传、讲座培训、客户答谢等多种方式加强消费者教育，特别是互联网保险的宣传教育，引导消费者正确认识互联网保险的安全性和便捷性，提高社会公众对互联网保险的认知度和好感度。

如何在互联网保险巨大的市场商机中分得一杯羹是保险中介机构应该考虑的问题，如何保驾护航互联网保险的健康发展则是监管者需要应对的问题，路在脚下，只待扬帆。

（本文发表于 2017 年 3 月 7 日《中国保险报》）

揭开另类“车险超市”的神秘面纱

马丽娟　王小韦

近来，走在大街上，“买商品，送车险”“车险零元购”“车险超市”等店面 Logo 不时映入眼帘。在网络上，“买东西送保险”“车险超市”等也成为搜索网红，一旦输入关键词，则会呈现出大量商城、车险超市、商贸公司等机构的广告推送。到底什么是“车险超市”？“买商品，送保险”究竟是实惠还是陷阱？本文所称的“车险超市”是指一些机构或者个人以“车险超市”为名开设的实体店铺，在店铺中摆放有各种日用品，以“买商品，赠车险”为名，行“买保险，赠商品”之实的一种另类商业模式。

本文结合保险实务，以工商行政管理部门查处新闻等形式，揭开另类“车险超市”运行模式，剖析其产生的根源，提出治理对策。

表象：此“超市”非彼“超市”

按照现行的保险监管规定，保险专业代理机构和车商等非银行类兼业代理机构代理保险公司家数不受限制。从理论上来说，上述机构的每一个营业网点都可以称为一家保险超市，如此设计车险销售渠道初衷是方便车险消费者购买车险产品，感受车险销售的便捷性。不过，上述网点持有的营业执照上记载的经营范围仅限于代理保险产品等，货架上陈列的商品只能是不同保险公司的保险产品宣传彩页等，而不能陈列各类生活用品。

现实生活中新涌现的所谓的“车险超市”，并不是真正意义上的“保险超市”，具体表现在以下三个方面。

一是经营资质。这类机构持有的营业执照往往是个体工商户营业执照，即使名称中包含有“保险代理”或者“保险销售”字样，但并没有保险监管部门核发的经营保险中介业务许可证。

二是陈列商品。这类机构在店面陈列上，与平常的生活超市一样，小到卫生纸、保温瓶，大到彩电、电动车等用品。

三是宣传口号。这类机构的宣传口号是“买商品送车险；买多少送多少”。综合来看，此类机构与其说是一家“车险超市”，倒不如说是一家生活超市。

综合判断，此类“车险超市”的经营行为违反了现行保险监管规定，有以下两点具体表现：一是此类机构不具有代理保险业务的合法资质，涉嫌违法从事保险中介业务活动。二是将买商品和车险捆绑销售或者把保险产品作为销售商品的赠品，违反了现行《保险法》中的给予或者承诺给予投保人、被保险人或者受益人保险合同约定以外的利益禁止性规定。之所以如此认定，基于以下三个原因：第一，看流程。在业务流程上，商品不单独出售，而是与车险产品进行搭售。投保人只有在先行购买车险后，才可持保单领取商品，其领取的商品金额与商品标价一致。第二，看金额。在金额上，消费者购买的商品金额由消费者所购买车险产品的金额决定。第三，看赠品。赠送的商品表面上看标价与保费相等，实际上大部分商品进价远低于标价，且多为假冒伪劣和“三无”商品，赠品价高质次，涉嫌商业欺诈。

综上所述，当前车险市场上出现的所谓“车险超市”并非是一种新型的商业模式，而是一种违规的展业方式，与真正意义上的“车险超市”相去甚远，与保险监管制度的设计初衷背道而驰。

追根溯源：产品　价格　制度

车险是重要的保险产品，是诸多金融产品的一部分，按照常理是不应当作为赠品出现的，那么为什么保险市场上会出现所谓的“车险超市”现象？之所以出现这个现象，笔者经过综合调研和分析作出以下剖析。

一是为什么赠送的保险是车险产品，而不是别的保险产品。需要从以下三个角度来研究：首先是车险产品的定价机制。当前，我国商业车险的定价原则主要是随车原则，考虑的费率因子主要包括新车购置价、折旧价、“零整比”系数及投保时段等，忽略了投保车辆年行驶里程、行使区间等动态因素，忽略了驾驶人的年龄、驾龄以及是否遵守交通规则、是否遵守驾驶规范和驾驶道德规范等因素，基本上不能体现投保车辆的风险状况，导致车险价格虚高，为高折扣预留了空间；高折扣为车险销售高赠送预留了空间。其次是销售渠道。目前车险销售渠道中，按照持有的牌照或者资质划分，可以划分为保险个人代理人（以下简称个代）、保险专业中介机构（以下简称专代）和保险兼业代理机构（以下简称兼代）三大类。在三大渠道中，由于专代的用工形式绝大多数采取代理制，一部分业务账面上归属于专代渠道，实际来自于个代渠道；由于车商、车队等资格审批受到限制，一部分业务账面上归属于专代渠道，实际来自于兼代渠道。所以，车险业务的实际来源具有不确定性。最后是佣金支配。从监管实践经验看，保险公司将保险佣金支付给保险中介主体以后，佣金的最终去向可以分成两大类：一类是车主本人。结合本文研究的“买商品，送车险”模式，各类中间机构切走一部分佣金，剩余的部分通过赠送礼品的形式馈赠给投保人。另一类是经办人。对于机构的自有车辆、加盟车队车辆，大部分佣金最终归属于具体经办人。从保险监管规定看，禁止保险公司和保险中介机构给予投保人等主体保险合同以外的利益，但是领取佣金后，通过向投保人或者经办人返还佣金的手段，变相给予保险合同以外的利益是市场普遍行为，且检查的难度明显增加。

二是赠送的主体为什么不是保险公司。因为《保险法》对保险公司的经营范围和禁止行为作出了明确规定，即保险公司的业务范围为人身保险业务、财产保险业务和国务院保险监督管理机构批准的与保险有关的其他业务。保险公司及其工作人员在保险业务活动中不得给予或者承诺给予投保人、被保险人、受益人保险合同约定以外的保险费回扣或者其他利益。因为保险产品定价是经过严格精算的，任何违反精算的行为都可能影响保险公司的偿付能力。所以，法律对保险公司的经营行为及展业行为作出了严格的约束，保险公司无论是“卖商品，送保险”还是“卖保险，送商品”，都是不符合相关法律法规和监管制度的。因此，赠送商品的主体只能是保险公司之外的第三方机构。

三是这类所谓的“车险超市”为什么会持有保险代理公司的营业执照。笔者在某车险超市总公司（总店）职场见过，其赫然摆放着某保险代理有限公司的营业执照。许多加盟商是看到这张合法的营业执照才作出加盟决定的，而消费者也是看到工商行政管理部门颁发的营业执照才认定其具备保险销售资格，而无论是加盟商还是消费者，普遍忽略了保险经营属特许经营，除营业执照外，还必须持有特许经营许可证。问题产生的根本原因在于国家商事制度“先照后证”改革后派生的信息不对称。按照新的工商制度，工商行政管理部门要对保险代理机构的设立进行审批，但审批依据为《公司法》，只要符合《公司法》规定的最低注册资本要求，即可获批营业执照。而目前，保险监管部门所依据的《保险法》《保险代理机构监管规定》中对于保险代理机构最低注册资本的规定与工商行政管理部门审批时所掌握的《公司法》规定存在出入。上述所谓的车险超市，其获批营业执照后，往往因不满足保险监管部门的规定，而不向保险监管部门进行报备就私自开展业务。因为目前并未建立工商行政管理部门和保险监管部门的信息共享或数据交换机制，对于这类机构，除非有相关举报或投诉，否则保险监管部门就没有知悉其未经批准开展业务的渠道。

上述三个原因，造成目前市场上大量充斥着“车险超市”“车险零元购”“买商品，送车险”等未经批准开展经营代理保险业务的机构，甚至有些机构通过在各地市、县、乡招加盟商、收加盟费的形式大肆敛财，既扰乱了保险市场秩序和社会经济秩序，也损害了保险消费者利益，工商行政管理部门和保险监管部门应该对此高度关注。

对策：改革与监管联动双管齐下

一是深化商业车险改革，挤压产品套利空间。现行的商业车险改革已经取得了一定的进步，但是仍然存在随车因子占比大、随人随用因子占比小等问题，需进一步深化车险价格改革，压缩高额打折空间。下一步车险改革的方向将试图朝着“一车、一人、一价”的方向发展。在推动商业车险的改革过程中，要建立以交通行为安全性为导向的车险价格形成机制，按照投保车险客户遵守交通规则情况、遵守驾驶技术规范情况及驾驶职业道德的综合评分来确定车险价格打折幅度，大幅拉大高中低不同风险分值客户车险价格差距，引领驾驶员培养安全驾驶的意识和能力。通过价格机制，直接降低低风险客户的车险价格，铲除因为车险价格虚高发生车险佣金大战的土壤。

二是深化保险中介市场改革，挤压渠道套利空间。无论是“卖商品，送车险”还是“卖车险，送商品”，其盈利最终来源于保险佣金，赠送的基础仍然是保险销售不同渠道的费用空间。因此，要进一步深化保险中介改革，建议一方面统一保险专业代理和保险兼业代理的市场准入标准，从机构设立环节消除不同中介渠道的套利空间；另一方面，统一保险专业代理、保险兼业代理、个人代理人的手续费以及直销渠道销售绩效标准，从而消除同一业务在不同渠道之间的套利空间，进一步从根本上消除赠送商品的利润来源。

三是加强监管机构协作，挤压投资者监管套利空间。面对商事制度改革后涌现的新情况和新问题，工商行政管理部门和保险监管部门应该高度重视，积极协作，建立联合监管和联动查处机制，建立数据共享、信息交换和信息披露等机制，通过监管联动，从根本上铲除非法机构生存的土壤。

综上所述，任何一种变革都会衍生出新型的商业模式，这是市场化的产物，但是无论如何演变，诸如“卖商品，送保险”，其本质都是曾经存在的违规手段的异化，监管部门要从体制机制上研究监管的新对策，同时也要加大消费者教育力度，帮助其提高甄别能力和风险意识，新闻媒体也应加大曝光和正面舆论的宣传，通过全社会的共同努力，营造健康的保险生态，或许才是治理另类“保险超市”的良方。

（本文发表于 2017 年 6 月 7 日《中国保险报》）

“叠加”背景下的保险专代监管

马丽娟　王小韦

保险专业代理机构（以下简称保险专代）是我国保险中介主体的重要组成部分，既要受到保险监管部门的专业监管，也要受到工商行政管理部门的常规监管。所以，研究保险专代监管问题，只有同时研究保险监管政策和商事制度政策改革以及两项政策之间的相互作用，才能准确分析保险专代监管的政策环境。

本文研究的是近年来推动的商事制度改革政策和2017年推动的保险监管政策以及两项政策叠加下保险专代监管问题。当前，研究此问题，有利于推动商事制度改革措施和保险监管改革措施在保险专代监管领域的落实，有利于规范保险专代经营行为，有利于维护保险消费者合法权益，有利于促进保险市场持续健康发展。

本文通过梳理近年来相关改革政策变迁、介绍保险专代经营模式，分析在新旧监管制度切换过程中保险中介监管遇到的难题，并提出意见和建议，为完善商事制度和保险监管制度提供参考。

叠加改革：开启监管衔接新思维

按照不同的标准，以改革前后的变化对保险专代监管划分为不同的监管时期，本文划分监管时期着眼于确定改革前后的变化。理论上讲，保险专代市场准入审批，可以实行前置审批程序和后置审批程序两种方式。前置审批程序，是指申请人向保险监管部门申请经营保险代理业务许可证（以下简称许可证），凭许可证到工商行政管理部门办理营业执照，俗称“先证后照”；后置审批程序，是指申请人向工商行政管理部门申请办理营业执照，凭营业执照向保险监管部门申请许可证，俗称“先照后证”。无论是“先证后照”还是“先照后证”，都要求申请人在保险专代机构证照齐全的前提下，才能合法地从事代理保险业务行为。

在实行商事制度改革以前，按照《保险法》（1995 年、2002 年、2009 年）的规定，保险专代准入审批采取前置程序，实行“先证后照”。在改革以前申请人办理许可证后，再到工商行政管理部门领取营业执照。为了保障保险专代“证照衔接”，做了如下制度安排。

一是时效制度。按照《保险专业代理机构监管规定》（保监会令〔2009〕5 号）规定，申请人取得许可证之日起 90 日内，无正当理由未向工商行政管理部门申请登记的，其许可证自动失效。

二是报告制度。按照《保险专业代理机构监管规定》（保监会令〔2009〕5 号）规定，依法设立的保险专代机构，应当自领取营业执照之日起 20 日内，书面报告保险监管部门。

三是取缔制度。按照《保险法》（2009 年）的规定，对于擅自设立保险专代机构，或者未取得许可证从事保险代理业务的行为，由保险监管机构依法取缔，可以视情节没收违法所得、罚款直至移送司法机关追究刑事责任。

四是查处制度。“先证后照”制度下，擅自设立机构或者非法开展代理业务的，保险监管部门依法进行查处。

实行商事制度改革以后，按照《保险法》（2015 年修订）的规定，保险专代机构市场准入采取后置审批制度，实行“先照后证”。

与前置审批不同，一是取消了申请时效的限制，申请人在取得营业执照和经营保险代理业务许可证后方可开展业务，但没有时限规定。二是取消了设立报告规定，申请人持营业执照申请办理许可证，不再需要向监管部门进行营业执照报告。三是维持了取缔规定。按照《保险法》（2015 年修订）的规定，对于擅自设立保险专业代理机构，或者未取得许可证从事保险代理业务的，由保险监管机构依法取缔，可以视情节采取没收违法所得、罚款等措施。四是查处规定与监管实际脱节。“先照后证”制度下，申请人在获取营业执照时机构主体便宣告设立，不存在擅自设立机构的情形，擅自设立机构的规定形同虚设。

（本文发表于 2017 年 7 月 20 日《中国保险报》）

政策“切换期”个代监管转型之道

高笑寒　王小韦

保险个人代理人（此处与保险营销员同义，以下简称个代）是我国保险销售的主渠道之一，以数量大、流动快、占比高而备受保险机构和保险监管部门的关注和重视。随着2015年4月《保险法》的通过，保险个代的管理体制发生了根本性的转折，个代监管处于新旧监管政策切换期（以下简称政策切换期），势必遇到新情况、新问题，迫切需要新思路、新举措，以确保政策、市场、队伍“三个平稳过渡”。

本文以追溯保险监管政策变迁为主线，结合监管实务发现的问题和市场反馈的表现，围绕政策切换期凸显的问题、存在的风险隐患和化解之道三个环节的重大问题进行深入思考，供同业间交流。

问题：两个缺失

《保险法》（2015年）修订版的通过成为我国个代监管政策的关键分水岭。《保险法》（2015年）修订之前，根据《保险法》（2009年）和2013年1月出台的《保险销售从业人员监管办法》的规定，个代监管政策的模式是资格和执业分体式管理模式，即由监管部门管理个代的从业资格并组织考试、发证，保险机构以监管部门认定的资格管理为依据签发执业证书；根据《保险法》（2015年）的规定，个代监管政策的模式是资格和执业一体式管理模式，即监管部门不再对从业资格组织考试、发证及管理，保险机构对个代从资格审核到执业管理进行全过程管理，以机构认定的资格管理为基础签发执业证书。按照新的监管政策，保险机构拥有了个代渠道用人的自主权。

而目前仅从执业登记作为个代监管手段来看，存在以下“两个缺失”：

一是登记缺失。根据2013年1月出台的《保险销售从业人员监管办法》，保险公司、保险代理机构应当为取得资格证书的人员在保险中介监管信息系统中办理执业登记，并发放《保险销售从业人员执业登记证书》。登记缺失表现：第一，不登记。个别保险机构在对个代管理中，有的只签协议不登记，有的甚至既不签协议也不登记。第二，执业登记主体存在“真空”。目前的执业证书管理系统仅支持保险公司和专业中介机构从业人员执业登记管理，系统先天不足导致银邮、车商兼业代理机构无法进行执业登记。而这类机构恰恰是业务占比重、销售误导多发、易发的“重灾区”。第三，执业登记信息要素过于简单。即使是保险公司和专业中介机构的执业登记，登记内容也仅包括保险销售从业人员的姓名、资格证号、所属公司等信息，不能登记是否存在销售误导、挪用保费、从事非保险金融活动等信息。

二是监管依据缺失。虽然目前《保险销售从业人员监管办法》第十六条规定“保险公司、保险代理机构不得委托未持有资格证书及本机构发放的执业证书人员从事保险销售”。但第三十一条却规定“未取得资格证书和执业证书的人员从事保险销售的，由中国保监会责令改正，依据法律、行政法规对该人员及相关保险公司、保险代理机构给予处罚”。由于在《保险法》（2015年）中取消了对资格证书的要求，因此在第三十一条的罚则中，对应的该条款的法律效力是否还存在，应在监管实际中予以明确。即使法律效力不变，该条款规定对机构的最高罚款不超过3万元，对人员的罚款不超过1万元，相对于诸如通过虚挂人员套取资金的违法获利来说违规处罚金额微不足道。

隐患：“三难”

加强对个代监管的目的在于提高从业人员素质，提高保险业务品质，促进保险行业发展。但是，在政策“切换期”和个代管理中存在主要问题，概括起来有“三难”。

一是虚挂人员套取费用难查实。在监管机构的现场检查中，无论是保险公司还是保险代理机构，都部分存在通过虚挂销售人员套取费用的违规行为。特别是新修订的《保险法》取消保险代理人资格考试后，保险机构通过虚列人员套取现金用于向投保人或机构“返佣”，或保险专业中介机构协助保险公司虚挂中介业务后向保险公司返回现金等违规行为呈多发态势。而对于此类问题，由于虚挂人员既无资格证信息，也无执业登记信息，虚挂人员的真实性很难核实，虚挂套费的违规行为更难以认定。

二是保险机构管理责任难履行。根据《保险销售从业人员监管办法》的规定，保险公司、保险代理机构应当对保险销售从业人员进行培训，使其具备基本的执业素质和执业操守。同时对培训内容也做了明确规定，即培训内容应当包括业务知识、法律知识及职业道德。然而目前在执业登记不规范的现状下，保险机构对归属关系不明确的从业人员的产品培训、合规教育等方面都无从下手，更难谈及从业人员的合规展业问题，其管理责任难以履行。

三是对违规行为难处罚。根据《保险销售从业人员监管办法》的规定，保险公司、保险代理机构应当规范保险销售从业人员的销售行为，一旦发现有相关的违法违规行为，应立即予以纠正。比如，出现违法违规行为保险机构也应负有连带责任。而一旦保险机构与保险销售从业人员未签订委托协议或是未对其进行执业登记，不仅保险销售从业人员的执业素质难以得到保证，还容易引发销售误导等违规行为，而且一旦在销售过程中出现问题，违规销售责任也难以划分，难以追责。

对策：“三个完善”

针对个代管理在政策“切换期”已经表现出的问题，提出以下建议。

第一，完善相关的法律法规。一是完善执业登记具体要求。以落实《保险法》（2015 年）为契机，修订《保险销售从业人员管理规定》的执业管理部分，不仅要求保险公司、保险代理机构必须对签订委托协议的保险销售从业人员进行执业登记，还要求加强保险公司、保险代理机构对保险销售从业人员的培训、合规展业等方面的管理责任。二是增加对未进行执业登记的机构或个人开展保险销售行为的监管罚则。加大对未进行执业登记却进行保险销售的机构或个人的处罚力度，严格禁止保险机构委托与未签订任何协议的个人开展保险销售业务，保险机构需留存保险销售人员的个人基本信息和培训情况等。

第二，完善执业信息系统建设。对现有的执业信息系统进行以下升级改造：一是增加登记主体。将银邮、车商等兼业代理机构纳入执业登记管理中，实现保险各渠道及保险销售从业人员信息全覆盖。此外，对未进行执业登记却进行展业的人员和机构进行处罚。二是丰富登记信息。在登记信息要素中，除了现采集的个人姓名、性别及年龄等基本信息外，还应增加以下信息：其一，业务培训信息。例如，从业经历、培训课时及诚信。其二，签约机构变动信息。例如，何年何月在哪家保险机构签约展业。其三，业务信息。例如，开展业务的类型以及一些标的大、保费高的业务。其四，业务品质信息。例如，违规、奖励、处罚及投诉记录等信息。

第三，完善社会公众参与监督的途径。建立社会公众查询平台，发挥公众对规范保险销售从业人员执业行为的积极作用。建立保险销售从业人员执业信用信息平台，实现跨地区、跨行业的保险销售从业人员信息整合和共享，形成完整的保险销售从业人员信用档案。投保人、被保险人以及社会公众可在执业系统网站上查询到保险销售从业人员的历时记录，包括从业经历、培训课时、诚信、违规、奖励、处罚及投诉记录等信息。强化消费者对保险销售从业人员的监督，如一旦发生违规销售也可为惩戒市场违法失信行为提供依据。

毋庸讳言，对于保险个代在新旧管理模式以及政策“切换期”，存在旧的政策已经废止，而新的政策尚在完善、酝酿，一些传统的理念尚在继续作祟，也给保险实务产生一定的负面影响。随着保险业“新国十条”的精神以及国家有关简政放权改革举措的贯彻落实，保险监管改革的实施细则也需要加快完善。

（本文发表于 2017 年 8 月《保险中介市场》）

中介变革路上勿忘防范风险

王小韦　马丽娟

当前，保险中介渠道变革的因素分为内因和外因两个方面。内因是指保险中介内部个体之间的融合，外因是指第五次全国金融工作会议对金融工作的要求及保险行业贯彻金融工作会议精神、互联网保险的萌芽。正是在内因和外因各自作用和彼此互动的状态下，共同推动保险中介渠道发生变化。实现保险中介渠道的融合与整合，有利于保险中介群体自身的生存和发展，有利于保险行业本身回归本源和防范风险，有利于保险行业服务于经济社会发展。

保险中介变革的“内外因”

保险中介渠道变革是顺应保险中介渠道内部自身融合的需要。在保险专业代理机构和车商类兼业代理机构以及代理车险业务的个人代理人之间，由于业务具有重叠性，所以监管政策的杠杆作用非常明显。比如，《保险法》(2015 年）变化最大的地方就是取消了保险个人代理人通过保险监管部门考试、领证的规定，实行由保险公司、保险中介机构自行认定其是否合格以及与其自行签订协议的方式，因此保险个人代理人数量急剧膨胀，且从业人员素质也相应下降。由于暂停了车商类等兼业代理机构市场准入，原本实实在在来源于车商渠道的车险业务，需要借道保险专业代理机构或者个人代理人渠道。

保险中介渠道变革是贯彻第五次全国金融工作会议精神的需要。按照金融工作会议精神，金融行业的历史使命是服务实体经济、防范金融风险和深化金融改革。推演至保险行业，其历史使命也应当是服务实体经济、防范保险行业风险和深化保险改革。鉴于保险行业需要回归保障功能，保险中介自然也应当回归保障功能。

保险中介渠道变革也是“互联网+”在保险行业应用中的需要。互联网保险概念一经提出，在业内很快掀起了互联网保险去中介化的讨论。即便是形式上的互联网保险，也已经切走传统的保险中介渠道一大块业务。真正的互联网保险逐步落地实施，更是对传统保险行业从产品设计、风险管控及出险理赔等经营全过程的改造，所以去中介化是必然的趋势，但是去中介也是结构性去中介，大浪淘沙，会保留业务素质高、服务能力强的优秀保险中介主体。

综上所述，保险中介渠道在内因、外因的作用下，进行融合和整合具有必然性。

保险中介渠道变革的三大转型

保险中介渠道变革的必然性，保险业界的看法基本上是一致的，但是怎么进行转型，有不同的看法。笔者认为应当做以下转折。

从资本型向人力型转折。近十年里，保险专业中介机构监管规定历经多次修改，几乎每一次修改都会上调注册资本金。根据现行的保险中介监管规定，设立保险专业代理机构、保险经纪公司法人机构设立的注册资本为5000万元，对于汽车销售、维修等汽车类企业设立保险专业代理法人机构，注册资本可以降至1000万元，但是限定经营区域为省内、限定名称中必须包含“汽车代理”字样。

加强对保险专业中介机构监管，要在以注册资本为抓手的基础上，按照建立现代企业制度的要求，强调保险中介机构法人治理结构建设，强调经营班子建设，强调员工队伍建设。同时，积极尝试探索提高保险销售从业人员培训、继续教育的新方式，提高其业务技能。

从差异化向标准化转折。按照现行的监管制度，绝大部分的保险专业代理机构、车商类兼业代理机构以及一部分个人代理人代理的业务都是车险业务，但是需履行的监管义务是不一样的。主要有以下表现：一是对高管人员的要求不一样。保险专业代理机构对高管人员是有要求的，后两类对高管人员是没有要求的。二是监管费不一样。保险专业代理机构要按照业务规模缴纳监管费，后两类没有。三是职业责任保险不一样。保险专业代理机构要按照要求投保职业责任保险，后两类没有。四是对报表、外部审计报告等要求不一样。站在保险中介的立场上，本着经济利益最大化原则，申请人会选择门槛低、义务少的保险中介种类进入保险中介市场。

从差异化监管向标准化监管转折，有两条路径：第一条路径是保险专业代理机构、兼业代理机构和个人代理人一体化建设，以保险专业代理机构为平台，整合个人代理人和兼业代理机构，实现保险代理的一体化建设；第二条路径是在分别制定的监管政策体制下统一监管标准，在保持各类代理主体并存的前提下，统一各类主体的监管义务。通过标准化监管，有利于维持公平的竞争秩序，有利于防止监管套利，有利于提高保险中介监管效率。

从外延式向内涵式转折。从业务品质上看，在外延式发展状态下，保险中介渠道中个别机构丧失了原则，背弃了保险中介行业本来的历史使命，在保险产业链条中扮演了不光彩的角色。有的保险中介机构，在销售保险产品过程中，以佣金高低为导向，大量销售理财型保险产品，给部分保险公司业务偏离“主航道”起了推波助澜的作用。有的保险中介机构在销售保险产品过程中，收取高额的佣金。

向内涵式转折，一方面，要求保险中介机构真正发挥保险公司和保险消费者之间的桥梁和纽带作用，销售的保险产品是能够体现保险保障功能的保障性产品，坚决回归保险中介的本能；另一方面，从保险中介本身来说，要适应人工智能发展的历史趋势和潮流，优化展业方式，提高人员素质，跟上保险业发展的步伐。

（本文发表于2017年9月20日《中国保险报》）

从保险商业贿赂案例看兼业代理的规范

王雨飞　常　璇

近年来，全国多地工商行政管理部门加大了对保险兼业代理领域商业贿赂的打击力度，开展了针对车商等兼业代理的专项执法行动，查处多起违法违规案件，涉及面广，执法力度大，对保险业产生较大影响，也暴露出保险兼业代理发展中存在一些深层次的矛盾和问题。本文分析工商行政管理部门查处商业贿赂典型案例，研究违规问题产生的原因，对于规范保险兼业市场发展，探索完善兼业代理管理机制具有启示意义。

一、典型案例

工商行政管理部门查处涉及保险业的商业贿赂案件大体可分为四类。

（一）无兼业代理资格

2013 年，××工商局在调查中发现，某汽车服务有限公司在未取得兼业代理资格的情况下，于 2009 年初开始与一家保险公司合作开展车险业务，该公司利用其经营上的便利招揽保险客户，推荐、吸收保险客户进行车辆财产保险投保，并收取保险代理手续费 13270 元。××工商局认为，该公司的行为构成商业贿赂，并依据《反不正当竞争法》（1993 版，2017 版于 2018 年 1 月 1 日施行）《关于禁止商业贿赂行为的暂行规定》的有关规定，对该公司作出了责令停止违法行为，没收违法所得 13270 元，罚款 37000 元的行政处罚。

（二）未变更经营范围

2007 年，某汽车出租公司挂靠车辆在某保险公司购买车险，保险公司向出租公司支付保险代理手续费。工商行政管理部门在检查后发现，该汽车出租公司虽然具有兼业保险代理许可证，但未到工商行政管理部门办理增加经营范围的变更登记。因此，认为该出租公司不具备保险代理资格，属于不正当获取利益，符合商业贿赂的本质，应按收受商业贿赂定性。工商行政管理部门据此对该运输公司进行了处罚。

（三）账外支付手续费

2015 年，贵州息烽县某机动车检测公司利用对全县农机集中统一检测的便利时机和条件，向前来检车的农机用户推荐其购买保险，并按保费收入的比例（强制险 2%、商业险 6%）收取手续费。从 2013 年 4 月 12 日至 2014 年 6 月初，共计收受手续费 5545 元，且未计入财务账目，而作为其他开支费用。息烽县工商局检查后认为，该机动车检测公司收取保险公司支付的代理手续费不入账的行为，属于商业贿赂行为，据此对该机动车检测公司以受贿论处，没收其违法所得 5545 元，并处罚款 10000 元。

（四）未尽代理之实

2008 年，某汽车销售公司与某保险公司签订保险兼业代理合同，约定保险公司委托该汽车销售公司代理车险业务，保险公司根据该汽车销售公司代理的保费收入情况向其支付代理手续费。工商行政管理部门检查后发现，保险公司在该汽车销售公司设置车辆投保信息录入点，派员工到录入点现场办理汽车保险业务、出具保险单据及收取保费。据此，工商行政管理部门认定该汽车销售公司在自身并未按照保险法规和协议约定从事实质保险代理业务的情况下，收受保险公司以保险手续费名义给予的钱款，属于收受商业贿赂的行为，并对汽车销售公司进行了处罚。

二、违规原因分析

从不同角度来看，上述案例在违规行为定性、执法主体等方面存在一些争议，但兼业代理自身发展不规范、不合规的问题仍然不可否认，主要原因如下。

（一）保险公司对兼业代理管控“失位”

保险代理起源并依附于保险业，在兼业代理发展中保险公司理应占据市场主动，管控代理渠道是其分内职责。但长期以来，保险公司“以保费论英雄”的考核导向，使其不愿主动履行对兼业代理的管控责任，甚至纵容和参与违法违规行为。如委托无兼业代理资质或资质过期的机构开展保险业务、账外暗中支付手续费等。

（二）监管机制不完善

从监管机制来看，一方面，兼业代理方面的法律法规建设滞后，2000 年制定的《保险兼业代理管理暂行办法》（保监发〔2000〕144 号）已“暂行”多年，尽管经过数次修改，但仍有很多条款已明显不适应市场变化；另一方面，中介监管信息系统建设滞后，对兼业代理机构以及其经营情况、人员管理等监管数据缺失，客观上降低了中介机构的违规成本，不利于市场环境的维护。

（三）兼业代理追求短期利益

根据“经济人假设”，兼业代理在与保险公司合作中必然追求自身的利益最大化。由于兼业代理占据渠道优势，在合作中处于强势地位，一些兼业代理借机索取畸高的佣金，推高市场成本；还有一些兼业代理不求专业合规，内控薄弱，销售误导，损害消费者利益，背离了保险代理专业经营、服务客户的发展方向。保险公司特别是基层机构迫于保费压力，也只能对兼业代理有求必应，兼业代理在发展中出现种种问题也就显得顺理成章。

三、对规范兼业代理发展的启示

近年来，兼业代理以其贴近消费者的天然优势得以快速发展，在提高保险深度、密度以及服务保险消费者等方面发挥了积极作用，已成为保险市场不可或缺的重要组成部分。但兼业代理自身经营不规范、保险公司管控责任不到位、监管滞后等问题也日益突出，导致了上述违规案件的发生。他山之石，可以攻玉，从案例中可以得到以下几点启示。

启示一：兼业代理与保险公司合作关系扭曲是阻碍兼业代理市场规范发展的根源

以车商类兼业代理为例，有专家曾测算，保险公司提供的修理业务与车商渠道带来的保费分别占各自主营业务的比例相差无几，两者本是唇齿之依，无所谓高低贵贱，但在现实地位上，却是天壤之别。保险公司在与兼业代理合作中大都处于弱势地位，双方合作关系的扭曲一方面导致保险公司对兼业代理疏于管控，对机构、人员无资质代理等违规行为睁一只眼闭一只眼；另一方面，迫使保险公司通过多种违规手段满足兼业代理提出的各项要求，扰乱了市场秩序。

启示二：以科学的理念推进兼业代理市场改革是当前面临的重要任务

长期以来，对兼业代理“如何管”的问题一直没有定论，兼业代理缺乏系统的、科学的运行规则和监管机制，对行业发展模式和改革方向也存在一些争议和困惑。如保险公司驻点销售模式是否应保留、行政审批哪些应该从严、哪些应该放开等。上述问题已成为规范保险市场秩序、促进兼业代理市场健康发展的掣肘。因此，破除对兼业代理发展的种种困惑和问题，以科学的理念推进兼业代理市场改革成为行业和监管面临的重要任务。

启示三：兼业代理市场改革需多方征求意见，切忌“闭门造车”

应该看到，导致保险兼业代理问题的原因是多方面的，既有行业自身发展不成熟、监管机制不完善等内因，也有社会信用体系不完善、法律法规不健全等外因。因此，一方面需要“跳出保险看保险”，站在国家经济发展全局的高度来看待兼业代理市场发展，广泛征求市场主体以及专家学者、消费者等业内外的多方意见；另一方面，在对兼业代理监管方面，不同的监管部门对同一问题的态度可能不尽相同，对一些违规行为的执法主体、认定标准也可能存在争议。因此，在兼业代理市场改革过程中，同样需要加强与工商、税务等其他相关部门的横向沟通交流，争取合作并达成共识，切忌“闭门造车”。

四、相关建议

（一）加强顶层设计

一是加强监管法规建设。在《保险法》修订中考虑增加兼业代理经营、监管等相关内容。尽快对《保险兼业代理管理暂行办法》进行修订，在市场准入、经营规则、信息化、违规处罚和市场退出等方面制定明确标准，并考虑将其层级由现行的规范性文件上升为部门规章。二是推进保险产品费率和手续费市场改革。促使各市场主体转变单纯靠拼价格、比费用的竞争方式，为兼业代理市场发展注入原动力。三是加强信息化建设。完善保险中介业务监管系统，增加兼业代理模块，建立基础数据库和文件传输系统，改变兼业代理监管缺数据、缺平台的现状。

（二）强化公司管控责任

强化保险公司对兼业代理的管控责任。但鉴于目前兼业代理与保险公司合作关系严重扭曲，保险公司在合作中缺少“话语权”。要强化保险公司对兼业代理渠道的管控责任。可考虑从以下几点入手：一是加强对保险公司法人机构层面的监管，彻底改变其以“保费论英雄”的考核导向，避免基层机构在考核压力下对兼业代理“卑躬屈膝”。二是采取措施适度提高保险公司在中介业务合作中的“话语权”，实现双方的权、责、利对等，如限制兼业代理数量等。

（三）加大简政放权力度

弱化对兼业代理的前端准入审核，强化事中、事后监管。在市场准入方面，坚持商业企业性、窗口便利性、业务兼营性及主业相关性准入标准，适当放宽准入条件，考虑实施分类监管。对于具有明显的行业优势和庞大市场资源的资源型兼业代理，只审批到法人机构，由其自行统筹管理分支机构的兼业代理业务，不再审批资格。同时加强对其法人机构的日常监管，明确法人主体责任，实行书面合规承诺和合规责任人制度，建立兼业代理保险业务数据报送制度、缴纳保证金和投保职业责任保险制度。

（四）完善横向沟通交流机制

联合“一行三会”和工商、税务、公安等相关部门，建立健全横向交流机制。一是就行业目前广泛存在但短期内难以立即整改的问题，共同加强研究探索，争取共识。二是对于跨行业的违法违规行为，建立行业间联合执法机制，增强对违法行为的制约与震慑作用。如考虑联合工商、税务等部门，加大对无资质代理保险的查处力度，规范市场秩序。三是就一些存在监管职能交叉的问题，采取修订法律法规、联合发文、会议达成共识等形式，明确对问题的查处标准和执法主体。

（本文发表于 2016 年第 3 期《中国市场监管研究》）

商业车险改革篇

车险经营要不要“去中介化”

曹春喜　王小韦　马丽娟

2016 年 8 月 24 日，中国保监会印发了《中国保险业发展“十三五”规划纲要》（保监发〔2016〕74 号，以下简称《规划》），对保险业未来五年的发展进行了整体规划。对于研究车险在财险行业中的比重与保险中介渠道在保险行业中的比重之间的互动关系，本身就具有重要的意义。在《规划》的背景下，研究两者之间的互动关系，更具有理论意义和实践价值。

中介激变

保险中介市场作为金融市场的一部分，历来是受到严格管制的，其格局变化取决于监管政策的调整。因此，研究中介激变要建立在保险中介监管政策调整的基础上。所以有必要先简单介绍保险中介内部结构和保险中介代理车险主体结构。

一般来说，保险中介内部结构分为保险个人代理人（以下简称个代）、保险专业代理机构（以下简称专代）和保险兼业代理机构（以下简称兼代）三大部分。在保险中介代理车险主体结构中，不同主体代理车险业务的基本格局如下：一是所有的个代均代理车险业务，如中国人寿、平安产险等公司的个代渠道，通过财险、寿险互代以及交叉销售的方式，使车险业务在其保险业务中占有一定的比重。二是几乎所有的保险专业代理机构在代理车险业务。三是兼代中的车商、驾校等机构是车险业务销售环节的主力军。另外，在车险理赔环节，一小部分保险公估机构涉足车险查勘理赔。

近十年来，保险中介监管政策调整在不断变化，其中具有划时代意义的是 2015 年 9 月 17 日中国保监会发布的《关于深化保险中介市场改革的意见》（保监发〔2015〕91 号，以下简称 91 号文）。从内容上看，91 号文对于保险中介市场发展的部分表述，《规划》脱胎于 91 号文，与其一脉相承。所以研究《规划》，起步于研究 91 号文。在研究 91 号文时，需要注意以下几点：一是 2012 年 3 月至今，暂停了车商等非金融类兼业代理机构市场准入。二是 2012 年 6 月开始至今，专代机构市场准入门槛持续提高。三是 2015 年 4 月，《保险法》修订，取消了保险监管部门设定的个代准入门槛，完全由保险公司和保险中介机构等单位自主决定用人。

当前及未来，保险中介激变呈现出以下特点：

一是保险中介主体数量更多，市场格局发生颠覆性变化。对于未来保险中介激变的走势，目前在保险中介行业内看法不一，观点各异，但梳理起来，主要有发展保险门店、发展独立代理人两种观点。对于这样的观点，《规划》中是提倡的，但是这两种观点在现行的保险监管法律、实务操作中还是存在先天性障碍的。本文研究的视角，力求更加合乎法规，更加适应市场变化。

对于保险中介机构，由于业务具有重叠性，市场准入政策出台有时间差，所以保险中介机构之间的业务具有“跷跷板”关系。主要表现为以下三点：第一，恢复兼业代理机构审批，加剧了保险中介机构之间的竞争。2016 年 5 月，中国保监会下发文件恢复了银行类保险兼业代理资格审批，推行法人机构持证制。由于保险兼业代理机构发证模式发生改革，持证数量貌似锐减，但实际上经营主体并未减少。恢复非银行类保险兼业代理机构审批，势必会使原来隶属于保险专业代理机构的一部分业务回流至车商等兼业代理机构。第二，保险专业中介机构结构发生了变化，表现为法人机构市场准入明显减速，分支机构备案数量快速增长。从保险市场上看，由于法人机构的准入门槛居高不下，市场上保险专业中介的牌照成为“抢手货”，派生出一些专门交易牌照的掮客，加盟制的分支机构占据了一定的市场地位。第三，保险个人代理人领域，《保险法》（2015 版）落地实施，取消了保险监管部门对保险个人代理人考试发证制度，实行由保险机构自主用人，所以保险个代群体迅速扩大。扩大了的个代群体，势必会切走专业代理机构的业务份额。

二是保险中介专业技术能力要求更高，功能发生颠覆性变化。对照保险中介的现实表现，保险中介在很大程度上只是增加了车险销售的环节，既不能增加保险需求，也不能为保险消费者提供理赔服务，抑制了保险中介功能的发挥。按照《规划》，要求保险专业中介机构提升专业技术能力，在风险定价、产品开发、防灾防损及反保险欺诈等方面发挥积极作用，提供增值服务。在现实需求和未来需求之间，保险中介的专业技术能力迫切需要提升。

三是保险中介监管更加着眼于宏观领域。《规划》中只涉及保险中介市场发展，有关保险中介监管的内容，还要从 91 号文中找答案。按照保监会提出的“放开前端，管住后端”的监管理念，降低保险中介准入门槛、加强市场行为监管应该成为主旋律。具体到保险中介开展中介车险业务过程中，财务数据的真实性会成为重中之重。

车险囧途

2016 年 6 月，第三批商业车险改革试点帷幕拉开，标志着我国新一轮商业车险经营规则在全国范围内全面铺开。从整体情况看，商业车险保费价格普惠，但是在经营过程中也不乏“难言之隐”。主要有以下具体表现：

一是竞争加剧。实行新的车险经营规则，扩大了保险责任范围，进一步理顺了代位求偿权的流程，引入了“零整比”费率因子，为改善车险经营和车险消费者体验奠定了制度基础。

同时，车险市场上出现了手续费上涨、综合成本率上涨和赔付率下降等非改革预期的现象。竞争加剧的原因，包括汽车新增数量增速低于以前年度、经营车险的保险公司持续增加等。

继续追踪车险手续费去向，不难发现，有的回流到真实的车险消费者手中，有的流入机关单位、车队等保险业务经办人的手里，有的落入车商等实际代理保险业务的机构。

二是风险管控缺位。作者在对大量交通事故和车险赔案的原因进行分析后发现，其中很多案例的发生原因很简单，当事人只要稍加注意就可以避免事故的发生。交通事故发案原因的简单性，从一个侧面反映出当事人的交通法规意识淡薄，反映出保险公司在车险经营过程中风险管控不到位。而车险在销售环节，应当着力宣传并提高机动车第三者责任保险额度。

三是自救乏术。回顾起来，2006 年商业车险改革后，车险市场手续费攀升；2008 年前后各省级保险行业协会纷纷实行自律；2009 年保险监管部门下发了规范理赔等文件，在一定程度上对车险手续费上涨形成遏制的合力；从 2010 年前后开始，国家发展改革委等部门开展了反垄断调查，对限制车险价格打折、限制佣金比例的保险行业协会和保险公司给予高额处罚，多地保险行业协会纷纷删除了相关内容；新一轮车险改革后，车险市场佣金比例上涨。如果没有自律公约的屏障，就谈不上保险行业内部自我约束。虽然《保险法》禁止保险公司、保险中介向投保人支付保险合同约定以外的其他利益，但是倘若保险公司和保险中介达成默契，查处违规行为难度就会陡增。

突围之道

车险经营是国民经济建设中的一个子领域，研究其发展变化要充分考虑外围环境、公司风险管控等因素。

一是优化发展理念，完善经营环境。《规划》第八章中提到，加大与医疗卫生、道路交通等部门的沟通协调，进一步扩大行业共享数据来源。理论上讲，降低交通事故数量的发生对于车险经营具有双刃剑的作用：一方面，降低交通事故的发生，车险经营可以直接降低赔付率；另一方面，交通事故发生率的降低，抑制了车险需求。从与国外的数据对比来看，当前我国道路交通事故发生的绝对数量、相对数量和事故后果，形势都不容乐观。具体到车险经营，车险发生的概率和交通事故的发生息息相关。保险行业要树立车险经营的根本出路在于降低事故发生概率的理念。

二是深化车险改革，提高经营能力。《规划》第二章中提到，全面推开商业车险条款费率管理制度改革，商业车险经营规则中费率因子的权重会发生根本变化，从现行的从车为主向从人、从用为主改革，客观上要求保险公司根据车险客户的具体情况，对不同客户的风险进行评估，在保险公司和客户之间建立直接的联系，这样势必会增大直销的比例，减少保险中介的比例。可以预见的是：商业车险条款费率改革速度越快，车险营销对保险中介需求减少得越快；商业车险条款费率改革力度越大，车险营销去中介化速度越快。

三是推进监管转型，引领理性发展。从 2016 年开始，保险监管部门推出“偿二代”监管，监管部门更加着重于保险公司的偿付能力监管和维护保险消费者合法权益，更加着重于宏观审慎监管，更加着重于市场行为监管。至于车险手续费的高低、个别保险公司车险经营的盈亏等属于保险市场经营主体自己的问题。

车险市场和保险监管之间的互动变化，是一个循序渐进的过程，其中蕴含的问题，也要根据保险监管和金融监管政策的变化而变化。从《规划》看，更多的立意在于通过发挥车险的经济补偿和社会管理功能，既降低交通事故的发生，又能为在交通事故中受到伤害的人提供补偿，这才是发展车险经营的根本目的和最高境界。

（本文发表于 2016 年 9 月 28 日《中国保险报》）

新视角　新认知　新路径

——对商业车险改革的深度思考

王小韦　王雨飞　马丽娟

自2006年国家推出交通事故强制保险制度以后，研究、实施机动车保险，需要区分交通事故强制保险（以下简称交强险）和机动车商业保险（以下简称商业险）两部分。新一轮车险经营规则改革只涉及商业险经营，故本文研究对象以新一轮商业车险为主，兼顾谈论交强险问题。

当前正全力推进的商业车险改革酝酿于2012年，第一批试点启动于2015年6月，在全国范围铺开于2016年6月。从酝酿到全面落地，研究商业车险改革的各类文章不计其数。对于商业车险改革，有以下三大特点：一是视角广。笔者来自保险监管一线，精耕于保险中介及财险市场研究，尽管不直接推动商业车险改革，但在研究横跨车险营销、反欺诈、疑难车险案件中，系统收集了保险学界、业界高管、法官和律师的文章或者受访稿件，从研究视角看在一定程度上贯通了保险学界、实务界和司法界的看法。二是素材活。本文撰写中，笔者收集了公开的商业车险改革的成果和数据，走访了保险监管、保险公司和保险中介机构（包含车商等兼业代理机构）不同层级管理人员和一线工作人员，走访了风险程度为高、中、低三个层次的车险消费者，观点提炼于保险市场一线。三是理念新。与以往研究商业车险改革的多数就事论事思维不同，笔者突破传统思维，不再拘泥于发挥车险经济补偿功能，而是着力研究发挥车险的社会管理功能，配合交警等相关部门加强交通管理，降低交通事故发生的数量和程度，而不是在出险以后进行被动补偿。

旧流程和新视角

站在不同的角度观察商业车险改革问题，可以得出不同的结论。通过对大量案例和数据分析，笔者发现商业车险改革和经营中，存在信息不对称的问题，表现在保险公司内部各部门之间、保险公司和保险中介机构之间、保险经济补偿和社会管理功能之间。

一是优化业务流程，畅通信息交流。一般来说，保险公司内部按业务划分为销售、理赔、纠纷处理、反车险欺诈等部门，部门之间分工协作。但是，通过对大量投诉、诉讼案件分析，折射出保险公司内部部门之间沟通不畅，经营流程中存在改进的空间。例如，研究车险欺诈案件发现，涉案标的车基本上是老旧车型，市场保有量少，这些车按照市场公允价已经很低，但是销售部门在计算车损险保费时，计算基数高于实际价值，这给车险欺诈埋下隐患。如果车险销售环节、核保环节及时将车损险计算基数下调至实际价格，就可以在很大程度上避免诈骗案件的发生。再如，很多车险欺诈案件利用了"直赔"机制，为车险欺诈得逞预埋隐患。

二是瞄准市场定位，理顺合作关系。通过对大量数据和案例分析，对于当前车险市场出现的问题，保险公司和保险中介机构高管"背靠背"座谈时，保险公司诟病保险中介机构，认为车险亏损或者微利根源在于保险中介机构索要高额手续费；相反，保险中介机构诟病保险公司，认为在保险业产业链中尚未实现真正的产销分离是因为保险公司没有实现真正的产销分离。

三是审视功能定位，引领车险"姓保"。对大量车险理赔案件和车祸根源研究的结果表明，许多车祸的发生是超速引起的，究其根源在于驾驶人的违反交通规则。对于此类交通事故快速理赔，无异于助长驾驶人的违规行为。借鉴一些交通管理和车险经营成熟的国家或地区的经验，首先对汽车超速、闯红灯等违法行为严厉惩戒，实行保费和驾驶行为联动机制。从商业车险改革经营规则创新角度看，除了北京等极少数地区车险价格与超速、闯红灯挂钩以外，绝大多数地区是不挂钩的。

旧指标和新认知

本文研究商业车险改革，沿用了以往研究选用的车险佣金、赔付两方面的指标，创新在于使用全新的标准，试图总结出新认知。

一是佣金功能异化，演绎竞争手段。传统观点认为，车险佣金性质上是对代理销售保险的报酬，比例一般在车险价格的10%左右，但是当前车险佣金已经异化为调解车险价格的手段，比例在车险价格的1/3以上。本轮商业车险改革前夕，商业车险手续费市场化进程进一步加快。从2015年七八月开始，商业车险手续费竞争进一步白热化，在车险市场上出现买保险送礼品、买商业车险赠送交强险等现象，手续费在比例上再次攀升。从媒体报道的资料看，在一些市场交强险、商业车险手续费达到“双25”以上，局部市场标准更高。对保险公司的检查结果显示，在账务处理上，保险中介机构向保险公司按照交强险保费的4%、商业车险保费的15%出具手续费发票，另外以服务费的名义按照交强险保费的21%、商业车险保费的10%向保险公司出具发票。对保险专业代理机构的检查结果显示，保险专业代理机构通过大量提现的方式，支付给签约的保险个人代理人。由此可见，佣金已经失去佣金本来的意义，异化成调解车险价格的工具。

二是理赔复合作用，影响经营格局。对于赔付问题，本文分三个层次进行阐述。第一，赔付走势变化。某省是2015年第一批启动商业车险改革试点的省份，财险公司申报的数据显示，2015年6月底、2015年底和2016年6月底，综合赔付率分别为59.62%、59.5%、54.37%。资料显示，在多个推行商业车险改革的省份，车险赔付指标下滑。第二，赔付的真实性。在调研中发现，汽修厂员工调侃车险查勘人员，“查勘员的工资是由汽修厂发的，而不是由保险公司发的”。从法院判决的一些典型车险欺诈案件看，很多欺诈案件之所以得逞是与查勘人员的配合密不可分的。从另一个角度看，保险公司应当加强对查勘员的培养和管理，让其待遇阳光化。第三，赔款划转问题。在实务中，一些保险公司与合作的汽修厂通过签订直赔协议支付赔款，这的确方便了申请人，但是可能为违规操作预埋隐患。按照新的商业车险经营规则，次年保费与历年出险挂钩，所以在实务中发现一些投保人对于一定金额以下的案件不报案或者将若干小案件合并报案。

按照当前主流的“销售误导、理赔难”的说法，其中理赔难集中表现在车险经营上。在当前车险销售费用走高、赔付率走低的背景下，评价车险经营也需要寻求新的角度和观点。

旧思维和新出路

深化商业车险改革，是一个系统工程，需要在观念、制度、系统上综合推进。

一是更新观念，思想先行。车险经营从经济补偿向参与促进交通安全的社会治理过渡。在车险重补偿、轻管理的经营理念支配下，车险经营陷入一种恶性循环，交通事故造成的后果越严重，善后处理的工作量越多，社会物质财富和人民群众的生命安全受到的损害越大，倒逼投保人提高保险金额，相应地保费也会提高；在转型为重管理、重管控的经营理念支配下，交通事故发生次数下降，后果趋轻，善后处理的工作量越少，社会财富和人民群众的生命安全受到的损害越小，投保人可以下调保险金额，相应地保费也会降低。

加强理论研究，科学定位车险经营。按照保险原理，保险具有经济补偿、资金融通和社会管理三大基本功能。在三大功能理论的基础上，派生了保险经营承保、投资双轮驱动经营理念。具体到车险领域，对车险经营有两种观点：一种观点是，承保环节不亏损，或者略微亏损，可以通过保费资金运用来填补承保亏损，做到总量盈利；另一种观点认为，车险经营微利、费事，远不如运用保险资金盈利更多、更稳，所以在业务结构中，对于车险产品要精挑细选，侧重发展理财型产品。正是在上述两种观点的支配下，个别经营车险的保险公司在业务结构上重点发展理财型产品，忽略了车险的经营。

二是完善制度，齐抓共管。在以人为本的社会治理理念下，保障人民群众的生命和财产安全是政府管理和部门监管的基本责任。具体到车险经营的终极目标，也是为了提高公共安全，理顺交通秩序，保障人民群众的生命和财产安全。为了实现这样的目标，建议通过完善道路建设、交通管理等领域的法律法规，全面提升管理水平，围绕驾驶人安全问题，建立道路交通监控等纵向监管、车险合同等横向约束的安全网络，提高驾驶人等道路交通参与者的安全意识和道德修养，预防、减少甚至杜绝交通事故发生。结合作者研究发现的交通事故规律，建议加强对违反道路交通安全的违法行为的惩处力度，加大对破坏、损坏道路设施违法违规行为的打击力度，保障道路交通安全。

三是依靠科技，实时监控。随着移动互联网的飞速发展、智能手机等移动终端的普及，在纵向的交通监管和横向的车险合同约束中，依靠技术进步，提高对驾驶行为实时监控的力度。一方面，在提高道路交通等相关部门监管效率的基础上，降低具体工作人员的工作强度；另一方面，保险公司通过安装 OBD 等设备，采集投保车辆行驶里程、行驶区间、出车和收车规律、转弯半径等重要的行为资料，以此判断投保车辆的风险系数，根据不同的风险系数，核算具体的车险保费。

推进商业车险改革，的确是一个循序渐进的过程，需要在综合考虑政策背景、技术手段、法制建设等因素的前提下，与时俱进，扬长避短，不会一蹴而就。

（本文发表于 2016 年第 11 期《中国保险》）

融合痛点：提升4S 店车险体验满意度

王小韦　王雨飞

数据显示，连续多年来车险在财险中的占比超过 75%，对于绝大多数财险公司来说，车险一枝独秀，占比超过 85%，有“当家险种”之美誉。而归属为保险中介的 4S 店，在众多的车险销售渠道中占比较高，备受财险公司依赖。所以，当前研究提升 4S 店车险体验满意度，意义重大，有利于提升车险消费体验满意度，有利于规范车险销售行为，有利于改善保险公司车险经营策略。

本文扼要回顾相关保险中介监管政策变迁，结合监管实务和经营实务中得出的经验和教训，对提升 4S 店车险体验满意度，提出意见和建议，供同业间交流。

三大痛点：客户、渠道、主体

4S 店销售车险具有渠道优势，是国家汽车流通管理制度、保险监管制度等一系列制度造就的，所以分析 4S 店车险体验满意度就需要以政策背景为主旋律进行研究。从实务看，很多 4S 店的前身本身就是一些小型汽车修理厂。

客户的痛点。汽车消费者在使用汽车过程中，无论是对汽车还是对保险都有两种希望：一是可靠便捷。在消费者看来，其生活意义上的汽车消费链条包括：购买汽车；汽车使用中正常的维修保养，如送电、送水、更换轮胎等非交通事故的道路救援；购买保险以及出险后的报案、维修等事故处理等环节。二是物美价廉。消费者希望购买的汽车和车险能够有比较高的性价比，即以较低的价格换取更加超值的服务。如果 4S 店能够代理销售车险，那么就能够提供理赔等一条龙服务，满足车险消费者一站式服务的需求。作者在调研中发现，4S 店中代理的车险续保率达到 90% 以上，汽车的日常保养以及事故返修率达到 100%，远远高于行业的平均值（40% 左右）。这样的 4S 店，自身实现了较好的经济效益，同时是汽车生产厂家、保险公司心目中的双料“掌上明珠”。

渠道的痛点。形式上看，4S 店渠道定位有双重意义，一是搭建在汽车生产厂家与汽车消费者之间，二是搭建在保险公司与车险消费者之间，具有桥梁和纽带的作用。本质上看，4S 店的确能够替保险公司解决车险销售和事故车的定损、维修等问题，这也是其能够成为车险销售主渠道的根本所在。车险发展好了，既可以有不菲的佣金收入，也可以扩大维修业务资源。

主体的痛点。此处的主体包括汽车生产厂家和保险公司两方面。不管是汽车生产厂家还是车险提供商，要服务好千家万户的消费者，建设销售服务网络是必经途径。从销售汽车来看，不同的厂家对应的 4S 店是具有排他性的，通俗地讲，一家 4S 店只能销售一个品牌的汽车，而从销售保险来看，不同的保险公司对应的 4S 店不具有排他性，也就是一家 4S 店可以销售多家保险公司的保险产品。

综上所述，提升 4S 店车险消费体验满意度，需要同时满足汽车生产厂家、保险公司、渠道（包括 4S 店）、消费者的需求，这是发展的基础。4S 店只有深入分析产业链条上每一个主体的经营痛点，提高服务能力，赢得生产厂家和消费者的信任，才能在激烈的市场竞争中脱颖而出，实现理想的投资回报。

两大趋势：跨界、直接

随着经济社会的发展、移动互联技术发展、共享经济理论发展，以及车险经营规则改革、保险中介监管改革、汽车流通体制改革、汽车维修改革等的推进，4S 店代理车险的外部环境会发生不确定的变化，所以有必要进行外围环境政策的研究。

跨界。此处的跨界是指汽车生产厂家、保险提供商、4S 店、机油供应商等主体向产业上下游延伸，直接申领相应的牌照，开展相关业务。一是汽车生产厂家直接参股设立保险公司。有的汽车生产厂家，出于服务自身、系统和自己的4S店融资的需求成立了金融公司，接着以金融公司为投资主体设立了保险经纪、代理公司；又以金融公司、保险中介公司为股东，投资设立保险公司。目前，一汽、广汽等汽车制造厂家已经设立保险公司。二是保险公司延伸设立零配件供应、维修服务等网络。有的保险公司向客户提供非保险事故的送油、送水、送电等服务，与相关救援机构签订合作协议；有的保险公司控股综合性的汽车服务公司，为客户建立汽车消费档案，可以知悉投保车辆的技术性能状况。三是机油供应商、轮胎供应商通过设立车友俱乐部等形式，吸收保险个人代理人加盟，借道取得代理保险资格，服务自己的客户。此类机构在代理车险业务过程中，变相运用车险佣金为自己的消费者提供增值服务，为提高客户黏度提供资金支持。由于机构之间的跨界发展，市场上经营主体数量增加，竞争趋向加剧。

直接。为了提高自身的经济效益，汽车生产厂家、保险公司、4S店都千方百计地增加终端客户的黏性。移动互联网技术的飞速发展和智能手机的普及，为增加黏度提供了新抓手。具体到车险产品来说，自2016年实行新一轮的商业车险改革以后，在车险经营规则上，再一次实现全国范围内的大统一。从车险产品看，无论是直销渠道还是中介渠道，车险保费计算差异性都在缩小。所以，从渠道竞争的角度看，保险公司利用互联网、电话等直销渠道与4S店之间形成竞争关系。

在跨界、直接趋势两者间，跨界性的速度主要取决于相关监管政策推进的速度和力度，直接性的速度主要取决于具体机构经营策略调整的速度和力度。跨界性和直接性融合发展，汽车消费、车险消费都会呈现出一种全新模式。

一个原则：客户至上，适应变革

从目前汽车进入家庭的形式、车险发展阶段等因素看，车险在财险业务中的占比仍将继续保持绝对的份额，继续研究4S店服务车险消费者仍有很大的必要。

提升4S店车险消费体验满意度，对于4S店来说，就是适应相关的综合改革。

适应改革是一个多元的概念，内容包括：一是适应汽车行业改革，决定优势地位。汽车行业改革，包括流通和维修两项内容。按照现行的汽车流通管理体制，汽车流通实行专卖专营制度，其目的是提高汽车产品质量，厘清汽车的产品质量责任，便于维护消费者利益。但是，随着汽车生产厂家和授权营销网点的增加，汽车生产厂家与加盟的4S店之间围绕汽车销量考核的矛盾显现。在此种背景下，4S店积极推动专卖形式的改革。在汽车维修领域，有关部门推动的汽车“同质配件”打破了零配件垄断的格局，随着改革落地，势必会降低4S店的优势地位。当然，改革的本质就是经济利益调整，既得利益者不会改变现有的格局，改革不会一蹴而就。打破旧的制度容易，建立一种更科学的制度就不是很容易了。新旧制度切换是一种博弈，需要一个漫长的过程。二是适应保险监管改革，决定经营资质。2012年3月，保监会改革保险中介市场主体结构，暂停了4S店等机构核准代理保险的资格，引导此类机构成立保险专业中介公司，提高了4S店代理保险业务资格的门槛；2015年4月《保险法》（2015版）修订，取消了保险个人代理人从业考试发证制度，将用人自主权交给了保险机构，大幅度降低了从业人员的准入条件；2015年8月，保险专业中介分支机构由审批制改革为备案制，降低了分支机构市场准入条件。在上述三项政策综合作用下，目前4S店代理保险业务，在形式上可能会有个人代理人、兼业代理机构和专业中介分支机构三种类型。按照2015年9月保监会下发的《关于深化保险中介市场改革的意见》（保监发〔2015〕91号）精神，拟恢复审批包括4S店等机构代理保险业务的资质。按照监管政策走向，对4S店来说，会产生积极和消极两方面的影响。积极的影响，是降低了申请牌照的门槛；消极的影响，是增加了竞争对手，新添了诸如加油站、车队、汽修厂等竞争对手。当然，推行新的保险兼业机构监管制度，会对正在推行的保险专业中介制度造成潜在影响，监管部门一定会统筹考虑。影响程度也将取决于保险中介监管制度改革的进度。三是适应保险经营策略的改革，决定业务份额。在财产险保险公司业务中，车险在保费规模和结构占比上最大，但从经营状况看，盈利与规模不匹配。实现规模和盈利双丰收，是很多保险公司孜孜以求的目标。有的保险公司主动尝试与大型连锁快修公司合作，进行一些简单的钣金、喷漆、更换零配件等保险事故导致的维修业务。保险公司经营策略的改革，可能会降低4S店代理车险佣金，减少返修资源，可能降低4S店综合经济效益。当然，如果保险公司将此类非核心业务分流出去，4S店可能提高事故车辆维修零配件和维修费优惠系数。作为一种利益交换，保险公司可能放慢多元化经营的步伐。经营策略的调整，还是要追寻经营效益风向标的。

4S店代理车险业务，鉴于不同的监管政策时期具有不同的特点，经营策略也需要相机而变。但是，无论监管政策如何调整，4S店代理要提升车险体验，需要洞悉政策变化，预测发展趋势，以客户为中心，实现生产厂家、客户和自身三赢，才能更好地服务保险业发展，服务好经济社会发展。

（本文发表于2017年2月15日《中国保险报》）

互联网车险"破茧化蝶"的三道关

胡　刚　王小韦　马丽娟

有观点认为，我国互联网车险经营已经拉开时代帷幕，这一观点值得商榷。我们认为，当前我国车险经营与真正意义上的互联网车险还有不小的差距，理由有三个：一是车险价格对风险弱敏感。当前车险价格微弱反映车主、驾驶人遵守交通法规、遵守驾驶规范和遵守驾驶道德"三个遵守"情况，微弱反映投保车辆保险期间实际行驶的情况，不能敏锐地反映车险风险状况。二是车险销售对促销高敏感。当前车险销售，保险公司和保险中介将车险价格优惠作为唯一的竞争手段，针对现行监管制度的漏洞和薄弱环节，采取以争夺市场份额为目的，而不惜低价倾销的经营策略。三是车险经营对风控弱敏感。当前的车险经营中，在防灾防损方面的保险产品却很少看到。

本文扼要回顾车险监管政策变迁，剖析当前车险经营需要改进的薄弱环节，分析迎接互联网车险需要突破的改革关、技术关和教育关，以改变当前的车险经营现状。

改革关

按照一般的车险经营理论，认为车险定价分为从车、从人、从用三种定价原则。与车险定价原则相对应，不妨将车险经营划分为初级、中级和高级三个阶段。

1. 初级阶段，车险定价机制完全采取从车原则。纵观保险业发达国家和地区的车险经营发展史，都经历过此阶段。虽然此种定价机制从保险公司的角度看，容易操作，但是弊端很明显，竞争手段必然单一。此阶段，不管是车险价格打折还是采取佣金大战，利益受到伤害最大的是低风险客户。

2. 中级阶段，车险定价以从车原则为主，兼顾从人原则。相对于初级阶段，车险价格的合理性提高了，从车定价是车险经营升级换代产品，由于在同样保险金额的前提下，实行差异化的车险保费，不仅提高了保险公司的经营难度，也提高了对保险公司管理要求，略微提高了中低风险客户的车险消费体验。

3. 高级阶段，车险定价以从人原则为主，从用原则次之，兼顾从车原则。此阶段对车险经营提出更高的要求，降低了高风险客户的保险消费体验。由于车险价格与风险状况完全对应，对于一般风险客户和低风险客户来说，车险保费价格持平；而对于高风险客户来说，价格上涨，部分客户的保费可能翻番甚至更高。如何解决这部分群体的车险投保问题，或许成为互联网车险经营时代的一个难题。

在车险经营高级阶段，评价车险价格的合理程度，既不是越低越好，也不是越高越好，而是与驾驶人的风险状况越匹配越好。也就是说在保险金额相同的前提下，低风险客户享受更低的车险价格，一般风险客户享受平均车险价格，高风险客户需要承担更高的车险价格。按照车险价格与风险匹配理论，对保险公司的经营能力和管理水平提出更高的要求。车险销售是车险经营的首个环节、基础环节，直接决定了车险保费的充足率和风险状况。

迎接互联网车险时代，需要保险公司拥有充分的经营自主权，主要表现在车险定价的自主权。所以，需要进一步深化车险费率市场化改革。

技术关

互联网车险的本质是利用互联网手段和互联网思维对处于初级阶段的车险进行贯穿于车险经营全过程的升级改造。

在定价环节，通过建设大数据平台，联袂交警、医保、汽车维修管理部门等机构，全面采集汽车技术状况、驾驶人交通规则遵守情况和汽车技术状况的数据，以便对车险的风险状况进行一个全面评估，为车险价格“量身打造”奠定基础。

在销售环节，由于车险价格从“千人一价”精准化到“一车一价”或者

“一人一价”，在保险金额相近的情况下，车险保费价格悬殊。所以，车险消费者去购买车险不是单纯地告知自己的车牌号码，而是要详细地提供驾驶员年龄、驾龄、年行驶区间、里程、违章等详细情况，因此促销将不再用常规的竞争手段。与此同时，一些高风险消费者将会主动到保险公司进行询价，权衡价格的标准是哪家保险公司报价上涨的幅度小，而不是哪家保险公司报价优惠的幅度大。总体来看，车险销售市场将由现在的买方市场转为卖方市场。

在风控环节，保险公司对于已经安装了行车记录仪、倒车雷达影像、微波防撞仪等电子设备的汽车，可以给予价格优惠；对于经营的大卡车、班车大巴、旅游大巴，利用现代信息技术手段，直接与投保车辆联网或者与经营单位的监控平台相对接，实时掌握营运车辆驾驶员精神状态、车辆性能状况，主动防范风险，提前进行风险管控，尽量减少交通事故的发生，而不是交通事故发生后开展理赔。

迎接互联网车险时代，需要保险公司提升运用互联网技术的手段，需要进一步运用大数据模型的互联网思维。

教育关

由于车险经营涉及保险公司和投保人两方主体，所以，教育也要围绕保险公司和投保人两方开展。

风险教育的前提是对车险市场情况和当前车险经营状况进行了解。先看三组数据：一是投保率。2006 年，我国推行交通事故强制责任保险以来，至今已逾 10 年，交强险的投保率为 91%，2016 年第一季度商业车险的投保率为 65%。二是佣金率。据报道，近来，全国多地交强险和商业车险的佣金率为 45% 以上，业界称为“双 45”。其中交强险的佣金率为国家法定标准的 9 倍以上。三是成本率。权威资料显示，2015 年车险综合费用率为 39.05%，综合赔付率为 60.34%，综合成本率为 99.39%。综合赔付率相对车险综合费用率仅高 20 个百分点（2016 年 5 月车险综合费用率为 41.37%，综合赔付率为 57.89%，综合成本率为 99.26%）。

基于上述数据，站在车险消费者角度来分析：一是在购买车险环节，车险消费者已经拿到车险保费的 1/3 甚至更高，在车险购买中，与其先交后退，倒不如直接打折。二是为理赔埋下隐患。通过上述数据分析可知，综合赔付率比综合费用率仅高 20 个百分点。三是车险体验。买保险容易、理赔难的问题仍在一些消费者身上有着深深的体会。

基于上述数据，站在保险公司角度来分析。一是在销售环节，表面上看给车险消费者让渡了折扣，本质上是用低风险客户的有价值保费贴补了高风险的客户。二是反车险欺诈难度加大，有的保险行业高管认为车险欺诈存在发现难、取证难、查处难三大难题。其原因是车险销售环节的恶性竞争，保险公司对车险风险状况不了解，其中一些二手豪车以非公允的高估价购买了车辆损失保险项目，这就给车险欺诈埋下隐患。

通过对保险公司和投保人进行风险教育，引导双方对车险经营有一个正确的评估，车险经营问题是一个事关双方的事情，而不仅仅是保险公司的经营行为。车险经营的终极目的是减少交通事故，引领车主和驾驶人自觉坚持“三个遵守”，在行车中尊重他人的人格尊严和珍惜他人的生命，自觉安全行车。

总而言之，通过深化改革、技术改造和风险教育，提升保险公司车险经营能力，改善车险消费体验，加强道路交通安全，充分发挥车险社会管理作用。

（本文发表于 2017 年 2 月 9 日《中国保险报》）

应对车险欺诈“内功”探析(上)

胡 刚 王小韦

鉴于车险在财险公司经营中举足轻重的位置，反车险欺诈自然受到保险业界的高度重视，保险学界研究车险的文章也不胜枚举。本文研究反车险欺诈，与其他同题材文章相比，有三个特征：一是材料鲜活。本文研究的素材，除一些新闻报道、法院判决外，还取材于保险业界工作人员的经历；二是角度新颖。本文研究反车险欺诈，以2015年商业车险经营规则改革为时间节点。做好反车险欺诈工作，既需要公安等部门的协同打击，更需要保险公司提高自身的经营能力，如此可以将一些车险欺诈案件扼杀在萌芽、酝酿状态；三是措施系统。针对车险经营中存在的问题，本文研究认为，反车险欺诈要在现有车险经营流程升级改造上下功夫，要在提高人员综合素质上下功夫。

基本分类：两个错配

通过对大量车险欺诈行为和案件进行分析，发现车险欺诈的确是一个非常复杂的问题。在现有的研究文献中，对于车险欺诈的分类各具特色，本文也借鉴了这些文献的优点，但是笔者更多地倾向于将车险欺诈从车险价格和驾驶人两个角度进行全方位分类。因为车险欺诈实施者实施车险欺诈行为的目的无非是增加物质财富或者防止现有物质财富的减少。

一是不适当的价格，导致投保价值和索赔价值之间错配，达到增加物质财富的目的。在保险实务中，主要有两种手段：其一是在保险公司车险工作人员的帮助下，办理先出险后投保的“带病投保”。此种手段离开保险公司车险工作人员的内应是不可能进行投保的。其二是“高保高赔”。此处的

“高保”是指一些欺诈者以老旧二手豪华车为诈骗道具，以远远高于非公允价值的车辆价格投保车损险。“高赔”是指在索赔成功后，可以获取远远高于非公允价值的车损赔偿。通过不适当的价格进行车险欺诈，主要是在投保环节计算的车损价格不合理、不公正。车险欺诈实施者一般蓄谋已久，会选择适格的司机精心策划，故意制造足以推定造成车辆全损的自燃、坠崖、坠河等貌似真实的交通事故。

二是不适格的驾驶人，导致实际驾驶人和冒充驾驶人之间错配，达到避免减少财富的目的。在保险实务中，驾驶车辆发生交通事故的肇事司机通常是没有驾照的，或者是在酒后或吸毒后驾驶车辆。通过不适格的主体进行车险欺诈，主要是利用保险公司对实际驾驶人的信息不了解。车险欺诈实施者一般是在交通事故发生后临时起意保持事故现场，匆忙找到适格的驾驶人进行顶包。

针对上述两种类型的车险欺诈行为的大量案件进行分析，结果表明：第一种类型数量较多，社会危害性更大，是反车险欺诈的重点和关键；第二种类型相对而言数量较少，社会危害性较轻。这两种类型的欺诈行为要纳入反车险欺诈的范围，在人、财、物的投放方面可以灵活调配。

有利条件：规则、系统、机制

在车险经营的不同阶段，车险欺诈和反车险欺诈具有不同的特点。目前，反车险欺诈既有车险经营内部和外部的有利环境，也有车险经营规则、车险信息平台和联动机制等营造的有利条件。

一是车险经营规则有利于反车险欺诈。目前，商业车险经营规则要求次年车险保费价格与历年出险次数挂钩，客观上要求保险公司采集续保车辆的出险信息。对续保车辆历年出险信息进行归集、分析，可以为反车险欺诈沉淀、积累数据。

二是车险信息平台有利于反车险欺诈。截至 2015 年底，保险行业已经建立的车险信息平台实行了全国范围内机动车商业保险查询，极大地提高了保险公司和续保车辆之间信息对称程度。在车险经营实务中，保险公司在打印车险保单前，可以直接查询到续保车辆的出险次数。

与此同时，保险监管部门积极为保险行业反车险欺诈夯实基础工作。近年来先后出台了《关于加强反保险欺诈工作的指导意见》（保监发〔2012〕69 号）、《中国保监会关于进一步做好车险反欺诈工作的通知》（保监稽查〔2013〕405 号）、《中国保监会关于印发车险反欺诈数据规范的通知》（保监稽查〔2015〕242 号）等文件，明确提出建立行业统一的数据平台，行业内部信息充分共享。2016 年 1 月，保监会制定了《车险反欺诈数据元》《反车险欺诈代码集》等车险反欺诈数据规范。实践证明，依托数据集中、系统分析已经成为保险公司反保险欺诈的重要手段。2016 年 12 月，车险反欺诈系统在全国各财险公司陆续上线，标志着反车险欺诈工作进入一个新的阶段。

三是公安、保监联动机制有利于反车险欺诈。2009 年，中国保监会、公安部联合印发了《关于加强协作配合共同打击保险领域违法犯罪行为的通知》（保监发〔2009〕87 号）。随后，各保监局、省公安厅转发了联合发文，有的地方建立了由公安部门主导的反车险欺诈中心，这些都为反车险欺诈营造了良好的工作氛围。

综上所述，对于加强反车险欺诈工作，无论是商业车险经营规则本身、车险信息平台，还是建立的反保险欺诈机制，都有利于保险公司开展反车险欺诈工作。

（本文发表于 2017 年 1 月 17 日《中国保险报》）

大型保险公司精耕汽车4S 店业务策略

王小韦　高笑寒

按照我国现行的保险监管制度设计，虽然限定财险公司经营机动车辆保险业务（以下简称车险），但是允许财险公司和寿险公司之间开展相互代理业务，所以在日常生活中见到的寿险公司的业务员直接推销车险产品也是符合当前保险监管规定的。按照我国现行的汽车流通监管制度设计，汽车营销必须实行 4S 店专卖专营。所以说，保险公司通过汽车 4S 店开展车险业务问题，与其说是一个技术问题，不如说是一个政策问题。

新背景：政策叠加 混合发力

4S 店销售车险之所以受到保险公司的青睐，固然有技术方面的因素，更重要的是由复杂的政策体系决定的，具体包括车险经营规则变迁、外部监管环境变化、保险中介监管政策、汽车销售维修政策等多领域政策体系的影响，体系中任何一项政策的调整都会影响保险公司经营方式的变化，并且系列政策之间相互影响，环环相扣，共同发力，形成一个复杂的政策效应。

一是车险经营规则变迁和外部经营环境变化。2006 年，随着交强险制度的出台，商业车险经营规则也进行了相应的改革，在车险产品条款上各家公司有明显区别。此轮商业车险规则改革运行后，车险市场竞争激烈，车险价格战、佣金战进入白热化。为了规范市场秩序，从 2008 年开始，全国多地保险行业协会出台了包括限定车险价格打折、限定佣金等内容的自律公约。自律公约运行三四年后，于 2012 年前后引起国家反垄断调查，在受到严厉处罚后，各地保险行业协会按照相关规定进行了整改，删除了限定价格、限定佣金的条款。与此同时，保险监管部门酝酿推动新一轮商业车险经营规则改革，并于2015年6月开始陆续在陕西、黑龙江等地开展试点，于2016年6月在全国范围内全面铺开。从当前车险经营规则来说，除北京等极少数地区车险保费与闯红灯等违法行为挂钩外，其他地区的车险产品基本上完全统一。在反垄断部门的严格监管下，保险行业车险价格打折限定、佣金支付标准限定不复存在。根据《保险法》规定，在开展车险营销活动中保险公司和保险中介不得给予保险消费者加油卡等保险合同以外的其他利益。

新一轮商业车险经营规则是随着2016年推出的第二代偿付能力监管系统以及2017年开始的保险公司治理能力评估而开展的改革，可以看出车险经营监管从重视市场行为进一步优化为三支柱并用，而不是停留于现行的过分倚重的市场行为监管。未来，保险公司具有的车险产品定价权，对于保险公司来说也是一把双刃剑。良好的公司治理和高标准、严要求的偿付能力监管，会约束保险公司的非理性竞争行为，促使保险公司从内部主动去规范自身的经营行为。

二是适应保险中介监管政策改革。部分汽车4S店的车险业务在"表外"开展，并没有真实地反映在报表上。为了推动保险中介市场改革，实行兼业代理专业化，2012年3月，暂停了包括汽车4S店在内的非银邮兼业代理机构市场准入，引导设立保险专业中介机构，同时大幅提高了保险专业中介机构市场准入的门槛。由于同期保险个人代理人市场准入仍旧沿用由保险监管部门考试发证制度，同期部分真实来自汽车4S店的业务被挂在保险专业中介机构名下。2015年4月，《保险法》修订后，取消了保险个人代理人持证制度，实行保险主体自行认定从业资格。部分挂在保险专业中介机构名下的业务，又分流给保险个人代理人。目前，保险专业中介机构或者保险个人代理人的部分汽车4S店的车险业务没有体现在汽车4S店的账面上。2015年9月，保监会印发了《关于深化保险中介市场改革的若干意见》（保监发〔2015〕91号），拟恢复保险兼业代理机构审批，并扩大核准主体范围。如果此项政策如期落地，汽车4S店业务可以回归到实际渠道上。但是，从当前保险中介监管政策设计和落地情况看，恢复审批的确不是一件轻易可以拍板定案的事项，鉴于本文的研究重点，其中原因本文不再赘述。

三是适应汽车销售、维修政策改革。汽车4S店在当前以及未来很长一段时间内仍旧是车险销售的主渠道。现行的汽车销售专卖模式、维修模式确立于2005年4月1日国家商务部等部门联合出台的《汽车品牌销售管理实施办法》（商务部令〔2005〕10号，以下简称10号令），此项政策的出台为确保汽车质量和消费者合法权益发挥了积极的作用。在现行的汽车专卖模式下，汽车生产厂家对于销售商布点、配货有绝对的话语权，尤其是对于畅销车型，具体表现为“一对多”的关系，厂家可以选择经销商，而经销商不可以选择生产厂家。但是，汽车4S店在代理销售保险产品的过程中，各家保险公司的车险产品基本一样，缺失话语权，具体体现为“多对一”的关系。历经十余年的运行，汽车生产厂家、销售商和汽修厂等机构从各自的经济利益考虑，提出对现有专卖模式进行改革。改革一方面意味着汽车经销商拥有更大的经营自主权，另一方面也意味着更多的主体可以投资汽车销售行业，包括保险公司。公开资料显示，一汽、广汽等汽车企业已经参与或者主导设立保险公司和保险专业中介机构，未来如果配套政策允许，可能也会出现保险公司参与或者主导设立汽车制造、销售、维修等汽车类企业，从而彻底扭转车险销售渠道格局。如果没有配套的汽车质量保证制度体系配套改革，单纯改革销售模式，的确是考验监管部门的监管智慧的时候。所以，未来很长一段时期，只要汽车经营模式不进行系统改革，汽车4S店在代理销售车险方面的强势地位就不会改变。一旦恢复汽车4S店销售车险资格审批，其代理销售车险的话语权会更高，因为原来挂在保险专业中介机构、保险个人代理人名下的车险业务会回归到真实的渠道上。

综上所述，当前以及以后很长一段时期，汽车4S店仍将继续保持车险销售“黄金渠道”的优势地位。当然，如果10号令进行修改，不再实行汽车品牌专卖制度，汽车4S店则会失去代理销售车险的优势，退化为普通的销售渠道。

保险公司的痛点：销售、风控和理赔

从车险消费者的角度看，理想的车险消费是保费低、手续简、赔额足，

遇到的现实问题是在有较多的保险公司可以选择的前提下，保费低的保险公司经营网点少、出险后服务跟不上；从保险公司的角度看，理想的车险经营是保费高、出险少、盈利多，遇到的现实问题是低风险客户少，高风险客户的保费又无法上浮。从近十年的车险经营数据看，车险综合成本率始终居高不下，多个年份超过100%。有盈利或者盈利状况好的是几家大型保险公司。所以，无论是保险公司还是车险消费者都遇到难以化解的问题。

作者根据近年来车险经营的数据、专业人士的研究结果以及走访保险公司各个层面的实际经营人员了解到的情况，认为当前保险公司车险经营有以下几个痛点。

一是销售难，竞争激烈。车险打折系数和佣金比例可以说是反映车险销售难易程度的“晴雨表”。在互联网上，输入“车险代理”字样，就会跳出很多加盟销售车险的广告；在日常生活中，“买东西送车险，买多少送多少”的广告并不罕见。在车险市场上，车险手续费再度攀升，局部地区商业车险手续费已经达到30%以上。同样是保险中介，同样是销售车险，在与保险公司洽谈合作条件时，汽车4S店渠道的手续费会低于一般性保险专业中介机构和个人代理人，但是汽车4S店往往会对返修车辆数量或者维修费金额提出具体的要求。在实际业务中，我们不时会听到介绍一些发达国家车险服务如何到位、讥讽国内车险服务跟不上的消息。资料显示，一些发达国家车险的手续费比例为保费收入的10%～15%，远低于目前国内车险市场手续费标准。车险销售高佣金现象是一面棱镜，一个角度折射出车险销售难，另一个角度折射出压缩了理赔的空间。

二是风险管控难，无所作为。在走访中，除极少数保险公司的管理人员认为对车险进行风险管控，可以降低车险事故的发生外，绝大多数保险公司的管理人员认为车险经营是无法开展风险管控的。调研数据显示，车价在20万元以上的汽车一般是在汽车4S店购买车险。例如，通过引导驾驶员安装倒车影像、倒车雷达和行车记录仪等手段进行风险管控，可以降低车辆交通事故发生的概率，也可以减少一些驾驶员通过“掉包”手段进行虚假保险索赔。

三是理赔难，如履薄冰。车辆发生交通事故以后，作为车险消费者来说希望快速获得理赔；作为保险公司来说，在同样希望快速处理的同时，担心是否存在车险欺诈行为。笔者通过对300多起车险欺诈案件的归纳分析，发现车险欺诈后果最严重的是利用豪华“二手车”作为道具。有的案件折射出车险在销售环节存在违规操作，在计算车辆价格时严重高估了投保车辆的价格，在车险经营“上游”给“下游”埋下隐患。

综上所述，在现有政策前提下，汽车4S店虽然是销售车险的黄金渠道，但是也要协助保险公司完成销售、风险管控、理赔等关键环节的工作，提高车险消费者的车险体验。

对策：顺应大局积极小改

我国保险业的未来发展趋势是，大型保险公司主导市场的格局在很长一段时期内不会改变。所以，对于改善车险经营、理顺车险市场秩序，还是需要大型保险公司的配合。在现有的复合政策体系下，大型保险公司通过汽车4S店渠道拓展车险业务，不妨从以下几方面积极作为。

一是改革组织架构，整合经营资源。从市场排名前五的保险公司来说，各自经营模式的差异性非常大。有的保险公司基于历史沉淀，拥有众多的分支机构，但是如果调配不当，各分支机构之间可能产生内耗，例如某保险公司在同一个省会城市有7家支公司，在同一家汽车4S店中，驻扎着两家支公司的业务员；有的公司实行扁平化改革，在省会城市或者大的地市，撤销林林总总的支公司，统筹规划，将来自于汽车4S店渠道的业务由省公司成立车商渠道部直接经营管理。由于集中了同城送修资源，大大提高了市场竞争能力；有的保险公司依靠庞大的保险代理人队伍，车辆业务快速增长；有的保险公司完成了综合金融布局，成立了自己的银行。在开展业务过程中，银行既可以给汽车4S店融资，也可以开展汽车消费信贷，还可以顺理成章地开展车险业务。

建议大型公司改革组织架构，适度推行扁平化改革，缩短指挥链条，提高沟通效率。

二是完善考核机制，凝聚整体合力。从目前保险公司中心支公司以上班子成员配备、分管部门划分来看，车险的销售和理赔是两个条线，在考核时适用不同的标准，这样的思路是清晰的，但是也给部门之间正常的业务交流构筑了“围墙”。从车险销售条线看，为了提高市场份额，在计算车损价格时，适用了过高的车辆价格基数，为车险欺诈埋下隐患；从车险理赔条线看，豪华“二手车”是关注的重点。

建议通过完善考核机制，要求保险公司在销售环节对投保车辆适用公允价值，提前排除骗保等风险隐患。

三是改良技术手段，提高管理效率。随着信息技术的发展，依靠改良技术手段提高车险经营能力是刻不容缓的。例如，在笔者研究的十大恶性大巴车交通事故案例中，通过调节车险保费，引导汽车运输企业实时掌握运营车辆的车速、位置等关键信息。从车险经营的角度看，保险公司只有实时掌握每一辆投保运营车辆的车速、位置等关键信息，才能真正发挥保险行业参与社会治理的功能和作用，才能发挥保险行业作为社会分工体系中专业的风险管控作用。

在不同时间节点的政策体系下，保险公司开展车险业务的模式具有自身的特点，解决问题最好的出发点和归宿点，都在于降低交通事故的发生，都在于保险公司与包括汽车 4S 店在内的汽车维修企业无缝对接地消除汽车故障的发生，才是发展保险行业的终极目标。

（本文发表于 2017 年 3 月 1 日《中国保险报》）

中小保险公司4S 店业务如何实现弯道超车

高笑寒　马丽娟

4S 店渠道在车险经营中长期占据着重要地位，对于财险公司而言，兼业代理渠道的车商业务一直是各家保险公司重点发展的渠道业务之一。受宏观经济发展、政策调整和保险公司发展思路转型等诸多因素的影响，如何在 4S 店业务发展中占据一席之地，更是各家中小保险公司关注的焦点问题。本文立足市场实际，重点分析中小保险公司在 4S 店渠道发展的现状及难点，并提出突围建议，供同业间交流。

政策、环境：三面楚歌　举步维艰

保险公司寡头垄断格局不变。根据媒体统计数据，截至 2016 年底，财险市场共有 81 家财险公司，较同期增加 9 家。市场份额排名前 10 的财险公司市场占有率达 85.52%。除排名第十一位财险公司市场份额为 1.08% 外，其余 70 家财险公司市场占有率均小于 1%。目前，财险公司业务占比仍以车险为主，其业务格局仍然呈寡头垄断态势。市场份额占比大的保险公司无论是在品牌认知度、规模基数上，还是在网点数量上，都占有绝对优势。而且，相较于中小保险公司在车险经营的成本控制、理赔服务等方面的专业性优势突出。

商车费改致保险公司费用上升。商车费改之后，媒体披露数据显示，保险公司的赔付率在下降的同时，费用率却直线上升。业内人士普遍解读为保险公司的赔付率下降，反而留给了费用率更大的空间。在车险市场上，小公司在网点、服务以及品牌等方面无法与大公司抗衡，一般只能通过提高手续费率的方式抢占市场份额。在此轮商车费改前，小公司就常常处于亏损的境地；商车费改后，保险公司在手续费方面竞争得更加激烈，对于小公司来说更是挑战大于机遇。

车商对保险公司的要求不断提高。近几年车商受市场竞争、销售量下滑、新车购置税减半等诸多因素的影响，车商整车销售的毛利率逐步走低，运营成本不断增大，车商经营业务的利润增长点由销售端向维修与服务端倾斜。在厂商压库、资金链紧张、利润下滑的大环境下，车商经营者对保险业务的利润要求随之提高。保险公司送修率、手续费率成为车商选择保险公司的主要考虑因素。目前兼业代理机构审批政策暂时没有放开，保险公司对存量车商的争夺更加激烈。原本利润空间就不大的中小保险公司面对车商高企的各方面要求，经营压力加大，费用支出捉襟见肘。

瓶颈：自身短板难补齐

送修难达标。送修率是指保险公司向4S店推荐送修的事故车维修费与4S店代销的该保险公司保费之比。一般来说，车辆出险率是相对固定的，仅推荐4S店代销保险的客户到该店维修车辆，送修量是很有限的，根本无法满足4S店的送修率要求，保险公司必须将直销、电销、网销等其他渠道的客户推荐到4S店。因此，对于中小保险公司或新成立的保险公司来说，客户量较少，新渠道也处于发展初期，如何与大型保险公司抗衡，切入现存车商的合作范围是摆在眼前的最大难题。中小保险公司如果业务量达不到一定的规模，则很难满足车商对送修率的指标要求。换句话说，一定的业务基数是保险公司开拓和维护车商渠道业务的重要支撑。大型保险公司相较于中小保险公司或新成立的保险公司来说，优势是不言而喻的。

费用压力大。从另一个角度看，即便是中小保险公司或新成立的保险公司调动大量其他渠道资源，送修率勉强达标，但在费用方面中小保险公司也难以承压。一方面，前期的谈判成本及业务拓展费用高；另一方面，后期的理赔费用高。保险公司一般要和多家4S店合作，随着经营压力加大，每家4S店都不断提高送修率要求，为了保住现有车商渠道份额，保险公司不得不想方设法地满足4S店的送修率要求。而4S店的维修价格远高于汽修厂的维修价格，导致保险公司赔付率不断飙升，即使是大型财险公司也吃不消。

服务跟不上。对于中小保险公司来说，机构网点布局有限，理赔查勘人员数量也难以跟上。当前的竞争机制决定了其对车险的定价和服务很难真正实行差异化，中小保险公司囿于资源实力也很难为客户提供更好的服务和体验。4S 店一般与多家保险公司合作，对客户的服务水平一定程度上也会影响其品牌及声誉。从对客户提供的服务角度看，4S 店显然对大型保险公司更加满意和放心，保险业务自然也更乐于向大型保险公司倾斜。

未来：专业　差异　创新

目前，从公司自身的发展来看，无论是大型保险公司还是中小保险公司，对于车险经营的策略和理念并未明显分化，车险价格仍是各家保险公司的主打招牌。从监管政策上来看，商车费改虽然已经步入快车道，但监管政策调整后的改革红利并未明显显现，各家保险公司仍处于改革后的调整期。因此，在各家保险公司都面临费率下行、手续费高企和盈利空间缩小等不利市场环境的背景下，中小保险公司唯有出"奇"，才有实现弯道超车的可能性。

专业化发展。在"价格为王"的大环境下，中小保险公司受规模、成本等因素的限制，难以脱颖而出。因此强化风险识别和定价能力才是中小保险公司提高核心竞争力的有效途径。此次商业车险改革以后，保费在原有根据出险次数浮动的基础上与交通违章次数、车型零整比实现联动。随着商车费改的深入，"一车一价"或"一人一价"将成为车险发展的大势所趋。例如，据媒体报道，广汽集团控股的众诚汽车保险公司联合车载智能硬件提供商索菱股份开展 UBI 产品的项目试点。此外，上海评驾科技有限公司也与多家保险公司开展合作，向保险公司提供如超速、急减速、急刹车及行驶路段等驾驶行为数据。虽然目前基于移动互联网、车联网等新兴技术手段的车险定价机制还在探索阶段，但对于中小保险公司和新兴保险公司来说，是实现弯道超车、打破车险垄断的绝佳时机。

差异化竞争。目前绝大多数的保险公司将竞争焦点放在"渠道"上，对于车商业务也是如此。中小保险公司既诟病于车商送修、费用等严苛的条件，又不得不调动其他渠道资源满足车商的要求，却鲜有保险公司愿意在产品和服务方面另辟渠道，实现差异化经营。例如，中小保险公司完全可以通过与大型车商集团或某一品牌车商签订总对总协议，彻底打通从承保到理赔、续保等相关环节，实现保险全流程的标准化服务以及对配件、工时费等统一定价。又如深耕特色车商业务，专门服务县域或乡镇二级经销商保险业务或致力于中心城市高端车4S店等。不同地域、不同消费级别的车主所需的保险服务、理赔服务有所不同，随着监管政策不断放开，"大而全"的保险公司不再是业态主流，特别是对于中小保险公司或新成立的保险公司来说，一味的贪大求全可能造成得不偿失的结果。发展路径清晰、模式特色鲜明将成为"小而美"中小保险公司未来发展的主要路径。此外，将其他配套功能通过外包和专业化机构来完成，也有助于中小保险公司降低展业成本，提高盈利能力。

产业链创新。专业化、差异化发展策略的思路是"跳出4S店发展车险"，而加强中后端产业链创新则是"跳出车险发展车险"。中小保险公司在4S店的业务多受送修率限制，只有通过创新将市场份额做大，才能夺得与车商谈判的话语权。目前在汽车维修领域，有关部门已着手推动汽车"同质配件"的工作，4S店零配件垄断格局即将被打破。在这一产业政策的主导下，部分保险公司开始谋划向车险产业链的中后端布局，如自建汽修厂、汽车零部件再造或维修机构等。随着监管政策的放开，此举不仅能够通过降低理赔成本来降低前端销售的费用支出，从而降低保费价格，还能够以保险业务为切入点，带动汽车全产业链的相关业务，提高保险公司的盈利能力。

综上所述，从目前看，尽管中小保险公司在4S店业务渠道的发展方面无明显优势，但并非无法突破发展瓶颈。随着经济环境和政策环境的不断优化，中小保险公司如能转变发展理念，在打造核心竞争力上苦下功夫，将与4S店的合作推向更高更深的层面而不单独停留在拼价、拼量上，必然会借着保险业改革的东风，走得更远更稳。

（本文发表于2017年3月15日《中国保险报》）

提升车险服务的三大路径

王小韦

飞速普及的汽车正成为一把“双刃剑”。一方面，汽车产业成为带动国家经济发展的重要支柱行业之一，汽车驶入千家万户，极大地扩展了人们的生活半径，提高了人们的生活舒适度和满意度；另一方面，结伴而来的正常保养和交通事故的伤后处理工作的确又给有车一族带来很多的烦恼，他们渴望能够享受到价格更低、服务更全、责任更宽及理赔更快的车险服务。提高车险服务能力，有利于满足车险消费者的内在需求，提升保险公司的经营能力。

表象：现实和理想背道而驰

车险经营表现。透过现象看本质，要研究提高车险服务能力，就要先了解车险。

一是车险营销以价格竞争为基本手段。在市场经济中，一般商品的经营成本是在商品的制造过程中形成的，商品售价是基于生产成本确定的，经营者和消费者对产品功能可以具体交流。而包括车险在内的保险产品恰恰相反，其经营成本是在经营过程中形成的，保险产品售价是基于历史数据以及使用一定的方法预算出来的，而不是根据生产成本确定的，经营者和消费者对保险产品的保险责任和除外责任不能进行具体交流。基于车险产品与一般商品的特殊性，所以现行的保险监管规定禁止保险公司和保险中介向投保人或者被保险人给予保险合同以外的其他利益。

在保险活动实务中，个别保险公司借助于保险中介渠道，由保险中介渠道开展“买礼品赠保险”。从形式上看，貌似保险公司的经营行为不存在违规的地方，而赠送保险是保险中介渠道个人的私人行为。以单纯的价格调节手段为竞争利器是建立在当前车险保费对车辆风险弱反映的基础上。从市场了解的车险手续费行情看，一般是“双 35”，交强险、商业险的代理手续费都是 35%。在局部地区，个别公司的部分车型的手续费更高，甚至超过 50%。在操作上，一般是保险公司和保险中介机构开展合作，分别签订保险代理合同和服务合同，第一份合同约定的代理佣金标准是“交强险 4% + 商业险 15%”，第二份合同约定的是车险服务费，但计算的基数是车险保费。不难看出，车险佣金丧失了代理手续费的本来功能，已经异化为车险价格的调节杠杆。

二是理赔难和反车险欺诈交织并存。在车险理赔环节，一方面是理赔难的问题依然存在，另一方面是反车险欺诈任重道远。资料显示，在国际保险市场上基于车险欺诈而支付的赔款占到全部赔款的 20% 以上。目前，国内车险欺诈程度尚无权威的数据。理论上说，解决车险理赔难的问题是提高车险服务体验的直接手段，打击车险欺诈行为，挤掉保险公司理赔水分以便将此部分资金用来改善服务，提高车险服务能力。

三是车险经营效益在公司之间和地区之间悬殊。资料显示，2016 年车险行业综合经营费用率为 41%、综合赔付率为 58%、承保利润率为 1%；车险行业承保利润 110 亿元左右，其中前三大公司承保利润 85 亿元，占比为 85%，绝大多数公司亏损；有的省份综合费用率为 44%、综合赔付率为 48%、承保利润率为 8%，有的省份综合费用率为 28%、综合赔付率为 68%、承保利润率为 4%。通过对保险行业经营业绩和服务能力之间的对比分析，改善服务和改善经营同样是保险公司面临的任务。唯有如此，才能达到保险消费者满意、保险公司合理盈利及社会效益多方共赢的效果。

综上所述，笔者认为提高车险服务能力是车险经营的一项重要内容，贯穿于车险经营全过程，故应当系统化思维，统筹考虑车险营销、理赔和反车险欺诈。

症结：扭曲的“三率”

“工欲善其事，必先利其器”。研究车险服务能力问题，首先是确定合适的研究方法以及指标体系。但是，对于车险服务能力问题，目前还没有成熟的研究方法和指标体系。在本文中，笔者借鉴研究车险经营状况的综合费用率、综合赔付率和承保利润率三大指标，试图量化车险服务能力。

一是综合费用率。该指标在一定程度上反映了车险销售环节的市场竞争程度，其数据变化曲线不仅是车险竞争程度的“晴雨表”，还是车险消费者对车险服务的首次体验满意度。决定该指标高低的主要因素是保险公司向保险中介支付佣金的多少。跟踪车险销售佣金的终端去向，是研究车险销售环节车险服务的关键所在。综合调研反馈、现场检查的信息，车险销售佣金的终端去向主要有三个方面：其一，向部分车险消费者返还佣金（以下简称返佣）；其二，向部分车队、车商等机构支付正常佣金；其三，向部分单位的车辆管理机构和人员支付回扣。按照是否接受车险销售返佣，围绕车险服务可以把车险消费者分成两大群体。对于没有接受返佣的车险消费者来说，在车险销售环节是没有体验车险服务的；对于接受车险返佣的车险消费者来说，貌似已经体验车险服务，而按照现行保险监管规定，保险中介已经涉嫌违反“给予投保人或被保险人保险合同以外的其他利益”的规定，构成违规。

从目前车险市场的整体情况看，车险综合费用率持续走高，弊多利少，不利于提高车险服务能力，不利于车险消费者尤其是低风险车险消费者权益保护，不利于车险行业持续健康发展。

二是综合赔付率。按照通常的理解，该指标是体现车险服务能力最关键、最核心的指标，其数据变化曲线是反映车险服务能力的“晴雨表”。跟踪车险赔款去向，是研究车险服务能力的关键所在。根据调研和现场检查反馈的信息，赔款的去向主要有真实的车险赔款和欺诈的车险赔款两种。真实的车险赔款体现了车险服务；欺诈的车险赔款表面上看是侵蚀了保险行业的利益，深层次看是侵蚀了全体车险消费者的利益，尤其是对于没有接受车险销售返佣、没有接受车险理赔的车险消费者来说，的确是完全没有体验到车险服务。相反，对于那些在车险销售环节接受过“返佣”、实施过车险欺诈并且得逞的车险消费者来说，车险的作用与其说是一种风险管控手段，不如说是一种发财致富的工具。

三是承保利润率。该指标在一定程度上反映了股东投资保险行业的回报。从数据的关系看，承保利润率与车险服务是一对反比例关系的概念。对事关公司经营和行业发展的承保利润率，保险监管部门要不要关注，目前有三种观点：第一种观点认为需要关注。原因是按照经济规律，每一个行业的资本都应当有一个合理的投资回报率。如果投资回报率高于一般投资回报率，这个行业会吸引更多的资金进入；如果投资回报率低于一般资本投资回报率，现有的股东会撤资。所以，保证一个行业持续、稳定、健康的发展，前提是这个行业整体投资回报率应当有一个合理的收益水平；第二种观点认为不需要关注。原因是公司是理性的投资主体，保险监管部门抓好偿付能力和消费者利益保护两个关键问题就行了，至于投资回报率是公司自己的事情；第三种观点是前两种观点的折中式产物，认为在强调偿付能力和消费者利益保护的基础上，还要适度关注整个行业的承保利润率指标。在当前市场环境下，对此统一认识、达成共识的确不易。

提高车险服务能力和经营能力，要从改善扭曲的“三率”入手，大幅度降低综合费用率，大幅度提高综合赔付率，保持一个合理的承保利润率。结合我国当前车险市场“三率”，借鉴发达国家车险市场以及一些优秀公司的车险“三率”，未来理想中的我国车险“三率”目标，建议综合费用率为20%、综合赔付率为70%、承保利润率为10%，努力实现车险消费者、保险公司员工和投资人三方共赢的目标。

路径：多重联动，齐抓共管

对于传统保险公司来说，提高车险服务能力和经营能力，不仅是自身生存和发展的需要，更是彰显保险行业功能的需要。

一是深化商车改革，发挥导向作用。

现行的车险经营规则，酝酿于2012年，首批试点于2015年6月，目前在全国范围内使用。除了在北京等少数地区的车险经营规则与驾驶人闯红灯等违章挂钩外，绝大多数地区的车险经营规则是一致的。现行的车险经营规则，其先进性表现在扩大了车险保险责任，进一步明确了车险代位求偿权流程，定价中引入了与以往出险次数挂钩、引入车型“零整比”系数，在纵向上取得了长足的进步。

在看到车险经营进步的同时，也要看到改进和优化的空间。例如改革车险定价机制，在定价中引入考虑年度行驶里程、行驶区间等从用的因素，考虑遵守交通规则等从人的因素。首先，通过丰富车险定价机制中的费率因子，实行与风险挂钩的差异化费率，引导驾驶人更加自觉地遵守交通规则、遵守驾驶技术规范和驾驶道德规范，减少和遏制交通事故的发生，从而在源头上保护人民群众的生命和财产安全。其次，引导加强车险消费者教育，在遵守交通法规的前提下，直销保险公司的经营规则，自觉抵制不合理的返佣行为。最后，保险监管部门、保险行业协会主动作为，加快车险信息平台建设，让车险消费者快捷、全面地知晓车险销售的渠道、佣金、理赔等数据，为社会监督打开窗口。

二是实施“警保联动”，促进交通安全。

国家设立交通管理警察的出发点和归宿点是为了保障交通安全，发展保险行业的出发点和归宿点是为了参与社会管理和经济补偿。所以，在最终的价值取向上，以及在保护道路参与者公共安全问题上，车险经营机构和公安管理部门高度趋同。

保险监管部门和公安管理部门已经建立了良好的合作关系，从不同的职责出发，形成合力。例如，2009 年 8 月联合下发《关于加强协作配合共同打击保险领域违法犯罪行为的通知》（保监发〔2009〕87 号），对打击保险领域违法犯罪行为发挥了积极作用。再如保监会办公厅和公安部办公厅联合下发《关于开展公路和农村地区道路交通事故快处快赔试点工作的通知》（公交管〔2015〕506 号），通过建立保险理赔中心等措施，加快特定交通事故处理，发挥了积极作用。但是，在对大量车险欺诈案例研究中发现，有一定数量的车险欺诈案件存在伪造交通事故责任认定书、调取监控资料沟通不畅的问题。建议保险监管部门与公安管理部门深入沟通，在以下数据共享上加强合作：其一，共享车辆登记注册信息，方便核对承保车辆信息；其二，共享交通事故责任认定书，有利于遏制伪造认定书行为；其三，完善调取涉及交通事故监控影像资料机制，方便打击车险欺诈中的“调包”行为。

三是理顺“法保联动”，营造良好环境。

带着化解车险理赔难问题，笔者专门对多起保险公司拒赔、车险消费者提起诉讼、法院判定保险公司败诉的案件进行研究，发现根源在于对个别车险条款理解的分歧上。具体有以下几种表现：其一，同一家保险公司，不同人员的理解不一样。其二，保险公司人员与法官、律师的理解不一致。其三，同一类型案件，法官与法官之间、律师与律师之间的理解不一致。比如，最近江苏省江阴市发生的一起案件，酒后驾驶电动自行车的朱某，撞上停泊的陈某的汽车遇难，交警认定陈某无责，法院判定陈某投保的保险公司进行赔偿。这个案件在网上引起广泛关注。对于此案件，笔者征询了 40 位法官、律师、警察以及保险业内人员，他们对车险条款理解悬殊。

针对一些车险案件，笔者建议在保险合同制订过程中，要在保险行业法律、业务、精算人员主导的前提下，邀请资深法官、律师、交警、车险消费者参与，保证车险合同体现的精神与交通规则、法律导向等价值取向一致，使条款在理解上高度统一，减少理赔分歧、减少诉讼，也有利于建设和谐社会。

提高车险服务能力，意义重大，任重道远，需要多方共同努力，切实推进。保险公司承担主体责任，保险行业协会完善服务标准和加强考核，保险监管部门加强公司治理、偿付能力和市场行为监管，积极推进保险主体退出机制，车险消费者也要遵守交通规则、保险规则，共同营造良好的公共交通秩序，保障自己和他人的生命和财产安全。

（本文发表于 2017 年 4 月 19 日《中国保险报》）

车险经营适应汽贸新政之道：三改一加强

王小韦　王雨飞

2017 年 4 月 14 日，央视等多家媒体以“4S 店模式将终结”为切入点，报道了商务部颁布的《汽车销售管理办法》（商务部令 2017 年第 1 号，以下简称汽贸新政）。汽贸新政，必将直接改变已经相对固化的汽车生产厂家、经销商、汽车零配件生产厂家、零配件认证机构等机构之间的利益格局，同时也间接影响保险公司等车险经营机构之间的利益格局。从改善车险经营视角出发，保险行业研究适应汽贸新政具有多重积极意义。

汽贸新政：机遇和挑战并存

从逻辑上看，汽贸新政是个相对概念，因时而化。相对于汽贸新政，现行的汽车贸易政策是《汽车品牌销售管理实施办法》（商务部、发展改革委、工商总局 2005 年第 10 号），已经实行近 12 年，其核心内容是确立了由汽车生产厂家决定的汽车贸易专营制度。从内容上看，汽贸新政的主旋律是打破了汽车贸易专营制度，降低了汽车经营的准入条件，意味着存量汽车经销商有权销售多种品牌的汽车，意味着出现增量的汽车经销商。本文对于汽贸新政不再展开论述，重点研究对车险经营的影响。

机遇。在现阶段，具有 4S 店资格的汽车经销商数量较少，存量车商在垄断新车资源和保修期内汽车资源的同时，对车险代理业务具有相对较高的话语权，所以在保险实务中，经常会听到“500 强的财险公司竟然被一家小小的车商难住了”的感叹。对于不具有 4S 店资格的经销商、大型汽车修理厂以及大型电销平台，按照汽贸新政，将能够获得销售新车的资格。汽车销售主体的增加，势必会分流现在集中于汽车 4S 店的一部分车险业务，从而会分流一部分车险代理业务，进而会降低4S店在车险代理业务中的话语权。从另一个角度看，也会提高保险公司的话语权。

挑战。在现行的模式下，很多保险公司会派员工在4S店驻点销售。此种模式受到相关市场监管部门的质疑，他们认为此种模式近乎保险公司非法设立的分支机构。按照汽贸新政，更多的销售主体涌现，形成代理车险主体的多元化，如果继续采取驻点销售模式，意味着保险公司要派驻更多的员工进驻汽车经销商开展车险营销。

中介现政：约束和宽泛并存

从内在逻辑关系看，影响车险经营的因素包括产品本身和经营渠道两个方面。

从车险经营方面看，自2016年6月开始，全国范围内实行统一的车险经营规则。相对而言，现行的车险经营规则更加科学合理。第一，扩大了保险责任；第二，明确了次年保费与历年出险次数挂钩的具体系数；第三，在车险价格费率因子中植入了汽车“零整比”因子；第四，完善了代位求偿权机制。

从车险销售渠道看，汽贸新政势必会派生出更多的汽车经销商主体，那么这些新增的汽车经销商怎样代理车险，则需要认真研究现行的保险中介监管政策。按照现行的保险中介监管政策体系，对于汽车经销商代理车险业务来说是约束和宽泛并存。

约束。现行的车险经营规则，酝酿于2012年，首次试点启动于2015年6月，在全国范围内推开始于2016年6月。与此同时，2011年下半年开启了保险中介监管改革。2012年3月至2013年12月，服务于推动兼业代理专业化改革，暂停了车商等非银邮类保险兼业代理机构市场准入的行政审批，鼓励车商等汽车类企业设立保险的专业中介机构（以下简称专代）开展车险业务。2013年4月，《保险专业代理机构监管规定》进行修改，将保险专业中介机构市场准入注册资本金提升至5000万元，对于车商等汽车类企业投资保险专业中介机构投注册资本金改为1000万元。所以，从约束性的角度看，新增的汽车经销商直接申请兼业代理资格、保险专业中介法人机构资格有很大的难度。

宽泛。2015 年 4 月，《保险法》规定了保险销售代理人（以下简称个代）市场准入方式，将沿用将近 20 年的保险监管部门考试发证制度修订为由保险公司、保险中介机构等主体直接招聘。同年 8 月，将保险专业中介机构分支机构市场准入由审批制修订为备案制。所以，在代理车险资格上，个代群体和保险专业中介分支机构市场准入迅速扩大，也为车商代理车险打开了大门。

综上所述，基于现行的保险中介监管政策，汽贸新政派生的车商直接申请代理车险资格尚存难度，但是嫁接于海量产生的专代分支机构和个代主体，其实也可以完成实际代理车险的使命。

应对之道：三改一加强

汽贸新政是影响车险经营的次要因素。改善车险经营，一方面要改善外部经营环境，进一步深化车险经营规则改革、保险中介监管改革及交通治理理念改革；另一方面，要加强保险公司的公司治理和内控制度建设，切实提高经营能力。

一是深化车险改革，促进交通治理。

纵向来看，车险经营规则取得了长足进步。但是，相较于车险经营成熟的发达国家和地区，当前的车险经营规则在费率因子方面尚可完善。第一，植入遵守交通规则的因子。积极推广北京等极少数地区将驾驶人撞红灯等情况与车险价格挂钩的经验，在此基础上引入超速、超载等违规因子，有助于倒逼驾驶人自觉遵守交通法律法规。第二，植入行驶里程的因子。现阶段在保险金额相同的前提下，车险保费高低与车辆行驶里程没有关系。第三，植入汽车安全系数的因子。现阶段车险经营规则引入了车辆零整比系数，但是还未引入车辆安全系数的因子。建议保险行业与交通管理部门合作，打通保险业与驾驶人遵守交通规则信息“同联共享”机制，发挥车险价格杠杆的作用，提高广大驾驶员自觉遵守交通规则的意识，发挥车险经营在辅助交通安全治理中的作用。

二是深化中介改革，缩短中介链条。

历经2014—2015年保险中介市场的清理整顿，保监会印发了《关于深化保险中介市场改革的意见》（保监发〔2015〕91号），规划了当前及未来一段时期保险中介市场建设蓝图，拟降低保险专业中介机构市场准入注册资本金门槛，恢复所有兼业代理机构市场准入审批。建议落实改革意见尽快启动试点，统筹兼顾，促进汽贸新政派生的汽车经销商申请代理车险的资格落地，缩短保险公司委托车商代理车险业务的链条，以便于保险公司和汽车经销商之间建立直接的代理关系，还原保险中介业务来源渠道的真实性。

三是深化理念改革，建设和谐社会。

通过对大量车险纠纷分析，发现很多案件的分歧与车险经营本身是弱关联性的。具体表现为：一是责任认定。有的交通事故责任认定，交警、司法鉴定等机构在事故责任划分上差距很大，折射出了其中的人为因素。二是户籍认定。按照现行的制度，法院需要区分受伤人户籍属性。有的车险诉讼紧紧围绕户籍属性。

为此，笔者提出两条建议：第一，车险合同制订。建议在制订车险合同前，先邀请资深法官、律师、交警等人士介入，在此基础上对交通事故进行分析，并在分析的基础上进行精算。第二，技术指导。为了减少人为因素的干扰，建议对交通事故进行系统分析，建立认定交通事故的辅助系统，尽量减少不应出现的人为因素干扰。

四是加强内部管理，提高经营能力。

随着汽贸新政落地实施、叠加保险中介改革的推进及车险经营规则改革，车险经营对保险公司提出更高的要求，从而使保险公司提高经营能力。保险公司应通过以下方面加强内部管理：第一，从价格竞争导向转向服务竞争导向，降低车险综合费用率，提高车险综合赔付率。第二，增加对投保车辆的风险管控，降低事故发生频率和程度，在保障人民群众生命和财产安全的前提下，实现多方共赢。第三，加强核保，尤其是对豪华“二手车”在计算车损险时确定恰当的价格，最大限度地减少车险欺诈案件的发生。

牵一发而动全身。汽贸新政对与之关联行业将势必产生影响，但是否影响速度、深度还有待观察。对于车险经营来说，需要及早进行研究，并采取应对措施，消弭消极影响，发挥积极作用，在保障民生、服务经济社会发展的同时，赢得自身的发展。

（本文发表于 2017 年 4 月 19 日《中国保险报》）

反车险欺诈：练内功重于借外力

黄明明　王小韦

反车险欺诈是保险公司经营车险的一项重要工作，相关的案例分析和新闻报道比比皆是。在保险业界撰写的文章中，一般列举了车险诈骗分子多么猖獗，侦破工作如何艰苦，效果如何突出。

最近，笔者阅读了一位经历过打击车险欺诈的公安人员撰写的相关文章，其中分析车险欺诈高发的原因是诈骗分子利用了保险公司经营中的薄弱环节，并建议保险公司应当加强内控制度建设。此观点引发笔者对此问题的思考，增加了反车险欺诈的新角度。

反车险欺诈中，练内功是指保险公司通过对人员及业务的管控，提高保险经营能力，不给诈骗分子留下可乘之机；借外力是指在侦破一些案件时，还是要依靠公安、法院等司法机构的力量。对于反车险欺诈案件，有的保险公司工作人员认为，根据《刑法》《保险法》等法律法规，对于一定情节的保险诈骗案例，公安等司法部门参与侦破是履行职责。这样的认识没有原则性错误，但是从大量车险欺诈案件中，的确暴露出保险经营过程中存在的薄弱环节，只要保险公司主动加强内控制度建设，就可以避免或减少一些欺诈案件的发生。

管人员：全主体参与

做好反车险欺诈、反保险欺诈工作，要在公司树立一种系统的责任观，要使所有的管理人员、一线正式业务人员以及签约的个人代理人知晓，反车险欺诈是公司经营的重要内容，不要认为此项工作就是保险公司相应专职部门的工作，需要加强对销售人员、核保人员、出单人员、查勘人员等所有相关人员的管理，突出全主体参与。在保险销售环节，要求销售人员必须见到投保车辆并按照公司规定的标准对投保车辆进行拍照，要求销售人员必须见到投保车辆行驶证、产权登记证书的原件并按照要求复印；在核保环节，要求核保人员加大核保抽查的范围；在核算保费环节，准确确定投保车辆的公允价格；在查勘定损环节，要提高查勘员的工资待遇，不要让查勘员轻易成为不良汽修厂“围猎”的俘虏，推行查勘员交流制度，保护好查勘员和保险公司。

通过对大量车险欺诈案件的分析，发现豪华型二手车是被运用最多的道具。针对这个现象，不妨思考以下四个问题：第一，车险欺诈道具为什么不用豪华型新车或者普通型新车？第二，车险欺诈道具为什么不用普通型的旧车？第三，车祸后果程度为什么不是小剐小蹭，而是燃烧、坠崖等恶性事故？第四，严重的后果中，司机都是轻微外伤，鲜有死亡？背后的本质根源在于车险欺诈者利用了保险中全损的机制。细细思量，反车险欺诈貌似一件很难的工作，如果参透其中蕴含的玄机，迎刃而解并非难事。

管业务：全过程管控

保险公司的产品设计、营销、出单、风险管控、理赔、打击欺诈等经营过程，也可以看作流水线操作过程，上一个生产环节中出现的产品瑕疵一定会为下一个环节埋下隐患。车险欺诈者之所以选择豪华型二手车作为诈骗道具，也是经过精心策划的。为此，要求保险公司在管控中，对流水线直接上下游之间、间接上下游之间要建立合作机制，更要建立制衡机制。

在制衡机制建设中，包括业务品质制衡和利益机制制衡两个方面。在业务品质制衡方面，做到以下几点：一是要求销售部门必须见到真正的投保车辆以及行驶证，并对行驶证记载的车辆登记日期等关键信息进行审核。如果有拿不准的情形，提前转至核保部门、核赔部门以及稽核部门进行确认。二是要求销售部门、核保人员、出单人员准确确定豪华型二手车的公允价格，如果要上调价格必须履行非常严格的审批程序。在利益制衡机制方面，做到以下几点：一是建立退佣退薪制度。对发生的车险欺诈案件进行分类，对于其中存在人为调高二手车价格诱发的案件，要求具体销售人员退回领取的车险销售佣金，要求管理人员退回基于此笔业务的薪酬。上游部门工作发生失误，要对部门内部相关人员进行问责。二是上游部门工作发生失误，要对下游部门承担责任。

公开报道显示，有的先出险后投保（俗称“倒签单”）的车险欺诈案件是保险公司内部人员参与“配合”的。通过优化现行的业务流程，通过上下游部门制衡机制的建设，充分调动全员规范保险业务的积极性，很多车险欺诈案件就能够有效防范。

靠技术：全领域覆盖

反车险欺诈工作，从大的方面来看似乎很复杂，需要保险业内外密切配合；从小的方面来看貌似乎很简单，只需要保险公司内部加强管控，就可以最大限度地避免车险欺诈案件发生。保险公司加强管控，从对象上要明确加强人员和业务流程的处理，在手段上要依靠技术，尤其是在当前移动互联网技术高度发达、智能手机高度普及以及资费大幅度下降的时代背景下，更要依靠技术手段规范保险经营的全过程，服务于公司自身发展和经济社会发展。一是要求保险行业协会牵头或者保险公司建立强大的技术后台，满足业务管理需要。二是在车险销售环节，要求销售人员实地验车。实时上传投保车辆照片、行驶证等证照。三是要求保险行业协会加快建立不良汽修厂和失信消费者名单，如果因为涉及隐私不便于面向社会公开，可以在保险行业内部共享。

通过运用现代信息技术，减少因人员的业务能力、主观意识或业务流程设计缺陷等原因产生的失误而给车险欺诈者留下可乘空间。

车险欺诈是随着车险事业萌芽应运而生，而反车险欺诈是任重道远的。立足于保险行业而言，对于重大、疑难、团伙等欺诈案件需要公安等司法部门的支持，但是从保险行业的本质来说，通过加强自身业务能力建设，铲除车险欺诈的温床，有利于公司发展，有利于保险行业发展，有利于促进经济社会发展。

（本文发表于 2017 年 6 月 5 日《中国保险报》）

经典案例篇

机动车肇事逃离现场，保险赔不赔

马丽娟

近年来，随着机动车数量和驾驶人数迅速攀升，交通事故绝对数量和相对数量也是双双攀升，其中机动车驾车逃逸的案件屡有发生。肇事逃逸，轻者贻误事故责任认定，重者危及受害人的生命和财产安全。研究保险实务对具体案件的差异化处理，有助于通过保险手段规范交通行为，减少交通事故的发生。

基本案情

某年 12 月，A 先生为其车辆在某保险公司投保了交强险、车损险和 30 万元的三者险商业保险。保险期间，A 先生于某晚 10 点左右驾车撞上横穿马路的行人 B 先生，导致其死亡。事后，A 先生驾驶车辆离开事故现场。15 天以后，交警锁定肇事人为 A 先生，并认定其负此次事故的全部责任。A 先生与死者家属达成一次性支付赔偿金 43.1 万元的协议后，向保险公司提出商业保险限额内的 30 万元保险金的赔偿请求，遭到保险公司拒赔，拒赔理由是驾驶员逃离事故现场，导致事故性质和原因等无法查清。A 先生辩称其驾驶车辆离开事故现场是因为不知道当时撞到了人，以为撞倒的是路边的垃圾桶，不属于逃逸行为，保险公司不应拒赔。双方遂将此案诉至法院。

法院判决

经法院审理查明以下事实：一是保险合同有效。A 先生在保险公司投保有交强险，以及车损险、三者险等商业保险，商业保险的保险期间限为某年 12 月 29 日零时至次年 12 月 29 日 24 时。事故发生时，保险合同仍然有效。

A 先生驾车撞倒 B 先生，致 B 先生送医院后经抢救无效死亡。二是驾驶员 A 先生负事故全部责任。基于交通事故的责任划分，A 先生负事故全部责任，B 先生无责任，故 A 先生与 B 先生家属达成赔付 43.1 万元的协议，并一次性支付完毕。保险公司在交强险限额内向 A 先生赔付了 12 万元后，以 A 先生逃离事故现场属于保险责任免除为由，拒绝支付 30 万元的商业三者险赔款。理由是：依据双方签订的机动车辆投保单及《机动车辆保险条款》第一章第四条第八款规定：事故发生后，被保险人车辆逃离事故现场，或故意破坏、伪造现场以及毁灭证据的，保险人不负赔偿责任。上述投保单在投保人声明处载明：本人确认已收到了《机动车辆保险条款》，且贵公司已向本人详细介绍了条款的内容……投保人签名处虽然有 A 先生的签名，但是 A 先生不仅对该投保单上签字的真实性不予认可，还明确表示对该签名的真实性不申请司法鉴定。此外，虽然 A 先生辩称自己逃离事故现场不属于故意行为，但拒不到法庭配合调查事故发生的详细情形，其应承担举证不能的不利后果。

根据以上调查情况，法院认为 A 先生应承担举证不能的不利后果，认为 A 先生在商业保险范围内要求支付保险金 30 万元的诉讼请求属于免赔情形，依法不予支持。

争议焦点

此案件的争议有以下两个焦点：

第一，驾驶员主观上不知道发生交通事故撞到行人是否属于保险免责条款中约定的逃离事故现场的情形？

《刑法》中规定的交通肇事罪是过失犯罪，被告人实施犯罪时在主观上属于过失，交通肇事后逃逸则作为加重处罚情节。保险条款中约定的逃离，表面上看行为特征与逃逸无本质区别，但主观上仅要求当事人知道发生了交通事故即可，而不追究当事人逃离事故现场的目的。因此，驾驶员以不知道发生事故为由进行抗辩显然是站不住脚的，只要发生了逃离事故现场这一客观事实即可认定为逃离。

第二，驾驶员逃离事故现场是否必然导致保险公司拒赔？

当然不是。《保险法》第二十一条规定：“投保人、被保险人或者受益人知道保险事故发生后，应当及时通知保险人。故意或者因重大过失未及时通知，致使保险事故的性质、原因、损失程度等难以确定的，保险人对无法确定的部分，不承担赔偿或者给付保险金的责任，但保险人通过其他途径已经及时知道或者应当及时知道保险事故发生的除外。”此案件中，保险公司的拒赔理由除了驾驶员在事故发生后逃离事故现场这一客观依据外，还有驾驶员逃离事故现场导致事故的性质、原因、损失程度难以确定这个核心理由。此案中的肇事司机事故发生十几天后，经交警部门多方调查 A 先生被锁定为肇事司机且事故发生时肇事司机的精神状态和意识状态均无法调查和鉴定。此案件中，驾驶员 A 先生明知发生了交通事故，且在无正当理由的情况下逃离事故现场，其行为有明显的过错和相当的社会危害性，如果此类违法犯罪行为产生的损失仍由保险公司赔偿，将造成变相鼓励犯罪、侵害他人利益和损害社会公平的不良后果。因此，保险公司根据《保险法》和保险条款的规定对因此造成的损失予以拒赔，符合《保险法》的立法精神和保险合同的约定。

建议

透过此案件，从防范风险的角度看，要培养驾驶人运用行政手段、经济手段（保险合同）及技术手段，多管齐下，防范风险的发生。

一是加大对违反交通行为的处罚力度，督促交通参与者遵守交通规则。通过对大量交通事故案例的分析，发现绝大多数交通事故与交通参与者的违法行为具有直接的关系。结合上述案例，从另一个角度看，B 先生横穿马路也是发生交通事故的诱发因素，如果行人能够遵守交通规则，走人行横道、过街天桥等方式过马路，就能够消除事故隐患。如果 A 先生在发生交通事故后，能够遵守《道路交通法》的有关规定，主动停车采取报警、报医等措施，也许不会导致 B 先生死亡的严重后果。而肇事后逃逸，也可能存在 A 先生掩盖酒驾等违法行为。从减少交通事故、消除社会安全隐患的角度出发，应当加大对各类违反交通规则行为的处罚力度，督促所有的道路交通参与者遵守交通规则，维护自身和他人的生命和财产安全。

二是发挥车险合同作用，引导交通活动参与者遵守交通规则。一般来说，保险合同普遍采取格式条款，车险合同也不例外。发挥经济手段（车险合同）在规范交通行为中的作用，不妨采取以下三条措施：第一，进一步提高车险合同通俗化建设，方便投保人理解合同内容。第二，保险公司应加强对投保人投保时的保险条款讲解，确保投保人理解保险条款、免责条款等重大事项内容，防止因条款理解上的偏差未能及时履行救助责任造成保险拒赔。第三，积极探索车险赔付和交通行为合规性联动机制，运用保险赔偿手段引导道路交通参与者遵守交通规则。结合上述案例，因为车险合同约定肇事者逃逸导致无法认定责任的，保险公司免予赔付，所以法院判决保险公司可以拒赔商业保险部分。通过研究赔付与行为合法性联动，一方面纵向地通过行政机关督促道路交通参与者遵守交通规则，另一方面横向地通过保险合同赔付引领道路参与者遵守交通规则。

三是依靠技术手段，固化事实真相，为依法处理交通违规行为奠定基础。在上述案例中，如果 A 先生能够停车采取主动施救的措施，有可能会挽回 B 先生的生命，但是也可能会泄露 A 先生肇事时存在酒驾或严重超速等违规情形，这一切都因为没有视频等客观资料而难以准确查清。为了能够事前、事中固化证据，不妨采取以下措施：第一，完善车辆本身的配置。建议在机动车辆出厂销售时，倒车雷达、影像、行车记录仪等设备成为基本配置。第二，提高道路等公共场所摄像头安装密度。交通管理实务看，侦破的交通肇事逃逸案件中，有的是通过调取摄像头录制的视频资料而直接锁定嫌疑车辆，有的是通过调取摄像头录制的视频资料而获取非常关键的线索。尤其对于发生在夜间、偏僻路段的交通肇事逃逸案件，寻求目击证人的困难非常大，如果安装足够的摄像头，查清事实真相就会非常容易。

遵守现行的道路交通规则，提高安全驾驶能力。驾驶人应该牢固树立安全驾驶理念，严格遵守交通规则，珍爱他人生命，防止因疏忽大意而使他人生命和财产安全受到侵害。

（本文发表于 2016 年 8 月 31 日《中国保险报》）

顾客在银行网点跌倒摔坏佩饰，保险赔不赔

王小韦　王雨飞　马丽娟

在现代社会，银行和保险的关联日益密切。这种关联，不仅表现在银行代理保险业务，也表现在银行和保险公司相互参股，还表现在保险能够为银行客户提供意外风险保障。如果银行投保了公众责任保险，在一定情况下，能够帮助银行化解一些风险。

基本案情

据某知名媒体报道，A 女士 2014 年 9 月在一家银行网点办理业务。由于银行大厅花盆漏水，地面湿滑，A 女士跌倒并摔坏了翡翠手镯。事故发生后，银行工作人员立即护送 A 女士到医院就医，并承担了相关的医疗费用。在翡翠手镯赔偿问题协商未果的情形下，A 女士于 2016 年 4 月将银行起诉至法院。A 女士的诉求包括以下两项内容：一是财产损失。报道中引述 A 女士的陈述，跌倒时摔坏了一只翡翠手镯。该翡翠手镯购置于 8 年前，经珠宝行询价市值至少 15 万元，A 女士要求银行赔偿 11.66 万元。二是精神损失费。A 女士要求赔偿 5000 元精神损失费。据悉，法院已经受理此案。消息一经网上披露，引起网民热议，观点五花八门。网民各执一词，莫衷一是。

媒体公开资料显示，对于顾客在银行大厅跌倒造成人身伤害的类似事故，法院判定银行承担责任的案例已有多起。例如，2013 年 8 月，北辰法院判决银行承担 40% 的责任；2014 年 3 月，安庆迎江法院判决银行承担 30% 的责任；2015 年 6 月，经 ××法院调解，银行向跌伤顾客赔偿 4 万元。从目前收集的 25 个案例看，法院都判决银行应当承担赔偿责任，区别是承担赔偿责任的比例不同，为 30% ~60%，尚未有法院判决银行承担全部责任的案

例。从法院判决的结果看，对于事故中造成的人身伤害，法院都判决顾客和银行共同承担责任，但尚未有赔偿顾客财产损失的判例，也没有公众责任保险赔偿的判例。

那么，在此类事件中，如果银行投保了公众责任保险，保险公司是否应当承担赔偿责任呢?

分歧意见

意见分歧主要取决于人民法院对银行存在过错的认定，以及顾客存在故意的认定。为了便于研究，以下对于银行有责任和无责任两种假设情形进行分析。

第一种情形是判决银行有责任，保险公司应当承担公众责任保险的赔偿责任。

理由：一是基于人民法院的判决，认定银行有责任和过错。二是在保险条款责任范围内。

第二种情形是判决银行无责任，保险公司不应当承担公众责任保险的赔偿责任。

理由：尽管人民法院认定投保人存在责任，但是银行自认为已经摆放了“小心地滑”字样的提示牌，尽到了责任。同时，银行机构以顾客作为成年人，有能力判断场所的危险性为由进行自我辩解。

意见和建议

从保险经营的角度出发，提高责任保险经营能力，应当在以下三个方面下功夫：

一是明确合同条款，统一各方认识。一般情况下，由于保险合同要求严谨，因此保险合同绝大多数采取格式合同条款。据了解，对于公众责任保险，目前中国保险行业协会尚未制定统一的示范条款，其条款和费率由各家保险公司自行制定。所以，在保险实务中，各家保险公司不但对公众责任保险责任范围和免责范围的界定不一致，而且厘定的费率也不一样，费率高低悬殊。条款、价格差异性，固然体现了经营的差异性，但是容易给保险经营埋下隐患，影响保险行业形象，制约保险行业发展。

建议由中国保险行业协会牵头，制定示范条款，统一保险责任和除外责任的表述和界定，中国保险行业协会确定指导性费率，各家保险公司可以自行厘定具体的费率。统一条款、差异费率的做法，具有三大好处：其一是便于比较。不同的保险公司对同一个保险产品的条款费率是不一致的，虽然对于经营者来说容易介绍清楚，但是对于消费者来说造成了选择上的不便利。统一条款，便于投保人、被保险人在不同的保险公司之间选择保险产品。其二是便于理解。统一条款，有利于保险公司和投保人、被保险人之间对保险合同中保险责任和除外责任理解上的统一，使双方能够在同一个层面上进行沟通交流。其三是便于调解。使用示范条款，一旦发生保险纠纷，便于法院、监管部门和行业协会调解。

从防范和化解风险的角度看，保险行业在风险识别上具有专业优势，如果在保险合同表述上出现歧义，既给自身的经营平添麻烦，也不利于发挥行业的专长。

二是突出防灾防损，固化细节证据。从监管实务看，公众责任险种存在重销售、轻管理、淡防灾的倾向。结合上述案例来说，要认定银行机构是否存在责任，对固化细节证据的分析是非常关键的一个环节。不管是人民法院审理，还是保险公司现场勘查定损，都需要弄清 A 女士跌倒前后的具体身体动作。而要弄清 A 女士跌倒前后的具体动作，最直接、最科学的证据就是调阅事情发生经过的监控视频资料。在此案中，如果监控视频资料拍摄角度不对、画面模糊或者保管不当等，对于还原事发经过是一件不容易的事情。

从保险经营的角度看，保险公司首先应当加强员工培训，提高防灾防损的意识和能力；其次，应当及时深入对投保单位进行防灾防损巡查，对于存在的风险隐患立即下发书面整改通知书。建议保险公司在经营过程中，应当将各种案例进行分析对比，上传给保险行业协会，以便聚集行业智慧进行风险防范。目前收集的 25 个案例的当事人绝大多数是老年人，中青年顾客较少，因此保险公司应督促投保公众责任险的银行加强对老年人的风险防范。

三是发展责任保险，辅助社会治理。公众责任保险是诸多责任保险中的一个险种，从保险行业发挥社会管理职能的角度出发，责任保险是主要的险种载体。

近年来，屡屡出现的食品安全、疫苗安全、环境污染及电梯伤人等危害公众安全的责任事故，不仅给消费者造成了人身伤害和财产损失，也给具体经营机构造成经济损失，还给监管、司法等部门造成不必要的资源浪费。商业机构和个人引入保险机制，并不是转嫁风险，而是督促商业机构和个人在经营过程中，引入专业的商业保险机构，在国家纵向监管的基础上，通过横向的保险合同机制，进行防灾防损的查勘及督促整改，形成更大的合力。

管中窥豹。顾客在银行网点大厅跌倒虽然说是一个小事故，但是对社会诸多的行业和机构带来的警示作用不容忽视。只要每个行业、每家机构都能够尽到保护消费者合法权益的职责，就能够减少和降低消费者的人身伤害和财产损失，就能够减少和降低经营者的经营风险和经营成本，就能够减少和降低社会的管理风险和管理成本。因此，应大力发展公众责任保险，积极发挥其辅助社会管理的作用。

（本文发表于 2016 年 9 月 22 日《中国保险报》）

两辆车先后撞上同一人致其死亡，保险如何赔偿

王小韦　王雨飞

事故概况

日前，某知名媒体以《先后撞上同一人致其死亡　两车均负全责》报道一起交通事故。事故概况：2015 年 7 月 13 日晚上 9 时 40 分许，李某驾驶渣土车（第一辆）闯红灯将骑电动自行车的丁某（60 岁）撞飞。十秒后，庄某驾驶的渣土车（第二辆）车轮从丁某头上轧过。事故发生以后，第一辆渣土车司机及渣土车原地等待处理；第二辆渣土车司机庄某接受车主秦某建议躲藏。后经侦查，司机庄某和车主秦某均被抓获。交警部门出具的事故认定书表述如下：李某驾驶具有安全隐患的渣土车有超载行为，且未在慢车道行驶，车速约为每小时 62 公里，闯红灯肇事；庄某驾驶渣土车在未确保安全、未在慢车道行驶的情况下，明知发生交通事故，未立即停车保护现场，反而闯红灯逃逸。双方均应该对此次事故负全部责任，丁某无事故责任。

在这篇报道的末尾，有两则类似新闻的链接，分别是 2012 年 11 月发生在四川省、2014 年 3 月发生在浙江省的多车轧压同一人，导致其死亡的交通事故。两起案例，法院判决肇事者承担连带责任。针对多车肇事的交通事故，法律专家建议加大对逃逸者的追责和处罚力度。

由于这起交通事故责任主体的多元性和保险赔付方案的复杂性，保险业内发生分歧意见不足为奇。

分歧意见

保险业内对此起交通事故赔付的不同意见，主要围绕以下三个问题展开

讨论：一是保险公司是否赔偿（假设两车均投保了交强险和商业险）；二是保险公司赔偿份额；三是保险公司赔偿比例分割。

第一种观点认为，此次事故损失赔偿主体为肇事的车主、驾驶员，保险公司不应承担赔偿责任。理由：一是驾驶员违反道路交通管理法规。交通管理部门出具的事故责任认定书显示，两辆肇事车辆均存在超载、超速、闯红灯及错位车道四种违反道路交通管理法规的行为，违反道路交通管理法规是导致交通事故发生的直接原因。二是驾驶员违反保险法规。根据《保险法》的规定，被保险人应当遵守国家有关消防、安全等方面的规定，维护保险标的的安全。而在这起交通事故中，肇事司机李某、庄某同时违反了道路交通管理法规、保险管理法规，所以保险公司拒赔。

第二种观点认为，此次事故损失应当由两辆汽车投保的保险公司分别进行赔偿。理由是，虽然受害者为同一人，但是承保的保险公司分别收取两辆汽车保费，并且两辆汽车对丁某的死亡承担全部责任，所以应当由两辆汽车投保的保险公司分别赔偿。

第三种观点认为，此次事故损失的赔偿对象是同一人，承保的保险公司应当平均赔偿，并且承担连带责任。理由是两辆汽车在此次交通事故中，均承担全部责任，但是受害人只有一位，所以应当由对两辆汽车承保的保险公司平摊赔偿金额。

第四种观点认为，此次事故损失的赔偿对象是同一人，承保的保险公司赔偿的份额不能采取平均法，后车应当承担大部分责任。理由是，后车的肇事行为给事故查勘定损平添了难度，导致无法准确认定此次交通事故的责任。

如何预防和避免

经过对四种观点的对比分析，发现造成分歧意见的主要根源在于保险经营规则尚存在细化的空间。

根据保险的基本原理，保险具有经济补偿、资金融通和社会管理三大功能。对于此次交通事故，建议不要过于纠结保险如何进行补偿，而是从中探寻完善保险参与社会管理的切口和支点，充分发挥保险参与社会管理的作用，促进社会管理，逐步淡化经济补偿功能。

一是找准定位，协助社会管理。具体在交通事故管理中，尽管保险具有社会管理功能，但是保险行业定位应当是具有协助作用的配角，真正的主角应当是交通管理部门。

降低交通事故发生率，减少人员伤亡和财产损失应该是每一位道路交通参与者以及监管部门和保险公司共同的心愿。要实现这样的愿景，作为专业经营风险的保险公司，要发挥行业优势，对交通状况风险进行系统分析，提出完善的意见和建议。例如，保险行业应当对交通事故进行分析归类，绘制不同年龄段、路段、车型及时段等分类的风险管理图，为交通管理部门提供决策参考。

保险行业还应当与交通管理部门积极沟通协调，共享道路交通违规信息数据，将此作为决定车险价格的费率因子，通过车险价格杠杆督促、倒逼高风险客户承担高保费，倡导遵守交通规则成为所有道路交通参与者的行为习惯。

二是找准切口，探索警保联动。警保联动的核心目标还是降低交通事故发生率，减少保险理赔。反过来讲，交通事故减少了，车险价格实现行业性降价，减少了道路交通参与者的事故支出，对全社会的和谐建设具有积极意义。例如，交警查处酒驾、醉驾，是履行本质职责，直接目的并不是减少保险理赔，而是为了保障道路交通参与者的合法权益，保障其生命和财产安全，保险行业也成为受益者。

从交通事故发生的规律看，超速、超载是导致交通事故发生的根本原因。交通管理部门在治理酒驾、毒驾的同时，还要重点关注超速、超载的问题。结合上述案例，两辆肇事车辆存在的多元化问题，反映了道路交通管理中的薄弱环节。

三是创造契机，尝试齐抓共管。渣土车在不肇事的情况下，其风险只是对其他道路交通参与者构成心理恐惧，其一旦肇事，必然会造成严重的后果。据了解，目前管理渣土车的部门除了交警外，还有城管、城建及环保等相关机构，但是不同机构对渣土车管理的侧重点不同。城管部门管理的是，渣土车在运行过程中是否对渣土加盖严实，避免遗撒渣土，弄脏路面；城建部门管理的是，渣土是否被运到规定的地方；环保部门管理的是，运输渣土的车辆是否存在噪音等扰民行为。

建议在维持现有管理体制的模式下，对渣土车实行“一处违规，多处受限”的机制，督促渣土车司机和车主遵守相关规定，安全作业。同时，通过技术手段，从现在的上路查车“人防”模式向“机防”模式转型。例如，给渣土车等高风险车型安装限速器，直接进行限速；安装多功能行车记录仪，实时监控装载渣土的高度以及覆盖物是否符合规定。这样可提升多方监管的效率和质量，摒弃传统监管的滞后性、低效性，做到“足不出户”照常监管。

（本文发表于2016年9月27日《中国保险报》）

友情代驾要小心！出了事故，可能双方都担责

王小韦　王雨飞

开车出门聚会，没忍住喝了酒怎么办？估计90%以上的车主会选择代驾，或是找职业代驾，或是找亲友帮忙。各保险公司敏锐地抓住这一商机，纷纷推出各类“代驾责任险”“代驾意外险”等产品，让“代驾”风险有了保障。不过，这些专门的代驾保险产品都是针对职业代驾开发的，如果是友情代驾发生了事故，有可能会造成车主和代驾都需要承担责任的情况。

案情简介

A先生开着自家的汽车，搭乘老同学B先生等一同赴宴。席间，A先生饮酒，B先生滴酒未沾。返回时，A先生委托B先生代驾，B先生欣然接受。B先生代驾时，撞到人行道上的行人C先生。交警认定B先生对此次交通事故负全部责任。因为赔偿协商未果，C先生提起诉讼。法院根据《最高人民法院关于审理人身损害赔偿案件适用法律若干问题的解释》第十三条的规定，认定B先生为A先生无偿提供代驾服务，性质上属于帮工行为，其行为后果应当由A先生承担。但是鉴于B先生在代驾时存在没有避让人行道上行人的重大过失，法院判决如下：一是由A先生投保的保险公司在保险责任内赔偿；二是不足部分由A先生和B先生承担连带责任。

对于此案件的保险赔偿，以及后续的保险投保问题，保险业界则有着不同的意见。

分歧意见

分歧意见主要集中在两个方面：一是B先生要不要承担责任；二是A先

生的续期保费要不要上浮。

第一种观点认为，B 先生不用承担责任，A 先生的续期保费应当上浮。理由：其一是商业车险定价机制。当前商业车险定价机制实行随车原则，与驾驶者遵守交通规范、技术规范和职业道德之间没有关系，投保车辆出险时 B 先生符合驾驶员相关规定，B 先生不用承担责任。其二是车险经营规则。自 2015 年 6 月 1 日起实行商业车险改革试点，次年保费是否上浮与近三年投保车辆出险次数挂钩，此次出险会记录在车主 A 先生的名下，应当提高 A 先生的续期保费。

第二种观点认为，这个案件应当进一步查明 A 先生投保的商业车险保险合同条款约定，看是否有限制和指定驾驶员的条款。如果购买的车险指定驾驶员是 A 先生，那么保险公司对 B 先生驾车出险是不承担赔偿责任的，但是保险公司应当先行承担垫款责任，随后按照代为求偿权的相关规定，向 B 先生追偿。另外，A 先生次年保费会提高，但是提高部分应当由 A 先生和 B 先生协商进行承担。

第三种观点认为，车主 A 先生选择酒后代驾，应当区分两种情况。其一是选择友情代驾。在选择友情代驾之前，应当对自己车辆的投保情况进行分析，重点考量是否只购买了交强险，是否购买了商业车险的第三者责任限额，如果第三者责任保险保额合计不高，最好不要选择友情代驾。其二是选择职业代驾。在选择职业代驾之前，应当对自己车辆投保情况和代驾公司是否购买了足额的保险进行综合权衡，重点考量第三者责任保险合计保额是否足额。

类似纠纷如何避免

随着社会治理理念和治理措施的改进和完善，对酒驾行为加大打击力度，势必促进友情代驾和职业代驾的发展，也为保险公司在创新产品、创新服务和创新参与社会管理等方面打开了新天地。

创新产品。保险业是经营风险的行业，可以紧跟市场变化，及时开发配套的保险产品。结合此案，建议开发附加险种：一是代驾责任险。根据报道，2013 年，安联保险曾推出国内首款“代驾责任险”。此后，人保、平安等保险公司也陆续推出类似产品。但这些产品往往只对具有代驾资格的机构和平台开放，个人无法购买。因此，针对本案中友情代驾肇事的责任险仍然处于空白状态。二是代驾者意外险。2015 年，e 代驾联合众安保险发布了国内首个专门针对代驾司机的人身意外险种——e 代驾平台司机意外险。与代驾责任险类似，其投保对象也仅限于注册的代驾机构或者平台的签约人，没有覆盖友情代驾者的意外伤害风险。

创新服务。保险公司在经营过程中，经常会遇到一个困惑，就是保险消费者黏度不高。解决这个问题的角度和切口很多，提供酒后代驾服务不失为一种理想的途径。提供酒后代驾服务，一是可以帮助客户防范风险；二是可以引导客户养成良好的保险消费习惯；三是可以改变保险销售模式。

创新参与社会管理。酒后代驾是风险防范的纽带，一头连接着投保的车主，另一头连接着提供代驾的友人或者专业的代驾公司。而作为保险公司，可以居中归集和化解风险，促进和谐社会建设。

（本文发表于 2016 年 10 月 18 日《中国保险报》）

细节看保险：理赔快又足，更要防得勤又准

黄明明　王小韦

“全面践行‘保险姓保’，发展党和人民需要的保险事业”，是未来保险业发展的大方向、总基调和主旋律，因此该文被《中国保险报》《金融时报》评为“2016年中国保险十大新闻”也不难理解。唯有如此意境，才有心情坐下来研究保险业防灾防损的策略。继续听任个别保险公司执着追求资金运用，无视风险保障，保险业风险管控职能被淡化绝非危言耸听。

不错，现行的保险业三大功能中的确包括资金融通的功能，但是资金融通功能是其他金融机构也具有的功能，具有替代性，参与社会管理和经济补偿功能是保险行业独有的功能，不具有替代性。如果保险业痴迷于资金融通功能，会蚕食其主业之基。之所以写下这样的题目，是源于最近阅读并反复品味英国保险公司一位营销总监的一句话，他是这样说的：“我们认为，保险的概念应该比赔偿更进一步——修理坏的东西，不如在第一时间阻止不好的事情发生。”

保险之美在于赔得快又足，体现了速度和额度。每看到新闻报道说某地道路、工厂等发生了事故后，保险业迅速展开行动，主动开辟“绿色通道”等，读者都会为之雀跃，盛赞行业之美。但是保险之美不仅在于赔得快、赔得足，还在于预防风险措施到位，减少风险事故的发生。因为很多事故的发生具有必然性，偶然性只是在于发生的时间节点在哪里。例如，2014年8月2日7时许发生在昆山某公司的粉尘爆炸事故，截至当年底造成146人死亡、114人受伤，直接损失3.51亿元。有关部门的报告认定这是一起特别重大的生产安全责任事故，该公司从厂房设计、生产工艺布局、防尘设备装置数量、员工培训、考勤等几乎所有的环节都存在违反国家相关规定的情形。再

如，2015 年5 月 15 日 15 时许发生在陕西某地载有46 人的旅游大巴车坠崖事故，导致 35 人死亡、11 人受伤。事后问责资料显示，该车的技术状况存在严重隐患。面对这样的风险事故，暴露了相关监管部门工作的薄弱环节，凸显了保险行业面临风险的复杂程度。

保险之美更在于防得勤又准，出于两点原因：一是行业使命。经营风险是保险行业独特的功能，是其他任何机构所不具有的使命。保险行业存在和发展的价值在于，通过识别风险、计量风险、防范风险，减少甚至遏制风险事故的发生。二是行业效益。在市场经济条件下，经营风险也要追求一定的经济利益，因此减少安全事故的发生，既履行了自身的社会责任又实现了自身的经济利益。但是，大量案例分析结果表明，保险行业经营过程中，发挥保障功能不强，既有自身存在的问题，也有外部经营环境的问题。从一定意义上讲，防范风险事故的发生是保险行业的生命线。

当前，保险行业防范风险不妨从以下四个方面努力：一是完善合同。作者在对大量保险纠纷和诉讼案件研究时发现，有相当部分保险合同责任和免责表述语言不清晰，存在歧义。而保险合同是保险经营的法律文书，建议由保险行业协会牵头，广泛吸纳保险业内、行业监管部门、律师、法官等各方人士参加，制定所有保险合同示范文本库，在保险责任表述上应详细具体，明确保险责任和免责范围，运用横向的经济手段，准确界定与投保人之间的权利与义务关系，减少保险纠纷，减少保险诉讼。二是直接营销。当前，车险、意外险、校园责任保险等险种佣金比例之高应当引起注意，佣金已经超越了自身的含义。意外险经营中，个别保险公司以建筑工人流动性大等为由，没有采集具体的被保险人姓名、身份证号等基本信息，只是按照建筑面积或者工程项目计算意外险保费，发生保险事故时，在调查赔偿对象上耗费很多时间和精力。三是事前干预。笔者收集了 3 名驾驶塔吊司机坠落伤亡的案例，研究后发现，出险瞬间塔吊司机都没有系安全绳，一脚踏空直接从八九十米高的塔吊上坠落到地面。如果保险公司承保后，能够深入工地开展防灾防损检查，对风险状况进行风险评估，向投保单位下发整改通知书，不仅可以避免建筑公司的伤亡，也能减少保险赔偿，真正发挥保险的保障功能。

另外，笔者还收集了两个发生在车库里家人指挥倒车致死致残的案例。案件进入诉讼程序后，双方律师展开了激烈的辩论。对于此类事故，如果投保车辆安装了倒车影像、雷达就可以避免很多的损失。保险公司可以考虑，如何把支付的佣金用来改良投保车辆防灾防损的装备，积极消除潜在的风险隐患；四是改善环境。加强风险理论研究，通过保险监管部门、保险行业协会，将意见和建议反馈至有关部门，完善相关的监管规定。例如，笔者在对大量车险案件进行分析时发现，很多车辆出险时违反了该路段限速的规定，保险予以理赔后，可以整理成书面资料，建议修改《道路交通法》的相关条款，提高对超速行驶等行为行政处罚的标准，通过行政和经济手段督促驾驶人遵守交通规则，营造安全的交通环境。

让生活更美好，既是保险的使命，也是其追求。成人达己，到达胜利的彼岸，保险行业的风险管控能力，无疑是那艘船，那张帆，那个桨。

（本文发表于 2017 年 2 月 1 日《中国保险报》）

细节看保险：金华一小步　保险一大步

黄明明　王小韦

近日，《中国保险报》刊发的一则报道称，浙江省金华市对机动车道路交通事故赔偿标准进行改革。该市中级人民法院发文明确统一道路交通事故赔偿标准，对于辖内具有居民身份者，在发生机动车道路交通事故赔偿时，不再区分城镇、农村户口。

短短的一则新闻，蕴含了重大的意义，堪称为“金华样板”。这是响应国家户籍改革政策的具体表现，为户籍改革提供的配套措施。很多地方也出台了户籍改革文件，但是在机动车道路交通事故赔偿中，仍然实行城镇、农村户口双重标准，继续延续“同命不同价”的赔偿。

这一做法也在一定程度上减少了诉累。统一机动车交通事故赔偿标准，对相关交通事故来说，在减少诉讼数量的基础上，同时降低了诉讼的时间成本和物化成本，节约了社会资源。金华市的做法，不仅对宏观方面产生巨大的影响，也对微观方面的保险经营产生影响。

同时，这也将深刻影响到保险行业的经营发展。金华市的做法，无疑会对行业产生积极的影响。

首先，按照落实户籍改革的要求，会有更多地方的人民法院跟进相关改革。如果最高人民法院在总结各地试点经验后，认为条件成熟，可能会下发相关文件，统一全国范围内城乡机动车道路事故赔偿标准。

其次，有利于建设一元化标准。最近，按照国家有关文件，统一城乡居民医保工作，很多地方已经进入实际操作阶段，有利于商业保险公司参与社会保险。对社会的治理，保险业应当坚持一元化的标准，不能说相应改革对自己有利就欢迎，对自己不利就抵触。

从商车费改的大背景来审视，则又有彰显公平的作用。从2016年6月开始，新一轮商车费改全面启动，车险价格在全国范围内没有地域、户籍差距，浮动与投保车辆历年出险、车型“零整比”等因素挂钩，所以赔偿实行统一的标准也符合公平原则。

综合上述观点，保险行业要坦然接受相关改革，要反思经营过程中存在的不足和薄弱环节，从改革自身做起。金华市的做法，对于车险经营的影响，短期看会提升综合成本，但是为改进车险经营提供了契机。

未来车险经营领域竞争会进一步加剧，主要表现在：主体涌现，供应增加；资源减少，需求萎缩等。新型车、新能源车出现，而防范汽车交通事故风险的手段不变，仍然是车险。随着人工智能在汽车领域的广泛应用，无人驾驶汽车将交通事故风险纳入产品质量问题看待，生产厂家承诺对于无人驾驶汽车责任的交通事故承担赔偿责任，这将彻底改变风险管控手段。在有的观点中，甚至预言无人驾驶汽车会是传统车险的终结者。综上分析可知，车险经营竞争会呈现出进一步加剧的趋势。

金华市的做法对行业有诸多的启示，特别是在新的车险经营环境下，保险公司更要注重改革车险经营策略。

按照保险行业自身的历史使命和监管要求，保险公司应当在重视承保的基础上，再去开展投资业务，而不是本末倒置。

与经济管理体制转型相适应，车险价格市场化改革也是一个循序渐进的过程，在改革过程中，会逐步扩大保险公司车险产品定价权，引导保险公司积累数据并根据数据进行客户风险细分，使车险产品的价格与风险越来越匹配。

营销是车险经营的关键环节。现阶段，报表数据显示，保险中介渠道实现的车险保费超过80%，中介渠道支付的佣金比例呈现出上涨的趋势，局部市场佣金比例畸高，成为调节车险价格的“杠杆”。与产品改良相适应，车险销售也需要从貌似依靠中介销售，过渡到直接销售。保险监管规定“不得向投保人或者被保险人承诺或者给予保险合同以外的其他利益”，个别机构甚至选择违规的手段，对保险行业的健康发展产生负面的影响。

金华市的做法，迈出了车险事故赔偿改革的一小步，但是对于车险经营会产生深远的影响。车险经营策略调整要迈出一大步，就需要从理念、产品、营销等全流程进行改革、改造和改良。正确看，主动改，大者发挥整体保险行业的作用，小者保持个体保险公司的生存。

（本文发表于 2017 年 1 月 10 日《中国保险报》）

十起大巴恶性交通事故对我国当前车险主动经营的启示

王小韦　胡　刚

车祸猛于虎，大巴车尤甚。承担公众出行的大巴车，一旦出现交通事故，会对人民群众的身体健康、生命和财产造成巨大损失。作为研究保险的专业人员，笔者曾对大巴车恶性交通事故进行研究，事故现场令人不寒而栗，事故原因更是令人痛心疾首。

本文研究大巴车恶性交通事故，出于以下三点考虑：一是遏制事故。大巴车是公共交通工具，承载的是社会成员，应当首先保障乘客安全。二是寻找规律。通过总结大巴车交通事故发案特点，促进对其他机动车辆交通事故原因的研究。三是预防优先。将预防大巴车事故的经验推广复制到所有机动车上，逐步营造安全驾驶的氛围。

本文选择了 2014 年 1 月至 2016 年 7 月在我国发生的单次死亡人数在 5 人以上的交通事故进行研究，试图在归纳交通事故规律的基础上，从保险识别风险、防范风险和化解风险的视角出发，将风险防范关口前移，行政手段、问责手段、技术手段和保险手段多管齐下，综合治理。

事故发案特点

本文研究的十起大巴车恶性交通事故包括 2014 年 7 月 12 日发生在杭徽高速的车祸（案例一）、2014 年 7 月 19 日发生在沪昆高速的车祸（案例二）、2014 年 8 月 9 日发生在西藏的大巴坠崖车祸（案例三）、2015 年 3 月 2 日发生在河南林州的车祸（案例四）、2015 年 4 月 19 日发生在湖北恩施的车祸（案例五）、2015 年 5 月 15 日发生在陕西淳化的车祸（案例六）、2015 年 7 月 1 日发生在吉林集安的车祸（案例七）、2016 年 5 月 9 日发生在沈海高速的车祸（案例八）、2016 年 6 月 26 日发生在湖南宜凤高速的车祸（案例九）、2016 年 7 月 1 日发生在津蓟高速的车祸（案例十）。根据公开资料统计，这十起大巴车恶性交通事故，累计导致至少 234 人死亡，平均每起交通事故死亡 23 人以上，最低死亡人数 5 人，最多死亡人数 44 人。

一是交通事故发生时点具有不确定性。经梳理发现，在十起大巴车恶性交通事故中，发生在 8 时至 20 时的有六起，占比 60%；发生在零时至 5 时的有两起，占比 20%。尽管案例数量有局限性，但至少可以得出零时至 5 时不是绝对的“死亡时段”的论断。

二是交通事故发生的地点与路况呈反比关系，即路况越好发案越多。经梳理发现，在十起大巴车恶性交通事故中，有六起发生在高速公路上，三起发生在路况较好的县级路段，仅有一起发生在山区路段。尽管案例数量存在局限性，但至少可以看出恶性交通事故发案地点与路况没有必然的联系。

三是交通事故发生的环境具有不相关性。经梳理发现，在十起大巴车恶性交通事故中，仅有两起是受到恶劣天气的影响造成的，多起事故发生时天气正常，视线良好。

四是交通事故发生的原因存在商榷空间。经梳理发现，在十起大巴车恶性交通事故中，只有案例一中详细说明了超速的原因，并提及了车载监控设备已经记录了车祸发生时驾驶员的状态和车辆行驶速度。交通事故的发生无外乎车速、车距及车道三个因素，而车速在三个因素中占比为 95%，换句话说，车速是发生交通事故的决定性因素。由此可见，控制车速是保障安全的关键手段。

五是交通事故问责的有效性存在质疑空间。经梳理发现，十起大巴车恶性事故间隔很短，问责的传导效应有待提高。笔者留意到，国务院安监办下发了对陕西咸阳“5·15”特大交通事故情况的通报（安委办明电〔2015〕10 号）后，多地省、市、县进行了转发，提出的要求直接采用原文原话。某地在转发完不久，旋即再发恶性交通事故。

恶性交通事故发生后，一般有三种善后手段。一是保险理赔。如果涉事车辆足额投保，通常会产生保险理赔。在上述十大案例中，其中某起事故车辆只投保了交通事故强制责任保险，尽管该案件也被列为该省当年十大理赔案件，但是财险不涉及理赔。二是保险诉讼。一般来说乘坐同一辆大巴车的人员来自于不同地区、不同职业，按照现行规定有的赔偿指标是不一样的，产生诉讼的可能性很大。在诉讼中保险公司反复论证的一件事是被保险人的户籍身份。三是持续上访。有的涉事车辆没有投保，而自身赔偿能力有限，造成受害人家属持续上访。保险行业应当立足自身行业的特长，遏制交通事故发生。保险业有经济补偿、资金融通和社会管理三大功能，具体到车险经营来说，发挥社会管理功能主要体现在防灾防损，减少交通事故的发生，而在保险实务中，强调了经济补偿功能，忽视了社会管理功能。例如，恶性交通事故的报道中凸显的是保险公司的快速理赔。但是，从车祸事故发生的原因看，只要驾驶员尽到基本的责任和义务，有的交通事故就能够避免发生。例如，案例一中，交通事故发生在限速40公里/小时的高速公路接近出口路段，当时车速为90公里/小时。如果驾驶员能够遵守限速的规定，交通事故完全能够避免发生。

出路和突围

一是多管齐下，引领转型。从2016年6月开始，全国范围内实行统一的商业车险和交通事故强制责任保险，除了北京、上海等极个别地区在车险费率中考虑了驾驶人违反交通规则的因素外，绝大多数地区车险经营与驾驶人遵守交通规则的情况不挂钩。而在车险市场上，手续费上涨、综合成本率上涨及赔付率下降的“两涨一降”现象，引起了监管部门的注意。监管部门启动了第二代偿付能力监管系统，引导保险公司主动改变粗放型发展模式，树立精耕细作的观念。

遏制和减少恶性交通事故的发生是全社会追求的目标，从改善车险经营状况的角度出发，保险行业要主动将发展理念调整至加强防范风险的研究，将市场竞争的手段优化为提高服务水平、提高风险控制能力等内涵式竞争，摒弃车险价格打折、抬升佣金等粗放式竞争。

二是发挥优势，防范先行。在防控风险过程中，保险公司应完善保险合同条款，将保险责任和驾驶员违章的行为挂钩。在第三批商业车险改革中，北京市、上海市等地主动探索，将撞红灯、超速等行为与保险责任挂钩，已经迈出了可喜的第一步。建议保险公司主动协助公安交警、行政管理等部门，通过行政干预，督促机动车驾驶人员遵守有关限速、限载以及保持车距、车道的相关规定，通过加强防范措施，减少交通事故的发生，改善车险经营状况，而不是采取拖赔、惜赔甚至无理拒赔等措施。

三是依靠技术，主动干预。从目前监管制度建设角度看，交通行为规范非常全面，例如交通部、公安部、国家安监总局于 2014 年 1 月 28 日公布、同年 7 月 1 日施行的《道路运输车辆动态监督管理办法》（交通部令〔2014〕5 号，以下简称《管理办法》），详细规定了安装监控设备的要求、驾驶员驾驶时间和车速等内容。车险经营过程中，不妨将车险价格打折或抬升佣金等，为投保人购买安装行车记录仪、倒车影像等电子设备，具备条件的也可以对投保的从事危险化学品运输等车辆行车轨迹进行实时监控，随时掌握其行车状况。

从恶性交通事故看，执法不严的现象不容低估。如果运输企业能够遵守《管理办法》，虽然不能说这些事故完全避免发生，但至少可以提前介入，预防事故的发生。笔者认为，发生交通事故后，问责监管部门的工作人员和涉事运输公司的法定代表人和司机是必要的，但是如果能够通过技术手段控制车速等，实时跟踪交通行为，可以起到事前防范风险的作用。保险监管部门和保险企业应当主动作为：一是协调数据共享。保险监管部门积极会商交通管理部门，以中国信保车险信息平台为载体，共享运输企业记录的车辆违章信息和车辆动态信息；二是探索保险联动。在共享数据的基础上，针对具体的运输企业和司机的风险状况，争取“量身打造保险产品”，基于风险状况拉大车险保费价格“剪刀差”，运用低风险低保费、高风险高保费的经济手段引导驾驶人安全驾驶，在提供公共服务的过程中，确保乘客的生命和财产安全。

遏制和减少大巴车交通事故的发生，有利于提升大巴车综合效益，有利于维护公共安全，有利于改善车险经营条件。

（本文发表于 2017 年 1 月 12 日《中国保险报》）

细节看保险：责任险发展要靠两大支点

黄明明　王小韦

从当前保险市场一线的情况看，责任保险是个“叫好不叫座”的险种。如何促进责任保险发展，发挥保险社会管理功能，提高社会治理效能是保险行业研究的课题。

最近，看到一则有关宜家公司的家具导致幼童死亡的新闻，引发了笔者对发展我国责任保险的思考。综合多方信息，因为公司提供的家具存在隐患，宜家公司需要付出以下代价：一是巨额赔偿。据报道，2016 年 12 月宜家公司同意向 3 名美国死亡幼童的家长赔偿总额 5000 万美元（约合人民币 3.47 亿元）。为缅怀 3 名幼童，宜家公司除向救治儿童的医院分别捐赠 5 万美元外，还向关注儿童安全的非盈利基金会捐赠 10 万美元；二是海量召回。据报道，宜家公司要对 2700 万个肇事产品及相关产品进行召回；三是上门服务。据报道，在局部地区，宜家公司需要对隐患家具上门提供固定家具服务。报道显示，宜家公司发言人称，宜家公司将固定家具的套件随家具包装的做法已经实行多年了。从上述案例不难看出，宜家公司对于自己生产的有缺陷产品，承担的责任是非常巨大的。责任保险发展的前提就是要加大产品提供者的责任。

保险业内普遍认为，我国责任保险发展“叫好不叫座”的根源在于没有将其列入强制责任保险范畴。对于此种观点，我国某著名饮料生产商的负责人提出异议，理由有两点：一是减轻责任。他认为，发展食品责任保险，减轻了食品制造商的责任，不宜发展。二是转嫁成本。他认为，食品制造商会将缴纳的保费在成本中列支，增加消费者的负担。综合多方意见，笔者认为我国当前责任保险发展落后于预期，根源不在于是否将责任保险列入强制保险范畴，而是在于加大产品制造者、销售者的责任，倒逼有可能引入商业保险的公司协助其加大风险管控。按照发挥市场在资源配置中的决定性作用的社会治理方式，强制投保可能会给市场留下“看得见的手”遮住“看不见的手”的印象，所以商品或者服务提供者是否投保责任保险应当由其自愿选择。责任保险是一种防范风险的商业手段，是社会治理手段系统中的一种杠杆。推进责任保险发展的终极目的，不是为了发展责任保险而发展责任保险，而是为了督促商品生产者向社会提供合格的产品，至少是不存在缺陷的产品。

结合责任保险发展的实际情况，笔者认为，撬动我国责任保险发展杠杆的两大支点：一是法治；二是联动。

法规要求商品的提供者或者服务的提供者，应当尽职尽责，保证产品质量，这是法律要求的底线，是道德要求的底线；否则，要给消费者提供非常高的赔偿。宜家公司赔偿案就是很好的案例。笔者曾对大量的案例展开深入研究。例如，数年前发生的“三鹿奶粉”事件，赔偿金额严重不足。伪劣奶粉导致婴孩发育畸形，给受害者本人和家庭造成不可逆转的损失，这些损失是无法用金钱衡量的，实际的赔偿金额只是杯水车薪。所以，建议修订消费者权益保护、产品质量、道路交通管理等相关法律法规，大幅提高商品或者服务提供商因为产品缺陷或者服务缺陷导致消费者受到伤害的赔偿标准。通过普遍性的标准，提高全社会各行各业以及所有从业人员的产品质量意识和责任意识，促使我国产品质量和服务质量的提升。唯有如此，才能让消费者安居乐业，走出“互害模式”的悖论。同时，建议修订有关司法解释，在设定赔偿标准时，不再区分农村户口和城市户口，为所有受害者提供同等标准的赔偿。

联动的作用，包括两层含义：一是监管部门之间的联动。还以假奶粉事件为例，从奶粉的生产流程看，依次经过奶牛培育、饲养、挤奶、加工、市场销售等工序，涉及农业、质检、工商等若干监管部门，从各个部门角度看似乎都是符合规定的，但仍有假奶粉事件发生。因此建议涉及的相关部门，能够实现信息共享，每个部门都立足于自己的职责范围，延伸到上下游监管；二是保险合同联动。提高产品与服务提供者的责任意识，可以选择的杠杆手段体系中，包括行政、法律、经济、保险等诸多手段。如果选择了保险手段，建议在保险合同中明确约定保险人有权利、有义务、有责任进行风险评估和下发整改建议，并将整改建议抄报所有涉及的行政监管部门。如果说，整改建议合法合理，而投保人置若罔闻，保险公司有权拒赔。要将这样的条文写进保险合同，提前消除事后发生诉讼或者仲裁的隐患，彰显保险行业参与社会管理的作用。

人人为我，我为人人。这是保险运营的重要原理之一，对于其他商品或者服务也同样适用。伴随着社会发展，社会分工越来越细，行业之间、单位之间需要衔接和协调的节点越来越多，谋求全社会共同福祉，需要每一个行业、每一个单位和每一个从业人员都能够以社会公共利益为重，才能建设和谐社会。谋求共同福祉的路径有多条，设定高额的赔偿或者引入保险是候选手段，也是无奈的最后选择。

以法治和联动为支点，通过设定高额赔偿和引入保险机制提供安全的产品和服务，尽管是权宜之计，也的确是无奈的上策。

（本文发表于 2017 年 1 月 20 日《中国保险报》）

动物园老虎伤人，保险赔不赔

王小韦　王雨飞

多家媒体报道，2017 年 1 月 29 日（大年初二）下午两时左右，浙江雅戈尔动物园发生了一起老虎咬伤游客张某并导致其死亡的事件（以下简称案例一）。具体原因有待相关部门调查公布。从目前报道的资料中，有三幅非常关键的画面，第一幅是游客拍摄的老虎叼人、撕咬游客张某的画面，第二幅是游客张某翻越动物园围墙的画面，第三幅是子弹密集落在老虎撕咬游客地点附近的画面。围绕此事件，舆论多数聚焦于动物园门票价格、游客未遵守规则、老虎与人的价值对比等话题，鲜有涉及赔偿的问题。

无独有偶。从案例一发生的时间追溯，2016 年 7 月 23 日下午三时左右，在北京八达岭野生动物园也发生了老虎导致游客伤亡的事件（以下简称案例二）。对比起来，两个案例有惊人的共同点：一是管理方式。与传统的动物园将动物关进钢筋笼供游客参观不同，两家动物园是将动物放养的。二是违规情形。案例一中，游客违规进入动物园。案例二中，游客未遵守在猛兽区不要下车的规定。所以，把这两个案例对比研究更有利于阐明道理。

本文还是从社会风险管控的角度切入，研究运用保险工具进行风险识别、风险管控和风险化解，研究包括商业性动物园在内的商业性经营场所的风险管控问题。从目前掌握的情况看，尚不知道动物园和游客购买商业保险的具体情节。所以，理论上假设案例一涉及的动物园投保了公众场所责任保险，伤亡游客投保了意外伤害保险。如果涉事的机构和相关人员没有购买相应的保险，在善后处理中，也不存在保险是否介入赔偿的问题。

围绕保险赔偿问题可能产生的争议，无非是赔与不赔两种对立的观点。

分歧观点

第一种观点认为，雅戈尔动物园没有责任，公众责任保险不赔偿。理由是，监控画面显示，被咬伤致死的游客张某没有正常购票，采取了翻越动物园围墙的办法进入动物园。根据公众责任保险条款约定，投保机构没有责任，属于公众责任保险赔偿免责范围，所以保险不予赔偿。

第二种观点认为，雅戈尔动物园存在责任，公众责任保险应当赔偿。首先，雅戈尔动物园防范游客翻墙入园存在漏洞；其次，在发现老虎伤害游客后，救护措施不力，未采取最有效的施补措施，比如给饲养员、安全员配备大剂量的麻醉枪。根据公众责任保险条款约定，投保机构存在责任，属于公众责任保险赔偿范围，所以保险应当赔偿。

第三种观点认为，游客有责任，意外伤害保险不应当赔偿。理由是，游客张某对可能遭受老虎袭击有预见。按照意外伤害保险的三个构成要件，游客遭受老虎袭击是客观事实，并且其伤亡与老虎袭击之间具有直接的因果关系，但是事故原因是“以外的、偶然的、不可预见”的。所以，从这个角度看，游客张某对于翻越围墙进入动物园的后果，应当有多种预想，其中可能遭受老虎的袭击就是一种。笔者赞同此种观点。

第四种观点认为，游客固然存在责任，但是意外伤害保险还是需要赔偿的。理由是，尽管游客张某的行为存在过失，保险公司还是应当予以赔偿，彰显责任。另外，现行的意外伤害保险条款中，对于伤亡的被保险人主观上存在过失并没有明文规定应当列为除外责任。

对于被保险人伤亡事件中保险公司是否应当予以赔偿的分歧意见，要分析根源，对症下药，切实发挥保险的保障功能和作用。

根源和对策

对于被保险人的伤亡事件，保险是否应当进行赔偿，产生争议的原因是多方面的，主要包括合同条款、保险经营方式、社会风险管理理念和方式等方面的原因。

一是细化保险条款，明确保险责任。根据《合同法》《保险法》等法律规定与相关司法解释，对格式条款订立的保险合同，一般情况下按照通常理解进行解释，有两种以上的解释的，应当作出有利于被保险人和受益人的解释。所以，在保险实务中，经常会发现对于同一类型的风险事故，有的保险公司赔偿，有的保险公司不赔偿；有的法院判决应当赔偿，有的法院判决不应当赔偿，究其产生的根源在于对保险合同理解上的分歧。

保险本身是一种风险管控的工具和手段，而保险合同又是保险经营的抓手和载体。一份保险合同，反映了保险公司对于风险识别、风险分类以及量化风险价格的经营能力，是衡量一家保险公司经营能力大小的基本标尺。为了提高保险合同规范化水平，结合我国保险业的发展阶段，建议由中国保险行业协会牵头、组织保险业内各方面的专业人才，邀请法官、律师等专门人才参与，制订各类保险合同示范文本，确定保险合同行业标准，减少理解分歧，争取保险学界、实务和司法界对合同内容理解的统一性。

结合案例一来说，在制订意外伤害保险条款和确定风险价格中，一定要明确类似的风险事故是否属于保险责任范围，同时要求保险从业人员在销售和服务过程中，要准确介绍产品的保险责任和除外责任，不得擅自扩大解释。

二是调整功能结构，回归保障本位。保险行业具有经济补偿、资金融通和社会管理三大功能，但是有的保险公司在经营过程中，过于突出发展资金融通功能，忽视了社会管理功能。在实务中表现为，过分销售理财型的保险产品，淡漠风险管控，很少对风险管控和预防投入人、财、物，往往在理赔上出现“拖赔、惜赔甚至无理拒赔”的情况。

从2016年下半年以来，保监会多次重申“保险姓保、保监姓监”的理念，为保险业回归保障功能创造了难得的契机，这样保险行业就可以投入更多的人、财、物进行风险预防，尽量减少风险事故的发生。结合案例一来说，保险行业作为专业的风险管控行业，要加强风险防范意识，提高其防范风险的能力。例如，督促动物园增加监控设备的数量，优化安装监控的位置，对风险隐患进行全方位实时监控。如果通过监控发现游客有翻墙行为，要及时进行阻止。现在的报道材料显示，动物园已将伤害游客的老虎击毙，与其采取如此的善后处理手段，倒不如将风险管控节点前移，将更多的时间和精力放在阻止游客翻墙入园等措施。从保险公司经营端看，要将保险责任与投保机构遵守国家相关规定、履行保险条款的情况挂钩，切实发挥保险防范和化解风险的作用。

三是优化治理理念，提高治理能力。为了应对风险，同一类行业的机构往往自发组建互保机构进行行业风险管控。更多的机构通过投保的手段，引入保险公司进行风险管控。在此种方式下，投保机构首先要遵守国家相关规定，其次要执行保险公司的安全隐患通知书，及时消除风险隐患，确保机构不发生常识性的风险事故。

在社会治理的大背景下，要树立系统性、全局性、预防性的理念，提高社会治理能力，消除风险隐患，减少风险事故，而不是在事前消极敷衍，等待酿成大祸才引起社会重视。例如，2017 年 1 月 26 日发生在哈大高速公路上的多车连环相撞的重大交通事故，如果管理部门安装监控等技术手段，采取严格限制车速、限制车距及限制车辆等措施，就能够最大限度地减少车祸；再如，2014 年 8 月 2 日发生在昆山的特别重大爆炸事故，调查结果显示，该公司在厂房设计、线路摆布、员工培训等环节存在违反国家相关规定的情形，如果管理部门通过安装远程监控，实时监控粉尘的浓度，事故在很大程度上能够避免。随着高速公路快速发展以及机动车辆的增多，风险隐患更多，风险防范的难度更大。

针对本文提及的营利性动物园老虎伤人案件，在网上有一篇《老虎咬人后为何不用麻醉枪》的文章，详细分析了两家动物园的处理措施的短板。从两起事件的现场画面看，动物园处理风险的手段是极其落后的，纵使有更多的安保人员及时奔赴现场，但是缺少有效的手段，收效甚微。

管中窥豹。本文研究的案例只是众多风险事故的“冰山一角”，以此为例进行剖析，主要是提供一个思维的角度，提高全社会风险管控的主动性和有效性，为人民群众安居乐业营造更好的条件和环境。

（本文发表于 2017 年 2 月 9 日《中国保险报》）

用好校责险，对“校园欺凌”说不

王小韦　陈　曙

2016年12月14日《新华每日电讯》刊登了题为《四问北京中关村二小“校园欺凌”》的文章，接着又刊发了一系列相关文章，再次引发社会对校园欺凌和校园暴力现象的关注。海量信息表明，校园欺凌和校园暴力事件绝非孤例，有的甚至酿成命案，波及学生的家庭，诱发更大范围的社会矛盾。当前研究预防校园欺凌和校园暴力事件，有利于维护正常的校园教学活动秩序，有利于帮助青少年健康成长，有利于建设和谐社会。

通过校园责任保险（以下简称校责险），保险行业的风险管控范围扩大至校园。保险行业如何运用校责险的社会管理职能对校园欺凌和校园暴力进行干预，是全社会需要关注的问题，保险行业要重点钻研。

本文以媒体报道和人民法院判决的案例为素材，简要回顾校责险的变化和发展历程，对完善校园责任保险经营提出建议，供同业间交流。

分歧意见

一般来说，校园欺凌和校园暴力案件会涉及医疗费的承担问题，只有少数案件会涉及追究刑事责任、提起精神损害赔偿的问题。对于医疗费最终承担问题，如果被伤害的学生所在校园投保了校责险，保险公司是否予以赔偿，保险业界和受访的多位律师、法官存在分歧意见。

第一种观点认为应当赔偿。理由是其符合法律和合同规定。《学生伤害事故处理办法》（2010年修订）第九条第十款规定，学校教师或者其他工作人员在负有组织、管理未成年学生的职责期间，发现学生的行为具有危险性，但未进行必要的管理、告诫和制止的，造成的学生伤害事故，学校应当依法承担相应的责任。对于发生在小学的“校园欺凌”事件，显然双方均为未成年人，发生地点也在校园内，学校应当承担管理职责。而根据《校园责任保险》“保险责任”第三条，在保险期间内，在中华人民共和国境内（港澳台地区除外），在被保险人的在校活动中或由被保险人统一组织或安排的活动过程中，因被保险人疏忽或过失发生下列情况导致学生人身伤亡，依法应由被保险人承担的经济赔偿责任，保险人按照保险合同的约定负责赔偿，学校教师或者其他工作人员在负有组织、管理未成年学生的职责期间，发现学生的行为具有危险性，但未进行必要的管理、告诫和制止的，保险公司应当理赔。此外，校园责任保险责任免除条款中将“学生在学校范围内被殴打时的正当防卫”列为除外责任的例外。退而言之，学生在受到殴打时正当防卫导致受伤尚须赔偿，那根本没有还手之力被殴打致伤的，从逻辑上而言，更应予以赔偿。

第二种观点认为不应当赔偿。理由是给学校附加了不可能完成的义务，属于加重学校责任。学生伤害事故分为教育活动事故、学校设施事故及学生间伤害事故三种。其中，学生间伤害事故是指发生于学生之间，因其他学生侵害而发生伤害的事故。例如学生在下课时间，因玩耍或者恶作剧致其他学生受伤的情形。毫无疑问，“校园欺凌”如果危害程度严重，应属于学生间伤害事故。但学生间伤害事故常常是学校或者教师难以预防的，发生原因多为一时兴起，发生时段均不在上课期间，发生地点一般比较隐蔽。学校以教书育人为主要目的，不可能事无巨细、面面俱到地防范可能发生的一切风险或者意外事件，要求学校做到这点不切实际。如果学校制定了合理、明确的安全规章制度，并对学生进行了思想教育、法制教育及安全教育，学生在课间休息时违反学校规定打架斗殴造成人身伤害，不应认定学校有过失。因此，如果没有证据证明学校或者教师在负有组织、管理学生的职责期间，或者是已经发现而未采取适当措施的学生间伤害事故，一般不应由学校承担赔偿责任。

第三种观点认为应视情形而定。首先，如何定义为校园欺凌。没有对其法律上的明确定义，就很难准确适用归责原则。假如欺凌程度不足以形成民事责任，欺凌方可能根本不需承担赔偿责任，遑论学校责任。而假使校园欺凌实质为打架斗殴或演变为一方被殴打时的正当防卫，其责任情形就可能符合校责险相应条款规定，就比较容易判断。其次，区分民事行为能力。无民事行为能力人、限制民事行为能力人及完全民事行为能力人发生伤害事故对学校的归责原则是存在差异的。数据显示，校园欺凌现象在中小学校发生居多，鉴于学生智力发育、社会认知等因素，学校应承担更多的管理、教育义务，一旦发生伤害事故，学校承担的相应责任应高于具备完全民事行为能力的大学生之间发生的欺凌事件。最后，关键是需结合具体情况考量学校是否存在疏忽或过失。对校园伤害事故的赔偿一般采取过错责任原则，即须由受害人承担学校有过错的举证责任。对于校园欺凌事件，完全由未成年的受害学生承担举证责任存在一定困难，因此一般采用客观化的过错标准来缓和举证责任，减轻受害人的举证负担，以利于对未成年学生的救济。司法实践中，判断学校是否承担责任首先是判断学校有无注意义务以及应负注意义务的程度。其次是判断学校负有注意义务时，是否实际违反了该注意义务。比如，是否制定了合理、明确的安全规章制度，并对学生进行了思想教育、法制教育及安全教育；是否发现欺凌行为未及时纠正；是否未采取适当措施导致欺凌程度加深或进一步变本加厉等；是否属于上课期间；是否及时组织救治；是否履行安全保卫管理职责；等等，这些都关系到学校是否承担相应赔偿责任。由于学校与学生之间存在着法定的教育与管理关系，学校及教师对未成年学生负担的是一种特殊注意义务，要求其不仅符合一个“谨慎”的专业人员行为标准，还必须符合一个“合格”的专业人员行为标准。但这种注意义务仍有其合理范围，不能无限扩大。

根源和对策

校园欺凌和校园暴力现象是发生在校园内并对学生造成伤害的事由之一，本文将此问题纳入校责险的研究范畴，终极目的是充分发挥保险的社会管理和经济补偿功能。在实务中对校责险是否赔偿产生分歧意见，究其根源无非是内因和外因两个方面，外因不在此多做赘述，保险行业的内因主要是合同条款有失严谨、保险公司风险管控薄弱等。

一是完善合同条款，明晰责任界限。《保险法》第十一条规定，订立保险合同，应当协商一致，遵循公平原则确定各方的权利和义务。但是，从保险实务看，绝大多数的保险合同条款采用的是保险公司提供的统一的格式条款合同，极少数保险如工程险、企财险采取的是非格式条款。校责险合同条款采用的是格式条款。《保险法》第三十条规定，采用保险人提供的格式条款订立的保险合同，保险人与投保人、被保险人或者受益人对合同条款有争议的，应当按照通常理解予以解释。对合同条款有两种以上解释的，人民法院或者仲裁机构应当作出有利于被保险人和受益人的解释。所以，在实务中经常发现，对于同一种学生伤害事故，有的地方法院判定校方存在责任，有的反之。究其根源就是保险合同条款表述存在分歧性理解。迄今为止，校责险已经运营 8 年，有的地方对合同条款从未进行过相应修订。为了更好地发挥校责险的功能，建议由中国保险行业协会牵头，广泛吸收保险业界、保险学界、教育界以及司法界的法官、检察官、律师参加，制订保险合同的示范文本，并根据上年度校园风险事故情况，围绕保险责任和免除责任及时修订保险合同条款，争取在风险事故发生之前先达成共识，为后续解决问题扫清理解障碍，也减少各方当事人的事务性负担。当然，在条件成熟时，建议由中国保险行业协会牵头，法院、教育行政主管部门参加，定期发布校责险年度报告。

二是加强防灾防损，消除风险隐患。为了研究校责险课题，笔者阅读了某保险经纪公司编写的《校方责任保险理赔案例汇编》，并进行互联网查询，先后对 500 多个案例进行剖析，发现有的案件的发生其实具有必然性。例如，有 11 个案例是学生从没有护栏的高低床上掉下来，其中有个案例是高低床上铺床板断裂导致上铺学生掉下来，砸伤了住在下铺的学生。此类事故，只要学校、经纪公司或者承保的保险公司任何一方对风险进行评估、防范，就能减少甚至避免发生此类事件。笔者对大量保险公司、保险经纪公司以及学校管理人员调研了解到，承保的保险公司对于校园风险查勘、评估及防范存在薄弱环节，尤其是相关部门的人力不足、经费不足、防范不足。如果能够加强基础预防工作，很多的风险事故就能够避免，这对于学校、保险公司以及学生和家长都是大有裨益的事情。

三是探索联动机制，营造管理合力。研究结果表明，对校舍建设、食品及教学活动组织等事关校园安全的制度建设相对完善，应该说已经完全明确了教育、食品卫生及工商等行政部门的监管职责。但由于各个部门的管理职责对校园安全管理采取纵向管理条线，形成类似于“铁路警察，各管一段”的局面。通过校责险工具，保险行业介入校园风险管控后，与学校形成横向管理条线。这样纵横交织，构筑了一个安全、全面的保护网络。在网络中，由保险公司向学校归集、整理和反馈校舍、食品等方面存在的风险隐患。保险公司在承保以后，要定期不定期地进行风险查勘，针对发现的事故隐患向学校发放整改建议书，并抄报教育局等相关部门。对于因拒不整改发生事故的学校，保险公司要尝试与保险理赔、费率等挂钩，切实发挥其社会管理作用。

对校园欺凌和校园暴力现象的治理，需要教育、行政、学校及公安等社会有关部门齐抓共管。商业保险可成为校园风险管理的工作环节之一，要充分发挥其桥梁和枢纽作用，从风险意识、风险评估及风险预防等各个环节扎实开展工作，遏制校园风险事故数量，减轻校园风险事故后果，更好地发挥保险行业社会稳定器的作用，体现保险行业价值。

（本文发表于2017年2月23日《中国保险报》）

剖析典型热点事件，提高风险管控能力

高笑寒　王小韦

保险风险管理不仅是一种风险识别、衡量及控制的技术方法，风险管理制度同时也是一种保险制度安排。保险行业的风险保障功能有两方面：一是在经营管理中的经济补偿功能；二是在风险控制中的保障功能。前者更多的是体现在风险发生后的赔付方面，而后者则更多侧重于对风险的识别、防范和化解中。两者结合才能实现保险真正为社会经济、社会公众服务的宗旨。

本文以公开报道的典型热点事件为例，通过剖析承保前风险识别、承保中风险控制等，引导广大公众和经营机构重视风险管控，重视安全工作，促进保险行业健康发展，促进和谐社会建设。

热点事件解析

本文选择热点典型事件，坚持以下原则：一是密切性原则。这些事件与公众的生活密切相关，例如利用节假日，和家人一起到温泉洗澡、到动物园参观各种动物及乘坐汽车旅游等是生活中司空见惯的行为，但就是在这些司空见惯的行为中，出现了一定的安全事故。二是可视性原则。这些事件，发生过程的关键节点都有经营单位视频资料或者相关车辆行车记录仪拍摄视频资料。通过回放视频资料，能够还原事件发生的过程。三是广泛性原则。这些事件发生后均产生了一定的社会传播效力，或为茶余饭后的谈资，引起公众深入思考。

事件一：2016 年 7 月 23 日下午 3 时，发生在北京八达岭野生动物园的老虎伤人事件，导致游客一伤一死的后果。事件二：2017 年 1 月 29 日下午 2 时左右，发生在浙江雅戈尔野生动物园的老虎伤人事件，致“游客”张某死亡。死者张某当日系通过非正规的“逃票通道”进入动物园，误入虎山，遭到老虎攻击。为了营救张某，特警击毙了一只老虎。事件三：2017 年 1 月 13 日，在西部某地高速公路隧道内发生交通事故，一辆私家车起火，造成人员伤亡。安装在大卡车上的视频资料显示，该大卡车进入隧道后，一直行驶在左侧车道上，导致紧随其后的一辆越野汽车无法超车，待大卡车驶入右侧车道后，越野车实现了超车，并在右侧车道大卡车前急刹车，大卡车也跟着急刹车，紧随其后的私家车险些追尾大卡车，紧随私家车的一辆大巴车追尾私家车，私家车被夹在前方的大卡车和后方的大巴车中间，引燃私家车。事件四：2017 年 1 月 3 日，一位母亲与 4 岁孩童在西部某温泉洗浴中心游玩时，因母亲背对着孩子看手机，未发现孩子异常，孩子在深水区挣扎三分钟后溺水身亡。事件五：2017 年 2 月 27 日发生在天津某商场的两名幼儿坠亡事件，出事地点在该商场四楼一家餐厅附近，当时孩子的父亲抱着两个孩子在玻璃护栏旁边向下看。目击者形容，两个孩子不太老实，父亲没有抱住，就发生了惨剧。

通过以上五个事件，可以看出，日常生活中，看似司空见惯的事件，却提醒了公众：风险的确无处不在、无时不在。

悲剧背后的风险管控短板

对于上述五个事件进行分析，其后果是惨重的，根源是多方面的，既有受害人自身的原因，也有经营管理单位在风险识别、处理过程中存在的不到位或者采取措施有效性不足的问题。

一是风险预防的被动型。目前许多单位缺乏风险管理的观念，比如大型野生动物园、儿童游乐场、公众游泳馆及大型商场等这些极易发生公共安全事故的单位大多数是事故发生后才被动的加强风险管理。比如上述天津商场的恶性事件发生后，全国各地的商场才在政府部门的强制下开始进行护栏安全大检查。面对风险事件，相关监管机构和单位应强调主动进行风险预防管控，不要在出险后才采取紧急行动。

二是实时监控的滞后性。在上述事故发生后，回放视频资料，是用于证明责任，而不是用于风险防范。例如，温泉溺水事件中，视频资料显示，带孩子到温泉游玩的母亲没有专心看护孩子，而是持续地看手机，没有注意到孩子自行离开独自玩耍。母亲发现孩子不在视野后，朝相反的方向去寻找孩子。若监控人员能够发现险情，提前采取措施，或许可以避免悲剧的发生。

三是风险处置的无效性。事件二中，动物园安检人员发现险情后，请求特警队员使用枪械击毙撕咬“游客”的老虎，动物园竟然没有配备相应的大剂量的麻醉枪。

保险行业风险管控先行一步

上述事件的发生，给受害人以及其家庭造成了不可逆转的损失，完全归责于受害人似乎有点不尽如人意。但是，如果当事人遵守基本的公共管理方面的法律法规，拥有基本的防范风险的技能，悲剧发生的概率或许会大幅降低。

上述事件中，如果保险公司承保了责任保险等险种，充分发挥专业风险管控部门的作用，则无疑是在社会风险管控方面增加了一道防线。

一是科学评估风险，精准要求整改。风险评估和测算是保险公司保费厘定的基础，也是承保前识别风险的重要手段，更是承保后进行风险隐患查找和要求整改的重要依据。为提高保险公司的风险管控能力，一方面保险公司要通过引进、培养等措施，建立专业化的人才队伍，对于承保单位的风险隐患能够科学识别，下发精准的整改通知书；另一方面，引入可信的第三方保险风险评定机构。以公众责任险为例，不同的商场因风险管控理念、技术和手段不同，风险发生的概率也有所差别。而单纯地以赔偿限额或经营场所的营业面积来厘定费率就不尽合理，会造成保险费率厘定不精确、风险估算不合理等问题，导致保险公司经营决策缺乏合理的依据，保险经营缺乏合理的数理基础。

二是加强过程管理，提高管理水平。从目前保险险种构成、保费规模等指标来看，我国保险行业的经营能力与应当承担的责任相比，存在一定的提升空间。近些年来，虽然越来越多的公司开始从理赔环节加强管控，但从整体来说仍是“后端”管理。在风险预防的前端，鲜有公司有所投入。无论是理念、组织架构还是手段、方式，风险管理都存在短板。

三是着眼社会治理，建立联动机制。上述事件发生后，社会公众反响强烈，认为经营单位或者管理单位的硬件和软件配备存在问题，制度建设存在薄弱环节。例如，动物园的相关制度中，在要求动物园配备麻醉枪的前提下，增加对没有配备麻醉枪的处罚条款；对于温泉经营的相关制度中，要求使用分界线，区分浅水区、深水区，设置隔离网；在交通管理法规中，要求分道行车，加大对违规使用车道的处罚力度等。同时，建议行政管理和保险手段相结合，综合发挥行政和经济手段，督促公众和各种经营单位重视风险防范，实现社会治理的目标。

遭遇风险导致身心受到伤害甚至丧失生命，是个人的不幸，是家庭的不幸，是社会的不幸。随着科学的发展、社会的进步，潜在的风险因素数量越来越多，需要公民个人以及监护人、各种经营主体和专业从事风险管控的机构共同努力，防范风险。

（本文发表于 2017 年 4 月 18 日《中国保险报》）

酒驾电动车撞上路边停放的机动车遇难，保险赔不赔

王小韦　李　霞

典型案例

2017 年 3 月 15 日《扬子晚报》报道，2017 年除夕，朱某参加完朋友聚会，驾驶电动自行车回村，撞上陈某停在自家大门口的小轿车，经抢救无效死亡。交警大队出具了事故成因分析意见书，其中载明朱某血液中含有酒精成分，达到醉酒驾驶，故认定朱某应当对事故承担全部责任，陈某无责。朱某家人为此提起诉讼，向陈某索赔 40 余万元。在诉讼过程中，办案法官到事故现场进行实地勘察，确认陈某停车的位置距离村子的道路近 1 米。经审理，依据《道路交通安全法》第七十六条“机动车发生交通事故造成人身伤亡、财产损失的，由保险公司在机动车第三者责任强制保险责任限额范围内予以赔偿”的规定，法院判决承保陈某轿车的保险公司在交强险限额内，赔偿朱某 11 万余元。

分歧意见

对于此次事件，很多网友发表了自己的看法，归纳起来可以分为三个层面。

一是交警执法问题。具体表现为：第一，交警执法权限。有的网友认为，事故发生地点在乡村居民家门口，不属于《道路交通安全法》界定的道路范畴，交警无权进行事故责任认定。第二，交警执法存在瑕疵。有的网友认为，此次事故交警有责任出警并处理交通事故。交警查明，发生事故时朱

某属于醉酒驾驶，执法存在的瑕疵是没有对朱某驾驶的电动自行车是属于非机动车还是机动车进行鉴定。在现实生活中，从时速、载重量等指标看，电动自行车实际上是非机动车辆，驾驶该种车辆应当同时持有行驶证、驾驶证、车牌，缺一项即为无证驾驶。如果醉酒驾驶，应当依法追究法律责任。如果认定朱某驾驶的车辆属于机动车辆，应当适用《道路交通安全法》规定，在认定朱某驾驶机动车的基础上进行事故责任划分。

二是法院判决问题。具体表现为：第一，法院判决的导向性值得深思。在本案审理中，法院适用了《道路交通安全法》第七十六条的规定，有的网友认为适用此条值得商榷，一方面，在朱某撞上陈某的机动车辆瞬间，陈某的机动车处于静止状态；另一方面，朱某撞上陈某的机动车辆瞬间，朱某处于醉酒状态。故法院在审理中，应当综合考虑陈某汽车的静止状态和朱某醉驾状态，权衡朱某在事故责任中的比重。第二，法院遗漏了对朱某驾驶电动自行车的属性的审查。一些网友认为，法院审理过程中，未考虑朱某驾驶电动自行车是机动车还是非机动车属性，这是本案非常关键的环节。与事故责任认定相对应，不宜判决陈某对事故承担责任，更不宜判定陈某补偿朱某10%的损失。

三是保险赔偿问题。有的网友认为，保险公司可以在车辆交强险范围内进行赔偿，但是不应当在车辆商业险部分进行赔偿。理由是交强险是强制性险种，具有一定的公益性，补偿朱某的损失无可厚非；而商业险部分，要建立在陈某具有事故责任的基础上，有责则赔，无责免赔。

本案中陈某的车辆在投保交强险的同时，投保了商业车险，让保险公司进行善后处理，尚有补偿资金来源。如果陈某的车辆没有投保任何保险，或者朱某撞上的不是一辆汽车而是别的东西，善后处理充满了变数。同时，又会衍生陈某的车辆维修费承担主体的新问题。本案中，朱某是醉酒驾驶电动自行车撞上陈某的机动车而身故的，也导致陈某机动车受损。陈某及相关保险公司在赔偿朱某损失的前提下，陈某是否可以要求朱某或者其继承人承担赔偿责任？这个问题也值得探讨。

分析意见

作为一名专业的保险研究人员，在对大量交通事故分析的过程中，对于同一类型的案件，需要主动收集不同方面的意见，形成一个意见体系之后，再进行深入剖析。此交通事故无论是案情复杂程度还是造成的后果，是笔者研究诸多案件中的一个非常小的案件。之所以拿出来进行研究，主要是因为关注的群体非常多，涉及社会治理和保险经营的多个方面。在研究的过程中，主动跳出本位思维，放在更广阔的视野中去研究，试图促进保险经营、交通秩序行政管理和法院司法审理之间形成导向合理、相互呼应的氛围。为此，提出以下建议。

一是树立系统思维，统筹社会治理。从表面上看，此交通事故是朱某酒后驾驶电动自行车死亡，而从深层次看则反映了酒驾、公共交通秩序治理、电动自行车、机动车停放等许多社会治理问题。对于电动自行车管理，各地做法迥异。有的地方是纳入监管进行区别对待，对符合机动车条件的电动自行车按照机动车进行管理；有的地方，采取强制取缔的办法。

鉴于经济收入的差异性、公交车线路合理性等诸多因素，电动自行车的确是一种不可或缺的交通工具，势必需要纳入公共交通管理。在管理公共交通秩序过程中，还是有必要对电动自行车的属性进行划分，属于机动车范畴的按照机动车进行管理，属于非机动车范畴的按照非机动车进行管理。在准确对号入座的前提下，建议交管部门将有关酒驾、毒驾、电动自行车载人等治理交通秩序的行政执法行为与司法标准、保险经营等统筹考虑。作为专业经营风险的保险行业来说，主动作为积极补位，在现有的电动自行车监管规定和行业标准下，开发适销对路的保险产品，服务社会治理，彰显保险行业的功能，同时提高了保险行业的经营能力。

二是突出合同管理，夯实经营基础。相对于其他行业，保险行业具有两方面特殊性：第一是产品功能方面。通常来说，一般的产品具有哪些功能都可以现场演示出来，非常直观具体，而保险产品的功能是保险责任和免除责任必须通过进入具体的环境或者状态才可以体现，在投保前只能靠描摹。第二是付出回报方面。通常来说，一般的产品，价格与质量功能是匹配的，而保费的支出和赔款不一定具有匹配性，非匹配性也恰恰是保险行业的一大特征。综合上述两方面的因素，保险行业精英的基础是保险产品，而保险合同又是保险产品的直接载体。在保险实务中，很多保险纠纷的产生源于对保险合同的表述和理解。

结合本文所研究的案例，也存在对机动车辆保险合同的不同理解。为了营造保险经营和社会治理的局面，保险合同表述通俗化的工作要进一步加快。现实的情况是，绝大多数保险合同采取的是格式条款，在司法诉讼中很多的保险纠纷案件以保险公司败诉而告终。立足于现实，夯实保险公司经营的重要基础是重视保险合同的拟定问题，为了减少事后产生纠纷和便于化解纠纷，建议在拟定合同的过程中，提前吸收法官、交警、律师等专业人士参与，也要广泛征求道路交通参与者的意见，按照通常的理解来拟定保险合同表述。在对理解没有分歧的基础上，组织保险专业人员进行风险识别、分类、定价。只有对保险合同理解一致，才有利于交警在处理交通事故过程中行政执法行为与保险经营理念的一致性，有利于法院在审判案件过程中与保险经营理念的一致性，有利于保险经营体现和反映交警执法、法院审理导向的一致性，促进社会治理水平的提高。

三是深化车险改革，服务社会治理。随着社会进步和保险行业的发展，车险经营规则进一步优化，但是还存在改进的空间。例如，当前车险定价机制中，主要考虑了车险价格、零整比系数等随车因子，尚未考虑驾驶员遵守交通规则等随人因子，尚未考虑投保车辆年度行驶里程、行驶区间等随用因子。车险经营规则中要植入遵守交通规则等因子，需要得到交管等部门的大力支持和密切配合。

从目前情况看，公安管理部门和保险监管部门密切合作已经有了良好的基础。例如，两个部门联合下发打击了保险领域诈骗案件、快速处理交通事故等文件，有力地推动了交通事故的处理和严厉打击保险领域的欺诈案件。结合下一步保险行业服务社会智力的需要，建议在以下方面开展合作：第一，违章信息共享；第二，通过建立工作机制，交管部门能够将驾驶员违章信息与保险行业共享，保险行业将理赔信息与交管部门共享。视频资料共享。通过建立工作机制，保险行业在调查一些保险欺诈案件过程中，公安部门能够提供视频监控，便于查清事实真相。

四是研究司法实践，趋同价值取向。在推进依法治国，建立市场经济背景下，保险行业的经营行为一方面受保险行业内部约定俗成的通行规则的约束；另一方面，受行业外部的影响，尤其是发生保险纠纷后受到司法裁判的约束。从近几年涉及保险领域的司法案件来看，不同地区、不同层级的法院对相似案件的判决差异较大。结合本案的一审判决结果可以看出，司法系统在本案中有着较为明确的价值平衡意图。以其依据《道路交通安全法》第七十六条的规定为例，其立法本意在于人的生命利益高于车的财产利益，也是基于实践中血肉之躯难以与钢铁之车相抗衡的现实，此条的立法倾向性十分明显。司法实践需要在更大的层面考虑价值平衡，此案从司法和社会的角度对保险的社会功能和外部属性进行了一次新的拓展和解读。而保险行业经营的价值取向更多体现为效率性，保费高低多少取决于标的物的风险大小，是否赔偿以及赔偿多少取决于被保险人或者受益人是否能够遵守国家相关安全生产的规定，在面对风险隐患时是否采取了相应的措施。由此可见，司法审判体现的价值取向和保险经营体现的价值取向之间存在一定的差异性。按照现行的规则，保险行业的经营行为最终要受到司法审判的检验，所以潜心研究司法审判和保险经营价值取向问题就成为摆在保险行业面前的一个重要问题。面对分歧，作为保险从业者，应当加强对司法判例的研究。对此案的解读，可以从不同的方面折射出不同的理念价值，也体现了现代保险早已经超出行业内的影响，其社会性正在逐步突显，这对于保险从业者而言，既是机遇也是挑战，一方面在现代金融体制下，保险的社会功能进一步得到了释放，体现出与多方社会主体和不同行业交织的共生性；另一方面，也对保险从业者提出了挑战，如何在深耕本业和与时俱进中达到平衡，充分平衡行业之外的影响，做到跳出保险看保险。

通过此次交通事故，对于处理交通事故的交警、审理此案的法院和善后赔偿的保险公司，从小案件中发现需要改进的问题，有利于对道路交通参与者合法权益的保护，有利于减少保险纠纷的产生，有利于维护和谐团结的社会秩序。

（本文发表于2017年5月4日《中国保险报》）

细节看保险：遏制车祸的三道防线①

黄明明　王小韦

2017 年 5 月 9 日 9 时许，发生在山东威海陶家夼隧道的幼儿园校车车祸事故（以下简称威海校车事故），校车在隧道内追尾前车并起火，造成校车司机及 11 名 3 ~6 岁幼儿当场遇难，一名随车老师在 5 月 12 日经救治无效死亡。闻讯后，当地政府部门领导和公安部专家赶赴现场，指导处置。5 月 11 日，公安部召开紧急视频会议，通报威海校车事故初查原因，安排部署当前交通治理工作，内容具体详细。综合两则新闻以及海量的相关评论，引发对遏制车祸和改善车险经营的深刻思考。

威海校车事故再一次警醒世人，车祸猛于虎。作为研究保险的专业人员，笔者收集和分析了大量的车祸事故。在以往的研究中，校车事故多数发生在地理位置偏远、经济发展落后的地区，且事故校车车况差，驾驶员安全意识差。而此次事故中的校车车况、路况相对更好，发生事故让人更加惋惜。对于不幸遇难的孩子以及他们的家长、家庭造成无法挽回的损失。前事不忘后事之师。遏制车祸发生，是公民个人和社会的期盼，更是管理者的责任。遏制车祸又离不开研究当前车险经营现状和改善车险经营对策的话题，因为保险是一种风险控制手段，保险行业是专门经营风险的行业，保险公司是以车险产品为载体参与社会治理的经营主体。威海校车事故是一面镜子，折射出当前车险经营和道路交通治理的短板。对于车险经营来说，重视前端销售、忽视风险预防的现象依然存在；对于道路交通治理来说，重视事故发生后进行问责、忽视事前通过技术手段防范的现象依然存在。

① 读者阅读此文时，建议与《非交通事故导致校车出险，保险赔不赔》一文相对照。

基于对威海校车事故以及众多交通事故的研究，为了遏制交通事故的发生，笔者提出通过以下几方面构建三道防线。

一是突出责任，完善制度，探索防范机制。制度建设是管长远、管根本的抓手，尤其是在当前依法治国、依法行政和依法监管的时代，完善制度建设不再是摸着石头过河，而是有针对性的完备的顶层制度设计，更需要通过法律形式进行行为规范。按照现行的制度设计，往往对发生一定程度以上的道路交通等安全事故进行问责，但是这种问责是针对已经造成严重后果的。按照现行的《校车安全管理条例》（国务院令第617号）《山东省校车安全管理办法》（省政府令295号，2016年3月1日起施行），校车应当安装行车记录仪，提供校车服务的企业和单位应当建立卫星定位监控平台，并保持监控平台设施和终端设备完好。建议对未按要求安装行车记录仪的校车所在的管理部门和政府部门进行问责，而不是等到校车事故发生后再问责。同时，建议对《道路交通安全法》相关违规条款进行修订，增加道路交通参与者违反交通规则的处罚金额，倒逼道路交通参与者提高法制意识，自觉遵守交通规则，减少交通事故发生概率。

二是借助技术，提前介入，实时监控运行。在当前互联技术高度发达、智能手机高度普及的条件下，假设道路交通安全管理部门安装了监控平台，校车安装了行车记录仪及限速装置，运输公司也建设了相应的平台，校车的实际运行速度就可以发送到家长的手机上，发送到学校校车管理人员甚至校长的手机上，发送到校车安全管理人员的手机上，关心关注校车安全的所有岗位人员都能够实时掌握校车运行的速度。威海校车事故中，司机和随车老师都在事故中遇难，对于校车事故发生前、发生瞬间的情况，无法通过当事人的描述来还原一部分事故真相，如果隧道没有监控设备或者监控设备不能有效地工作，查明事故原因的难度可想而知。根据《山东省校车安全管理办法》的规定，提供租赁校车的运输公司有责任建立卫星定位系统监控平台，有责任保持监控平台设施和终端设备完好。

三是创新机制，齐抓共管，构建保障网络。道路交通的社会治理，涉及管理和经营多个层面。管理层面，涉及交警、路政、保险监管及教育行政管理；经营层面，涉及运输公司、学校、保险公司及高速公路业主等多个机构或单位。为了管理和经营层面进一步沟通协调有效，形成一种齐抓共管、相辅相成的机制，建议进一步改革车险定价机制，将驾驶人是否遵守交通规则的情况植入车险定价的费率因子中，引导驾驶人养成遵守交通规则的习惯，减少交通事故的发生；建议将投保车辆是否安装行车记录仪植入车险定价的费率因子中，引导驾驶人主动安装防范风险的电子设备，提高行车的安全性。

在道路交通管理部门、运输公司、保险公司等机构或者单位各自做好职责范围内的工作基础上，相互之间交换信息。例如，交管部门、运输企业将驾驶员遵守交通规则的信息与保险行业共享，保险行业也将出险信息与交管部门共享，最终建立以驾驶人员为单元的安全信息档案，形成多部门联动、协作的保障网络。

校车安全事关家庭的幸福，更事关国家的安宁和强盛。校车租赁公司是诸多提供公共交通运输的机构之一。只有在一种健全的机制下，实现各行业、各领域的安全，人民群众才能安居乐业，才能促进经济社会发展，同时享受经济社会发展的成果。保险行业作为专门的风险管理行业，要回归行业本质，发挥经济补偿、资金融通及社会管理功能。

（本文发表于 2017 年 5 月 22 日《中国保险报》）

闪婚后丈夫谋杀妻子，保险赔不赔

王小韦　李　霞

2017 年 5 月 20 日某权威媒体报道，江苏人 A 于 2013 年 2 月离婚，当月 20 日通过微信聊天认识四川女子 B，3 月 5 日两人领证结婚。婚后第三天、第五天 A 陆续为 B 购买了保险，金额合计为 300 万元的两份意外伤害保险。随后，又购买了一份保险金额为 150 万元的旅游意外伤害保险，并将受益人从法定继承人改为配偶。婚后两个月零五天，B 女士溺水身亡。经公安机关侦查后发现，妻子 B 女士身亡，并非意外的溺水事件，而是丈夫 A 伙同同学 C 精心谋划的一场谋杀。按照法定程序，A 伏法，C 被判死刑缓期执行。就保险赔偿问题，B 的亲人遭到保险公司拒赔后，起诉到上海某区人民法院。经审理，法院判决保险公司向 B 亲人支付赔偿金 300 万元。此新闻被多家媒体关注。

就此新闻，有很多网友留言。笔者作为研究风险和保险的专业人员，选择此案进行分析的动机在于众多网友争论该案件判决的公正性，因为这个判决是同期多起谋杀配偶进行保险诈骗案件中唯一被判决保险进行赔付的案件。

两种分歧观点

对于意外伤害保险的概念和构成要件，在某百科中作如下介绍。意外伤害保险是以意外伤害导致身故或残疾为给付保险金条件的人身保险，有三层含义：一是必须是客观的意外事故发生，且事故原因是意外的、偶然的和不可预见的。二是被保险人必须因客观原因造成人身死亡或者残疾的结果。三是意外事故的发生和被保险人遭受人身伤亡的结果之间有内在的、必然的联系。不可保意外伤害一般包括被保险人在犯罪活动所受的意外伤害等。按照意外伤害保险的一般解释，结合到本案的案情，不同的人有不同的理解。

第一种观点认为，保险应当赔偿。理由是对于本案中遇害的B来说，自己被溺水就是意外的、偶然的、不可预见的，符合意外伤害保险的构成要件。根据《保险法》第四十三条的规定，投保人故意造成被保险人死亡、伤残或者疾病的，保险人不承担给付保险金的责任。受益人故意造成被保险人死亡的，该受益人丧失受益权。可以看出，投保人是A还是B，对案件有决定性的影响。本案的法院判决认为，保险合同是书面合同，应以书面记载为准。保险单明确记载投保人为B，根据A与B之间的婚姻配偶关系，推断出B本人对保单的存在明确知晓，是其真实意思表示。根据《保险法》第四十二条的规定，被保险人死亡后，受益人依法丧失受益权，没有其他受益人的，保险金作为被保险人的遗产，由保险人依照继承法的规定履行给付保险金的义务。鉴于现涉案保单已无其他受益人，根据《继承法》规定，被保险人B的家人为其法定继承人有权获得保险金。

第二种观点认为，保险不应当予以赔偿。理由是尽管对遇害人B来说，被溺水是意外的、偶然的和不可预见的，但是从公安机关侦查的证据来看，妻子B真正的死亡原因是由于丈夫A伙同同学C精心策划的犯罪行为，虽然符合意外伤害保险的构成要件，但是却是以此为外衣掩盖了其故意杀人的行为，不应当被视作前述保险合同中的“意外伤害”。报道显示，在庭审中，保险公司认为，根据刑事判决的结果，是A为B购买了涉案保险，并为骗保而故意制造事故，因此判断涉案保险合同属于无效合同，公司无须支付保险金。此种观点将A实际上视作了投保人，但却缺乏保险合同及单据的佐证。

观点分歧产生根源

一是保险公司经营能力有待提高。保险公司经营能力是一个泛概念，具体到意外伤害保险来说，按照现行的保险监管规定，这个险种是人寿保险公司和财产保险公司均可经营的险种。具体表现为：第一，合同条款表述不够通俗易懂。意外伤害保险合同一般采用的是格式条款，但是表述还是不够通俗易懂。第二，销售方式落后。屡屡受到诟病的意外伤害保险，比如公路乘客意外伤害保险经常被贴上强制销售的标签。这个产品在销售环节，基本上完全依靠第三方平台。第三，竞争手段低级。由于各家公司意外伤害保险条款雷同，销售渠道近似，销售的竞争主要是渠道的竞争，其主要手段就是提高手续费。例如，航空意外伤害保险的手续费在80%以上，建筑工人意外伤害保险手续费在50%以上，总括起来意外伤害保险手续费没有低于50%的。在本案中，保险金额为450万元的意外伤害保险的保费也就是四五百元甚至更低，如果A接受手续费返还的话，实际支付的保费不过三百元；第四，风险控制薄弱。有的保险公司认为，保险行业就是专门经营风险的行业，对于意外伤害的保险风险控制是无法操作的。结合本案来说，丈夫A购买300万元意外伤害保险的时候，受益人确定的是法定继承人。而再次追加购买150万元旅游意外伤害保险时，将受益人修改为A本人。按照一般的思维，受益人绝大多数都会填写为法定继承人。对于丈夫A改变受益人的行为，承保的保险公司缺乏职业敏感性和警惕性，未曾意识到潜在的道德风险。改变受益人行为过于便捷和随意，也反映出保险公司风险管控存在薄弱环节，给不法之徒造成可乘之机，最终酿成了悲剧。

二是保险行业信息共享有待加强。调研结果显示，目前除了机动车辆保险中的商业险部分实现了投保和理赔全国信息共享外，其他险种是不能实现信息共享的。如果说，保险行业协会能够建设信息平台，对于所有的保单进行系统登记，保险公司可以按照需要进行查询，就可以对一定金额以上的投保人、被保险人进行重点关注（例如本案中，对A变更受益人的相关行为做到提前关注）。

三是保单格式条款及信息核实有待进一步完善。由于保险合同中采用了书面的格式条款，按照《合同法》相关规定，采用格式条款订立合同的，提供格式条款的一方应遵循公平原则确定当事人之间的权利和义务，并采取合理的方式提请对方注意免除或者限制其责任的条款，按照对方的要求，对该条款予以说明。对格式条款的理解发生争议的，应当按照通常理解予以解释。对格式条款有两种以上解释的，应当作出不利于提供格式条款一方的解释。本案中B作为投保人和被保险人，其溺水而亡是其意志以外的原因造成的，其不知晓也无法预测A的犯罪行为，属于意外事件。相对A而言，B的死亡并非意外，而是A的故意行为。显而易见，本案中法官和受害人家属均倾向于第一种理解，这种理解也是对保险公司不利的一种解释，直接导致了保险公司的败诉。

除此之外，本案中的一个关键争议焦点是投保人究竟是A还是B。虽然按照保险公司的说法，购买、咨询及支付保费都是A完成的，而且从之前的刑事判决书来看，A存在故意制造保险事故以骗取保险金的行为，但根据投保单上的书面记载，投保人为B，被保险人也为B，保险公司无法拿出证据证明B对保险事项完全不知情。根据行业实践中大量存在的“夫妻一体”的行为认定，基于婚姻关系和保单上的书面内容，法院认定B是投保人也没有错误。而且在本案中，保险公司未曾就变更受益人向B核实相关情况，与《保险法》第四十一条关于投保人变更受益人时须经被保险人同意的相关规定不符，客观上为事件的发生埋下了隐患，在法庭上更无证据自圆其说，所以陷入不利境地在所难免。

对策建议

保险行业是专门经营风险的行业，提高保险公司的经营能力，有效防范和化解风险，需要保险公司、保险行业及司法部门乃至全社会的共同努力。其中，保险公司承担主体责任，保险行业协会承担统筹责任，司法部门承担营造公平环境责任。

一是练好内功，提高保险公司经营能力。在意外伤害保险领域，提高保险公司经营能力，不妨从以下几个方面努力：第一，改进产品设计，在确保保险责任和除外责任准确表达的基础上，大力推进条款通俗化建设，便于消费者理解，从源头上减少保险公司和消费者之间的纠纷，减少当事人的事累。第二，提高销售能力，加大直销比例，逐步摒弃当前依靠中介销售的窘状。一方面，充分利用互联网技术发展和智能手机高度普及的有利条件，通过官方网站加大直销力度；另一方面，运用技术手段固化销售过程，减少后期分歧。第三，提前介入风险管控。按照投保金额大小，对投保客户进行细分，提前介入风险防控，避免道德风险。第四，坚持依法维权。在保险经营过程中，要求保险公司要强化保险合同意识，一方面做到应赔尽赔；另一方面对于违反保险合同的诉求要明确拒绝，通过司法程序解决纠纷时要注重收集相关证据，正确行使诉权。同时大力提倡行业性的非诉讼纠纷解决机制，以提高纠纷解决的效率和专业性。从另一个角度看，不同保险公司之间、同一家保险公司不同部门之间，也要加强沟通协调，只有牢固树立风险意识，提高风险防范能力，才能够实现社会、行业、公司及广大人民群众共赢。

结合本案来说，变更受益人行为的简便性也在一定程度上带来副作用。为此，建议保险公司规范和完善变更受益人行为，如果从法定继承人修改为配偶一人必须要求相应的书面资料并到实体营业网点办理，虽然增加了变更受益人的难度，但也许会打消A通过策划谋杀行为骗保的念头。

二是打通壁垒，提高保险行业的协调能力。充分利用中国保险行业协会、中国保险信息技术管理有限责任公司等平台，打通保险公司之间在专家库、数据库等方面的壁垒，实现保险行业内资源共享。在市场经济条件下，各家保险公司都是独立的经营主体，各自独立核算、自负盈亏，在开展业务过程中主要是竞争关系。但是，保险公司之间有效合作，能够促进保险行业的整体经营能力，同时为保险行业自身赢得良好的经营环境，也为保险行业防范风险搭建平台。

三是标本兼治，提高保险纠纷化解能力。按照我国现行的制度设计，人民法院是我国的审判机关，其所作出的判决、裁定具有权威性，非经更严格的程序是不能更改的。通过对大量保险纠纷调解和判决研究结果看，尽管有的判决与保险行业的理解存在一定距离，但保险行业首先还是要反思自身在经营过程中存在的问题和漏洞，通过完善保险监管制度、完善保险销售流程、规范销售过程、提高从业人员综合素质，在源头上减少理解分歧和各类风险点。具体到本案，意外伤害保险产品是在官网销售的，如果销售过程能够实施录音录像，或者开展大额保单的回访，固化销售过程的直接证据，便于识别真正的投保人，也免除了逻辑推理之烦。化解保险纠纷，要在加强保险公司经营能力和保险行业协会综合协调的基础上，消除产生纠纷的隐患。在此基础上，建议做好三项工作：第一是建设专家库。由中国保险行业协会牵头，广泛吸收法官、律师、教授、交警以及保险行业内实务、精算等方面的人员，组建保险行业智库，以座谈、高峰论坛、讲座等载体组织专家之间高频互动，缩小对保险的分歧理解，最大限度达成共识。第二是完善行业标准术语的内涵和外延。2015 年底，保监会发布了《金融行业标准保险术语》（标准编号为 JR/T0032—2015），对保险业的标准术语进行了定义，但是对其内涵和外延没有进行详细的界定，且难以对司法实践产生影响。建议应对保险基本术语进行补充和完善，形成社会共识，从而对司法实践产生影响。第三是探索新手段。充分借用互联网技术，尝试编制辅助软件，提高软件的通用性，能够辅助保险核保、核赔、调解和诉讼全过程。尽管说软件是辅助型的，但是也可以在很大程度上减少人为操作的因素，提高认识的客观性。

通过此案的分析研究，可以看出保险行业实践中存在的风险点，打铁还需自身硬，希望业内可以吸取经验教训，促进保险公司规范经营，使保险行业良性发展，维护好保险消费者的合法权益，维护好市场秩序，维护好社会秩序。

（本文发表于 2017 年 6 月 1 日《中国保险报》）

探寻反保险欺诈机制建设规律

黄明明　王小韦

与其他很多工作一样，反保险欺诈机制优劣是关系此项工作成败和效率的决定性因素。构建科学的反保险欺诈机制意义重大，有利于提高保险公司的经营能力，有利于保护保险消费者的合法权益，改善保险行业自身经营绩效，有利于发挥保险行业参与社会治理并提高保障功能。

前事不忘后事之师。运用唯物辩证法的观点和方法，通过对已经被法院判决、公安侦查完结的典型保险欺诈案件的研究，为构建科学的反保险欺诈机制提供有益的启示。

两个典型案例

本文以 2016 年 12 月安徽某地法院审理的以杨某为主犯团伙保险欺诈案件（以下简称案例一）、2017 年 6 月青岛公安部门侦破的以宫某为主犯的保险欺诈案件（以下简称案例二）为例，从作案主体、手段、信息对称性等角度进行分析，试图勾勒出保险欺诈案件的发案规律，试图总结反保险欺诈机制的建设规律。

一是主体监守自盗。在两个典型案例中，主犯均具有保险从业经历，案例一中的主犯杨某至少有两年保险从业经历，其作案使用的机动车由自己代理的保险公司承保。案例二中的主犯宫某具有十年以上的保险从业经历，丰富的保险从业经历，使其熟知保险理赔流程。二是打通关键节点。两个典型案件中，都存在伪造交通事故责任认定书、医院诊断证明及病历档案等情况。案例一中，交通事故责任认定书由曾从事公安局辅警的人员伪造或者篡改，索赔需要的病例由医院医生伪造。案例二中，不仅存在伪造车牌的问题，还存在伪造病例、事故证明等情形。三是司法处罚偏低。案例一中，判决书认定，杨某实施保险诈骗，诈骗金额356万元左右，减掉分给参与医生等人的金额后，实际获利金额远远高于罚金20万元。四是关键信息错位。在实施保险欺诈过程中，杨某等人伪造交通事故责任认定书是非常关键的一项环节，如果交警出具的交通事故责任认定书能够实时共享于保险行业，可能会扼杀一部分保险欺诈行为发生，完全有可能避免将保险欺诈行为酿成刑事案件，再移交到刑侦部门侦查。五是利用保险工具。两个案例中，进行诈骗的险种是意外伤害保险和机动车辆保险中的损失险。诈骗分子之所以选择这两个险种，也是经过深思熟虑的。

补齐机制短板：从零敲碎打到标本兼治

随着保监会、公安部联合下发打击保险欺诈案件文件，从2013年起全国各地陆续建立了反保险欺诈中心或类似的机构，揭开我国打击保险欺诈新的一页。

从行业天然定位看，保险行业是经营风险的行业，对于保险标的物的风险识别、风险定价、风险管控、风险处置等是保险经营的关键环节，其中信息对称性至关重要。一些保险欺诈案件的发生是因为信息不对称导致的，之所以造成信息不对称，有保险公司相关工作人员业务技能的因素，也有业务人员职业道德的因素。所以，研究建立反保险欺诈机制，从另一个角度看，就是要完善保险公司的经营流程，就是要尽可能完善保险业的发展环境，就是要提高全社会的治理能力。

当然，反保险欺诈工作的确不是一件轻而易举的事情，需要方方面面进行探索和坚持。针对保险欺诈案件发现难、侦破难的问题，需要运用唯物辩证法的观点和方法：首先，要从保险行业内部进行反思，通过加强改革用工制度、改良业务流程、改进管理手段等多条措施，最大限度地减少保险欺诈案件的发生。其次，从保险欺诈防范的角度看，有必要打通保险行业与医院、交通管理部门以及相关管理机构之间信息交换的壁垒，打通在医疗系统内部不同医疗机构之间、公安机关内部交警、刑警之间信息交换的壁垒。

在建设反保险欺诈机制方面，在总结经验、吸取教训的基础上，以完善保险公司经营为横轴，以优化保险行业发展环境和提高社会治理水平为纵轴，建立合理的坐标体系，构建横向到边、纵向到底的网络。

坐标：横线到边 纵向到底

在依法治国、依法行政、依法监管的背景下，制度建设和机制建设是开展反保险欺诈的基础性工程，是管根本、管长远、管全局的基础工作。

愿景中的反保险欺诈机制，要建立科学的坐标体系，横线以畅通、共享保险行业内部信息为主线，打通同一家保险公司法人机构内部与保险行业之间的信息"壁垒"，尽快实现只需要一个身份证号就能够查询到被保险人的投保、理赔信息，实现只需要一个车牌号就能够查询到车辆的投保、理赔信息。同时，规范保险业务流程。例如，针对保险欺诈中的车险欺诈问题，如果说在投保环节计算车损险保费时，对投保车辆价值进行公允作价，就一定会在很大程度上消除车险欺诈的隐患。

愿景中的反保险欺诈机制，建立的纵向坐标就是实现保险行业和相关行业之间的信息交换，重点是医疗机构、交通管理部门之间的信息交换。当前，保险欺诈案件中涉及车辆和人员伤亡的占比很高。对于纵向到底的信息交换机制，如果交通管理部门推广电子车牌措施，不但提高了对车辆本身、遵守交通行为的有效管理，并将在一定范围内、通过一定方式与保险行业共享，一定会大幅降低保险欺诈案件的发生。

保险是社会治理的一种手段，是一种规避风险的机制。此种手段发挥程度如何，是保险行业自身经营的问题，同时也在一定程度上反映了社会治理的有效性。通过建立科学有效的反保险欺诈机制，促进保险行业发展，减少风险事故发生数量，降低风险事故发生程度，营造良好的生产和生存环境。

（本文发表于 2017 年 6 月 28 日《中国保险报》）

非交通事故导致校车出险，保险赔不赔

王小韦　王雨飞

校车安危问题关乎一个家庭的幸福，一个社会的和谐，一个民族的兴旺，不可等闲视之，需要高度重视。以保险经营为抓手和切入点，从风险防范和管控的视角，研究促进校车安全管理问题，有利于提高保险行业车险经营能力，有利于提高校车安全管理水平，有利于构建和谐社会。

事故概况

据中央电视台等多家主流媒体报道，2017 年 5 月 9 日上午 8 时 59 分，山东省某市城区隧道发生一起校车起火事故（以下简称案例一），事故导致该校车上的校车司机、一名随车老师和 11 名学龄前儿童共 13 人遇难。6 月 2 日上午，相关政府部门召集了新闻发布会进行情况通报。一是案件性质。通报称，该事故是一起人为实施的纵火案件，该车司机实施了这起极端严重暴力犯罪案件。二是车辆情况。通报称，事故车辆隶属于公交集团，被学校租赁用来接送学生，核载 37 人，案发时实载 13 人。三是司机状态。通报称，司机因为短时间内加班费、夜班费接连停发，致使其工资收入骤减，心怀不满实施纵火行为。概括起来，此次校车事故并非一场普通的交通事故，而是一起刑事案件。

针对此次事故的善后理赔问题，围绕保险是否赔偿，在保险业内引发争议（本文不涉及具体保险赔偿事项，只作为一个案例进行分析）。

分歧观点

第一种观点认为，保险公司应当进行赔偿。根据 2015 年新一轮商业车险改革后全国保险行业通用的《中国保险行业协会机动车综合商业保险示范条款》（2014 年版）（以下简称《示范条款》）第六条的规定，结合案例一中的校车事故报案和消防部门出警的现场等“着火”表象，保险公司应当进行赔偿。

第二种观点认为，保险公司不应当进行赔偿。根据《示范条款》第九条的规定，被保险人或者其允许的驾驶人的故意行为导致被保险机动车的损失和费用，保险公司不负责赔偿。鉴于政府相关部门已经出具认定书，该事故是由驾驶员的故意行为导致的，所以保险公司不应当赔偿。

第三种观点认为，保险公司宜通融赔付。并援引 2011 年 11 月 16 日发生在甘肃省正宁县的校车事故（以下简称案例二），造成 21 人死亡、43 人受伤，直接经济损失 1088 万元。尽管该案例中的校车存在超速、占用对方车道逆行等情节，涉及的人寿保险、财产保险等保险公司仍然开辟“绿色通道”，积极开展赔偿，处理善后事宜。

分歧根源

笔者从收集的大量校车事故案件中，选择此次事故进行研究，主要是基于以下考虑：一是法律背景。为了规范校车管理、保障学生安全，2012 年 4 月 5 日国务院颁布了《校车安全管理条例》（国务院令第 617 号），山东省等多地省政府出台了实施细则，进一步明确了校车管理制度，填补了在国家行政法规层面上有关校车管理制度的空白。在新的管理制度中，重要的创新举措就是要求校车安装具有定位功能的行车记录仪，以便对校车运行实时监控。二是技术背景。现阶段，随着移动互联网技术快速发展，智能手机高度普及以及相应资费大幅下降，降低了监控平台和监控终端的建设成本，为监管部门加强校车管理创造了有利条件，为家长参与校车管理创造了契机。三是问责背景。近年来，对于发生公共事件的问责力度加大，案例一中的校车如果安装了具有定位功能的行车记录仪，校车监管平台能够正常运行并有人员值班，很有可能会提前发现司机的异常举动。四是经济背景。在以往发生的校车事故中，一般都是经济落后地区的校车出险，因为超员、超载比较突出。而案例一中的校车质量、乘坐人数等指标明显优于经济落后地区的，所以加强校车管理问题，既要注重校车“硬件”建设，更要重视“软件”管理。从保险视角研究校车管理问题，这个案例具有代表性。

一是合同条款不明晰。一般来说，保险合同大多采取格式条款，文本中大量使用专业术语，与日常理解存在偏差。阅读格式化的保险合同条款，对于保险行业的专业人员以及律师、法官等法律专业人士，在理解上有分歧。即使对于专业人士而言，对于个别问题，法官、律师之间理解也不一致，甚至差距悬殊。例如，在《示范条款》中，第六条第二项列举“火灾”为保险责任，并未说明此“火灾”是故意行为还是过失行为，而第九条第六项表述“被保险人或其允许的驾驶人的故意行为”。为了减少保险合同理解上的歧义，不妨进一步细化第九条第六项表述中故意行为的种类，避免产生分歧理解。

二是防控措施不突出。当前，在车险经营中存在的“重营销，轻风控”的情况不容忽视，表现为保险公司承保后，一般很少继续主动联系投保人告知风险变化，只有在出险以后才到现场进行查勘定损。在案例一中，如果保险公司的业务员持续关注投保车辆使用性质的变化，以及保险公司参与到校车监管平台，实时对投保车辆的运行状况进行监控，也许能够提前发现司机的异常举动。

三是协同联动不密切。校车安全的风险管控，涉及学校、公安交通管理部门等机构，如果校车信息发生变化能够在各机构之间进行顺利衔接，也会减少风险事故发生的概率。案例一中的校车是学校租赁的公交集团的，其技术性能状况、司机综合素质符合校车的管理规定。

案例二中，肇事校车存在拆除座位、严重超员等情况，学校、交通管理部门等在出险之前对此情况是了解的。按照校车管理准入前审核资料、准入后监管、退出机制等流程，校车监管也可以比喻成流水线作业。居于流水线上下游之间的不同机构和个人也需要密切联动，确保上下游之间无缝对接。

化解对策

健全社会治理体系，降低社会风险事故。

立足保险经营的视角看校车管理，笔者以分析此次非道路交通事故为契机，从完善社会治理、改善保险业经营自身、界定社会导向等维度出发，提出一系列意见和建议，降低社会风险事故发生。

一是转变治理理念，形成监管合力。在案例一发生后，网友的留言大多数是叹息孩子的不幸，很少有思考校车事故背后的根源的。按照《校车安全管理条例》，公安机关交通管理部门、教育部门、学校等部门之间的责任划分非常明确、具体。只要上述主体中任何一家机构或者个人能够尽职尽责，案例一中的司机实施纵火的异常行为就能够提前被发现，或许可以预防事故的发生。另外，随着移动互联网的快速发展、智能手机的高度普及以及相应资费的大幅下降，通过技术手段，将学生家长的智能手机与校园里及校车内安装的监控摄像头连接，有助于吸引和方便学生家长参与校车管理。

在依法行政、依法监管的背景下，要提高校车安全管理，以校车安全为契机，通过完善《道路交通安全法》以及实施细则，强制要求长途大巴、大卡车、出租车等承担公共运输职能的车辆安装监控设备，建立监管部门、经营单位等不同机构的监控平台，依靠技术手段，提高监管效能。通过运用现代技术手段，提高整个社会的治理能力，而不是简单地就事论事的监管好校车问题。

通过校车治理，要在社会治理中增强防范意识和能力，通过过程控制和流程管理，调动各级管理部门人员的责任心和关注风险防范的能力，前移监管关口，逐步摒弃出险后才雷厉风行的严厉问责。

二是转变发展理念，提高经营能力。从当前保险行业经营的实际情况看，车险是财险公司的当家险种，一险独大。但是，从经营效益看，在承保方面除了少数大型保险公司盈利外，绝大多数保险公司经营亏损。结合当前车险经营状况，建议保险公司采取以下措施：第一，优化保险合同条款。继续加快保险合同通俗化建设，对于其中的一些专业术语，转化为一般文化程度的公众理解的语言。第二，改换营销渠道。从现在完全依赖保险中介渠道，扩大直销转变，降低营销费用，给防灾防损投入更大的费用。第三，改变竞争策略。从单纯依靠手续费调解，改变为以服务为主、手续费调解为辅的局面。第四，增加防控措施。保险行业是经营风险的行业，防灾防损是重要和基本的工作方法，但是在保险市场中，有的保险公司沉迷于发展理财型保险产品，忽视了发展保障型保险产品，相应的在人力资源配置、资金投放等方面明显不足，落后于业务发展的需要。在案例一中，保险公司承保以后，通过现场和非现场等手段，定期、不定期地对投保车辆的使用状况进行售后服务，及时了解风险变化情况。

通过主动改善经营行为，实现保险行业经营效益、社会效益的均衡发展。

三是转变沟通方式，争取达成共识。按照我国现行的政体，人民法院是审判机关，作出的裁定和判决具有很强的约束力。所以说，人民法院判决对保险行为的认定具有很强的权威性。为了进一步消弭基层法院之间对同一类事情认定的差异性，统一执法行为标准，保险行业应当进一步加强理论研究，为完善保险制度建设和司法解释奠定基础，也可以在拟定保险合同的过程中，提前征求资深法官、律师、交警、物价评估员等人员的意见，在取得各方共识的基础上，确定规范的保险合同。例如，对于出险时驾驶人的驾照为年审过期，保险公司一般主张不予赔付，有的人民法院支持保险公司的主张，有的人民法院判决保险公司予以赔偿；再如，对于同一起事故所造成的物损，保险公司、公估机构和物价事务所出具的评估价悬殊。

校车管理问题是社会管理的重要组成部分，保险手段是社会治理的重要经济手段。通过健全社会治理手段体系，密切保险手段、行政手段乃至司法手段之间的协调配合，有利于消除校车风险隐患，有利于提高校车风险管理水平，有利于促进校车安全。

（本文发表于 2017 年 6 月 29 日《中国保险报》）

预防大巴汽车风险："软措施"应当更"硬"些

王小韦　王雨飞

2017年8月10日，京昆高速陕西省安康市境内发生一起特别重大道路交通事故（以下简称安康交通事故），事故大巴车投保了交强险和承运人责任保险，其中承运人责任保险每座次限额为50万元，累计限额为2550万元。在事故发生的48小时内，承保的保险公司已经预付1000万元。

安康交通事故再次引发人们对大巴车安全的关注。本文通过简要分析当前大巴车在安全监管、经营管理和保险管控衔接中的薄弱环节，立足于保险公司商业车险经营的视角，对防范大巴车事故风险提出意见和建议。

管控措施：硬措施和软措施

通过对大量交通事故的研究，按照操作的便利性，预防大巴车的风险管控措施体系可以分为硬措施和软措施两大部分。具体来说，硬措施主要是指车辆、道路、驾驶员个人技术能力等客观因素。软措施主要是指道路交通安全管理部门和车辆所属经营部门对风险管控能力以及驾驶人个人遵守交通法规能力等主观因素。

一般来说，对于一名具有驾驶大巴车资格的驾驶司机来说，应聘到一家运输公司从事大巴车驾驶工作，其本人对于驾驶的车型、工作路线的路况没有选择权；对于一家运输公司安全技术管理部门来说，对于司机、车辆、路线具有管理权，但是对于路况没有选择权；对于道路交通安全管理机构来说，主要涉及驾驶人员准驾车型等技术管理、运输公司相关部门设置和人员配备；对于从事开展保险业务的保险公司来说，往往对同一家运输公司的不同路线、驾驶员等具体风险状况不了解。由此可见，在评估、防范风险的过程中存在大量的不可控因素和一定的可控性因素，对于运输公司、安全管理机构和保险公司来说，应当对一定的可控性因素进行重点研究，就有可能通过优化软措施，消除硬措施管理不到位的漏洞，从而提高道路交通安全性。

在软措施方面，对于涉事车辆在出险瞬间，驾驶人员连续驾驶时间、身体状况以及涉事车辆的速度等非常关键的数据和问题，运输公司、交通安全监督管理部门和承保的保险公司是否知晓。如果运输公司、交通安全监管机构及承保的保险公司能够实时知晓上述数据和问题并且实施干预，也许安康交通事故就能够避免。

相对而言，改变硬措施的难度还是比较大的，例如完善道路建设的设计问题。在高速公路管理体制下，高速公路建设时考虑到资金预算，技术方案涉及势必会受到筹资方案制约。如果通过优化软措施，提高管理水平，既可以弥补硬措施不足的短板，又可以提高道路交通安全管理水平。

有利条件：技术、法规双进步

交通事业的发展和进步，取决于道路建设和交通工具两大因素，即路和车。近年来，随着我国经济的快速发展，道路建设和机动车生产能力大幅提高，极大地促进了生产，方便了人民生活。但是，在发展的同时，不容忽视的问题是道路交通安全形势依然严峻，道路交通事故占全部安全生产事故的87%。所以，研究减少和预防道路交通事故措施意义重大。

在依法行政和依法监管的背景下，规范以大巴车为代表的公共交通安全问题，具有技术进步和法规起步的双重有利条件。

一是技术条件。现在技术进步了，也为提升交通安全监管手段创造了条件。在要求推行软措施的过程中，通过在大巴车上安装具有定位功能的行车记录仪，在道路安全监管部门安装监控设备，吸引保险公司、驾驶人员的家属甚至乘客本人分享相关汽车运行的实时数据，能够让更多的人员参与到风险发生前的预防型管理中，而不仅仅是风险发生后的处置中。以安康交通事故为例，在现有的技术条件下，由于移动互联网技术的快速发展以及智能手机的高度普及和相应资费下调，能够在比较经济的条件下，满足信息交流的需要。通过技术手段的提升，前移风险管控关口，由事后补救型向事前防范型转变。

二是法规条件。在技术条件满足后，需要强制建立健全一套完善的机制。例如，《安全生产法》（2014 年修订）第十五条规定，国家鼓励和支持安全生产科学技术研究和安全生产先进技术的推广应用，提高安全生产水平。再如，交通运输部等部门联合下发了《道路运输车辆动态监督管理办法》（交通运输部国家安全生产监督管理总局令 2014 年第 5 号），详细规定了安装监控设备、驾驶员驾驶时间和车速等要求。监管规定对于发生交通事故后进行严厉问责，的确能够起到惩前毖后的作用，最大限度地减少和预防事故的发生。

综合对策：加大惩治 突出技术

大巴车的安全问题是一个事关多方的系统性问题，关系到运输企业的经济效益和社会效益，关系到千家万户的幸福和谐，关系到国家的长治久安。所以，研究大巴车的安全问题也要从各方利益主体的角度出发，构建一道安全的屏障。

一是完善法制，规范行为。有法可依是社会主义法制的重要原则。完善法制包括两个层面：第一，进一步增加技术部门。建议在法规层面，建立全国统一的营运车辆监控平台和区域性监控平台，确保对所有营运车辆的信息了如指掌。第二，加大对违规行为的惩处力度，同时加大对不执行安装电子监控设备行为的处罚力度和问责力度。

二是系统建设，互联互通。如果通过强大的系统建设，在事故发生之前，能够实时知晓每一辆营运车辆的速度、驾驶员的驾驶情况，就一定能有效遏制事故的发生。在大巴车的运输路线图中，一种是被监控车辆完全在许可证的管辖区域内，另一种是横跨多个区域。例如，安康交通事故中，横跨四川、陕西、河南三个省，就有必要使三个省的监控系统能够互联互通，信息共享。在实际生活中，有些省际大巴车运行横跨更多的省份，就更需要进行监控系统的联网建设，进一步推进“互联网＋监管”在车辆安全领域的运用。通过信息化建设，将每辆营运车辆运行的实时状态反馈至运输公司安监部门相关人员的手机上，反馈至安全监管部门相关人员的手机上，反馈至驾驶人员家属的手机上，甚至反馈至乘客本人的手机上。如果智能监管达到上述目标，类似于安康交通事故也许可以避免，即便不能避免，也非常有利于查明事故发生前的详细情况。同时，从道路建设方面看，加快“互联网 + 智能道路”建设，在高速公路上增加通行车辆速度监测大屏幕，实时提醒驾驶人员注意车速。

三是保险回归，“防”字当头。此次安康交通事故发生以后，承保的保险公司快速预付赔款 1000 万元，反映了承保的保险公司能够快速反应。从当前车险市场的实际经营情况看，存在以下问题：第一，赔付不畅。车险赔付速度尽管已经加快，但是车险理赔仍然受到社会诟病。第二，效益失常。从车险市场整体情况看，经营车险盈利的保险公司占比很低，车险行业盈利率低于社会平均利润率。车险经营之所以陷入尴尬境遇，原因是多方面的，主要的根源还是在车险经营过程中，放松了对车险风险的识别和预防，过多地注重销售竞争。

从事故发生的原因看，安康交通事故的确是众多交通事故中的一个缩影。从保险经营的角度看，快速理赔发挥了保险行业的经济补偿功能；从赔偿的额度看，对发生事故的家庭是雪中送炭，但是对有的家庭来说只是杯水车薪。保险行业应主动作为，充分发挥社会治理的辅助功能，保障道路交通安全。

（本文发表于 2017 年 8 月 22 日《中国保险报》）

细节看保险：开学三味

黄明明　王小韦

按照惯例，每年的9月1日是各大中小学校开学报到的日子，重头戏自然是家长及家属送孩子上学的大喜事。在这一天里，朋友圈发的信息总是充满正能量，令人喜悦。作为一名保险行业的从业人员，因职业的缘故，笔者还会关注学生平安意外伤害保险的信息。可是2017年却又是另一种画风。

2017年开学日看到的几则新闻，让笔者无法喜悦起来。第一则新闻是2017年9月1日上午，在上海发生了一起因交通部门开展违法停车整治，警察摔绊小孩的事件（以下简称事件一）。第二则新闻是2017年9月1日上午，在华中师范大学校园发生一起姐姐陪同弟弟前往学校报道被垃圾车撞亡的事故（以下简称事件二）。第三则新闻是2017年9月1日17时40分左右，在福建省仙游县发生一起中巴车坠桥的交通事故（以下简称事件三）。该车坠桥时，车上搭乘至少15名放学回家的小学生。报道称，截至事故发生当晚23时，有4名伤员经抢救无效死亡。这三则新闻，可以从公开媒体查询，本文不再赘述。从表面看，这3起事件之间是相互独立、毫无瓜葛的，但是从深层次看，它们具有内在的逻辑性和关联性。

三则新闻报道的3个时间，是每一个有良知的社会成员所不愿意看到更不愿意经历的，是华中师范大学、福建仙游某运输公司、上海市警方等涉事单位都不愿意看到的，是承保上述风险事故的保险公司所不愿意看到的，也是上一级安全管理部门所不愿意看到的。按照规定，随着上述事件处理，势必会对相关人员开展问责。

前事不忘，后事之师。从提高社会治理水平、提高社会治理能力及提高保险行业风险管控能力的视角看，减少、减轻甚至杜绝上述风险事件的发生，可以从制度建设和技术应用方面作出努力。

一是统一监管制度，统一监管标尺。

事件三中的涉事车辆是一辆农村客运班车，核定载客人数是 19 人。坠桥出险时，搭乘的 19 名乘客中，至少有 15 名小学生。从该车的日常运营来说，说是校车的确有些勉强，但是从坠桥出险者名单上看，很容易让读者与校车联系起来。事件二中的涉事车辆是一辆拉送泔水或者垃圾的车辆，据报道称可能是该车在停车时未拉手刹导致事故发生的。事件一中的涉事警察是在执行清理机动车辆违规停放的任务，从执法的初衷看符合规定，但是从执法的过程和结果看，给公众留下非常不好的印象。上述事件反映的共性问题是依法治理理念不足，反映了制度建设的滞后性。

机动车从属性上分为私家车和非私家车。针对机动车监管问题，可对《道路交通安全法》进行以下修订：要求所有的非私家车都要安装具有定位功能的行车记录仪；对现行的机动车检验标准进行修订，要求汽车制造厂家在出厂前必须装配符合技术条件的行车记录仪。通过行车记录仪实现对非私家车运行速度、载客、连续驾驶时间等运行状况的事实监管。对私家车中严重违反交通规则的车辆，视同非私家车管理，要求实时上传数据。如果推行上述措施，通过回放视频资料，可以快捷、准确地判断事件二、事件三中的风险。同时，在制度建设中，突出问责没有采取有效预防措施的行为，而不是重点问责出险以后已经不可逆转的行为。

二是统一监管平台，统一监管数据。

按照现行的安全管理规定，视事故等级，要求相关党政领导以及安监等职能部门的人员，到事故一线。但是此时已经酿成了严重的后果。而事故后续处理的关键，首先是医院进行抢救、治疗，其次是保险理赔。如果没有保险的话，善后处理的重点在于筹集资金赔付。

为此，建议由国家层面的安全管理部门牵头，建立统一的监控平台，实现各级监管部门在足不出户的情况下，实现对风险状况的实时监控。例如事件三中，如果该中巴车上安装了行车记录仪，其所属的运输公司就能够实时知晓该车行驶的速度、转弯半径等运行的动态数据。事件一中，交通管理部门在治理违法停车行为中，通过电子录像进行固化证据，完全可以不用到交通一线进行执法就可以达到预期的效果。事件二中，学校可以通过安装相关的电子设备，对出入校园车辆进行监管。在西部某著名大学校园机动车道上，每隔200米左右设置一个大屏幕，实时提醒机动车的行驶速度。对于超速的车辆，实时进行警告，这样既促进了校园安全，也规范了行车行为。

三是统一风险教育，统一风险认知。

风险无处不在、无时不有。但是，通过对大量风险事故的研究结果表明，很多风险事故的发生又具有必然性，所以开展风险教育意义重大。开展风险教育的主体有两大类：一类是各级管理部门，通常是基于管理职责的条线管理，一个部门一个条线；另一类是保险行业，是基于合同关系的横向管理，以客户的风险为中心。具体对于保险行业来说，开展风险教育是行业的职责和天然功能，是防灾防损的经营手段，在实现社会效益的同时也可以为行业赢得一定的经济效益。

2017 年 9 月 1 日发生的 3 起意外事件，只是当日发生的诸多风险事故的冰山一角，一方面，反映了保险行业发挥社会治理保障功能还有很多的工作要做，反映了提高社会治理水平还有很多工作要做；另一方面，为保险行业回归保障功能创造了条件，为开展风险管控指明了方向。通过行业监管部门、保险公司及公众的广泛参与，营造交通、工业生产、矿山开采等安全生产环境。

让悲剧远离 9 月 1 日，让悲剧远离每一天。

（本文发表于 2017 年 9 月 5 日《中国保险报》）

无接触性交通事故中机动车担责，保险赔不赔

李　霞　王小韦

按照生活常识，在一般的交通事故中，机动车辆之间、机动车辆与行人或者非机动车辆之间都会发生接触甚至是严重的碰撞，而非接触性交通事故极少发生。研究无接触性交通事故中机动车担责保险赔偿问题，有利于提升保险行业的经营能力，有利于防范和化解交通事故风险，有利于提高社会治理能力。

本文研究的思路是对理论的探讨研究，无意对具体案件进行点评。

典型案例

近日，在安徽宣城发生一起“非典型”的交通事故（以下简称案例一），两位骑电动车的女子在距离一辆轿车数米外摔倒，而交警在查看行车记录仪视频后，依然认定双方承担同等责任，这让车主肖先生非常不满。对此，交警的解释是肖先生并未确保行车安全，所以应当承担相应的责任。在这个案例中，看不出究竟肖先生的车辆行驶跟这两位女子的摔倒有什么因果关系。

无独有偶。2016 年，江苏宿迁 × × 县人民法院开庭审理了一起因鸣笛引发交通事故的案件（以下简称案例二），出租车司机程师傅开车时，因前面的三轮车占道，于是鸣笛示意，不料三轮车驾驶员鲍某被吓了一跳，导致三轮车侧翻，车上一名乘客胡某受伤后经抢救无效身亡。2016 年 8 月 22 日，法院判决鸣笛的驾驶员程师傅对这起事故承担 30% 的民事赔偿责任。事故发生后，程师傅也参与了施救。胡某被送到医院治疗，经诊断为重型颅脑损伤、脑干挫伤等症状，后因抢救无效死亡。× × 县公安局物证鉴定室作出法医学尸体检验分析意见书，分析意见认为，胡某符合因交通事故致颅脑损伤

死亡。人民法院经审理认为，鲍先生驾驶三轮车在机动车道行驶属于占道行为，违反《道路交通安全法》规定；程师傅驾驶机动车鸣笛时，鲍先生受到惊吓，致三轮车侧翻，车内胡某受伤，经抢救无效身亡。程师傅的鸣笛行为与鲍先生的三轮车侧翻、胡先生受伤之间存在因果关系，故本案属于交通事故。综合事故的发生原因、事故双方的过错，确定被告程师傅对胡先生之死承担30%的民事赔偿责任。因机动车辆在保险公司投保了交强险及100万元第三者责任商业险，应当先由保险公司在交强险范围内赔偿，超出部分由保险在第三者责任商业险范围内按合同约定赔偿，共计178571.49元

上述两个案例中的现象值得引起社会关注。根据《道路交通安全法》的相关规定，机动车属于强势主体，往往在交通事故发生后承担较多的责任，但是一般人的认知应该是交通事故本身与机动车的行驶及过错情况存在因果关系，这样机动车才应该按相应程度担责。实践中，不少私家车主坦言，这种无接触担责的情况会让所有司机都产生不安全感，因为他们开着车就可能因为周围某人摔倒而承担责任。

在案例二中，该案的司法判决书中关于“无接触担责”是这样解释的：《道路交通安全法》第一百一十九条规定的“交通事故”，是指车辆在道路上因过错或者意外造成的人身伤亡或者财产损失的事件。根据公安机关交通管理部门出具的事故证明、现场勘验笔录、现场图、现场照片、证人证言、法医学尸体检验分析意见书等证据，能够证明原告驾驶的三轮车与被告驾驶的机动车没有发生接触，但原告的三轮车与被告的车辆是否发生“接触”，不是构成交通事故的必要条件，也不是承担责任的前提条件。被告的鸣笛行为与胡某受伤之间存在因果关系，故本案属于交通事故。根据《最高人民法院关于审理道路交通事故损害赔偿案件适用法律若干问题的解释》第十六条、《侵权责任法》第四十八条的规定，应当先由涉事车辆的承保公司在交强险范围内赔偿；超出部分，由其在第三者责任商业险范围内按合同约定赔偿。

从法律角度而言，类似事件产生的根本法理是无过错责任，《民法通则》第一百零六条第三款规定，没有过错，但法律规定应当承担民事责任的，应

当承担民事责任。《侵权责任法》第七条规定，行为人损害他人民事权益，无论行为人有无过错，法律规定应当承担侵权责任的，依照其规定，即责任并不是基于行为人的过错产生的，而是基于法律规定产生的，这在英美法中也被称为严格责任。无过错责任的宗旨在于合理补偿受害人的损失，《道路交通安全法》中对机动车一方的责任规定就是一种无过错责任，所以才会导致客观事实与法律责任的相背离。在无过错责任中，因果关系是决定责任的基本要件，即以损害事实与责任人的行为之间存在因果关系为前提，若没有因果关系则不能承担无过错责任。因此，具体在“无接触担责”的情形中，其核心并不是接触与否，而是因果关系是否存在和其强弱程度。

赔偿分歧

针对非接触性交通事故，在机动车被认定为承担一定责任的前提下，保险公司是否赔偿在业内有两种相反的观点。

第一种观点认为，案例一中承保肖先生机动车辆的保险公司应当在保险责任范围内承担赔偿责任。理由是在此次交通事故中，交通管理部门既然认定机动车辆一方负有一定的责任，承保的保险公司就应当按照其认定的比例承担责任。

第二种观点认为，案例一中承保肖先生机动车辆的保险公司不应当承担赔偿责任。交通管理部门已经查明在交通事故中，机动车一方与对方之间没有发生直接接触的事实。根据《中国保险行业协会机动车商业保险示范条款》第六条关于保险责任的规定，机动车在发生碰撞等情形下，属于车险赔偿责任范畴。而案例二中的司法判决却与此种观点不同，体现了行业标准与司法实践的差异，应当值得保险业界深思。

建议和启示

无接触性交通事故的保险理赔如何做到合法、合规、合情。

对于经营风险的保险行业来说，如何合法、合规、合情地处理无接触性交通事故的保险理赔问题，笔者提出以下建议。

一是重视保险手段，提高保障金额。

保险是一种风险防范和风险化解的手段，行业定位不仅是保险机制萌芽和产生过程中的定位，更是当前市场经济体制中的定位。通过对大量交通事故案例的研究发现，无接触性交通事故几乎全部发生在机动车辆与非机动车辆或行人之间，尚未发现发生在机动车辆之间的非接触性交通事故的情形。在此类案件中，造成人身伤亡的只是非机动车一方人员或者行人一方。交通管理部门认定机动车一方存在事故责任，人民法院判定机动车车主以及保险公司的责任，可能更多出于最终赔偿是否能够得到落实的考虑。这也是《道路交通安全法》中无过错责任的具体体现。

对车主来说，一方面，建议投保时尽量为车辆购买较为完备的保险保障。除了购买交强险之外，补充购买第三者责任商业险，为车辆提供较为充分的风险保障。这样即使被认定承担赔偿责任，由于有保险公司提供的保障，也不会对其造成巨大的经济负担；另一方面，建议为投保车辆安装相关的电子设备。"无接触担责"引发的一个重要质疑就是现实中确实存在的行人"碰瓷"行为。"碰瓷"的目的是诈骗和勒索钱财，其表现形式多样，实践中认定难度较大，一般需要借助摄像头、行车记录仪等辅助设备提供相应的影像证据，否则车主很难说清楚当时的具体情形。这方面保险公司由于有较多的应对经验，应当及时加强与车主的沟通。

二是重视技能培训，提高专业水平。

站在保险行业的视角来看，车险理赔中的无接触性交通事故，虽然仅为个别现象，但是在一定程度上反映保险公司的专业技能存在薄弱环节和改进空间。保险行业应主动参与对交通事故因果关系的专业鉴定。

在交通事故法律实践中，因果关系的认定是一个难点。交通事故的发生时间短，出于快速处理的需要和受制于事故地点环境条件所限，交通警察在认定责任时往往凭借经验快速作出，对于因果关系的认定不是特别精确，这时应当充分发挥专业性鉴定机构的作用，建议保险行业通过发挥专业优势，为交通事故的事实和责任认定提供专业化的技能支持。

加强行业共享机制的建立。依托行业的现有经验和基础，充分应用

“互联网 +”及大数据思维对交通事故进行处理。运用数据库为复杂的交通事故责任认定提供相关建议，以促进在“无接触担责”方面的公平性、客观性。需要明确的是，无论是专业技能还是“互联网 +”和大数据思维的应用，其目的在于预防和减少欺诈行为，保险机构不能通过内部文件、公司章程以及合同约定等途径推卸行业应当承担的商业责任和社会责任，侵害保险消费者的合法权益，违反《道路交通安全法》及相关保险法律法规的规定。

三是提高经营能力，参与社会治理。

结合上述典型案例，保险行业应对无接触性交通事故的根源回归行业本质。对于保险行业的功能表述，在 2006 年保险行业“国十条”出台前后，保险业界和学界主流的表述为“经济补偿、资金融通和社会管理功能”。在近年来的保险实务中，个别公司过分强调保险的资金融通功能，突出发展非保障型保险产品，弱化了其社会管理功能。2017 年全国保险监管工作会议提出了“保险姓保”的理念，初步厘清了保险行业回归的思路。按照 2017 年 7 月召开的全国金融工作会议精神，保险行业更需要回归行业本质功能，发挥好防范降低各类风险、促进社会稳定的作用。

按照“保险姓保”的理念，结合车险经营实际，建议如下。

第一，积极探索保险责任和遵守交通规则联动挂钩的机制，以车险保费为杠杆，引导车险消费者遵守交通规则，减少和遏制交通事故的发生。通过对大量交通事故的分析发现，违反交通规则是大量交通事故发生的根源，应通过市场机制对这一情形予以回应和引导。

第二，加快商业车险定价机制改革，在提高车险服务的前提下，给予遵守交通规则、行驶里程少、出险低、行车习惯优良的车险消费者更多的保费优惠。

第三，通过车险价格杠杆，引导更多车险消费者安装行车记录仪、倒车雷达等辅助驾驶的电子设备。研究开展针对“碰瓷”等行为的应对交流和指导，帮助消费者降低相关风险。

综上所述，针对“无接触担责”要根据具体案件情形，引入公平理念。

在社会信用体系还不是很健全的当下，保险行业应主动利用行业专业经验和数据优势，积极介入对此类行为的研究和防范，对车主提供必要的预防指导，以提高其应对风险的能力。

（本文发表于2017年9月7日《中国保险报》）

保险可以拯救“替罪羊”吗

黄明明　王小韦

近日，看了一篇题为《100 多只羊吃葱叶中毒死亡　这批大葱原计划运往全国》的新闻，文章报道山东寿光几家养羊农户，用从冷库捡来的葱叶喂羊，导致羊大批死亡。随后，相关的新闻报道证实，该批大葱在种植环节使用了剧毒农药。看完这组关于农业生产中使用剧毒农药的文章，笔者的心情非常沉重。笔者试图寻找农业保险理赔的信息，但是失望了。

寿光葱叶毒死羊的新闻，至少可以解读出饲料问题、农药问题及社会治理问题三层意思。如果这批大葱不是因为替罪羊的“挺身而出”，又会导致多少无辜的消费者平白地丧失健康甚至生命。伴随着葱叶毒死羊线索的跟踪检查，可以预料的是，一定会对相应的农药生产商、经销商甚至监管部门的人员开展问责。对于偶发的事件开展问责，的确可以发挥“惩前毖后，治病救人”的功效，但是有时候问责的差异性只是表现在同类问题在不同的空间出现，类似的问题在不同的行业出现而已。

寿光葱叶毒死羊的事件，其危害性类似于若干年前的毒奶粉事件、近年来发生的假疫苗事件，已经造成严重的、不可逆的后果，无法用金钱弥补。例如，被毒奶粉致残的孩子，其本人、家庭和社会受到的伤害是不可逆转的，给孩子本人、家庭和社会造成了无法挽回的损失。在善后处理中，的确是对相关责任人员进行了行政、刑事问责，但是事后问责也无法消除悲剧的影响。

寿光葱叶毒死羊的事件，迫使社会治理水平的提高。商业保险是社会治理的一种手段，需要依赖、辅助行政手段来发挥作用。从提高社会治理水平和防范风险的角度看，商业保险行业要发挥作用，可以在优化社会理念、促进制度设计、使用保费杠杆等环节主动作为、积极作为。

一是优化社会理念，突出风险防范。

按照2017年7月召开的第五次全国金融会议精神，要求金融行业做好服务实体经济、防范风险和深化改革三件大事。具体到保险行业来说，重点是立足保险行业的保障功能，防范、减少风险事故的发生。但是，毋庸讳言，近年来有的保险公司在开展业务过程中，偏离了保险行业主航道，过分追求自身的经济利益，开发和销售低保障、高回报的理财型产品，与大多数消费者的保险需求格格不入。

回归保险保障功能，保险行业需要提高经营能力，优化风险防范理念，减少风险事故的发生。在寿险领域，联系、配合医疗等部门积极开展健康教育，从改变人们的饮食、作息等生活习惯入手，培养健康的生活理念；在车险领域，规范车险理赔服务，将竞争所依赖的费用比拼，转移到督促、吸引车主遵守交通规则，增加安全驾驶辅助系统的安装上来，减少车祸的发生。在实际生活中，有商业保险机构开展理念教育可能效果有限，但是，保险行业可以组建专门的力量，配合相关行政部门、医疗部门等开展研究、宣传，发挥好辅助功能。比如，商业保险公司在开展农业保险的过程中，协助相关部门开展农药知识培训，也可以减少风险事故的发生，降低保险行业整体的赔付水平，达到保险行业发展的终极目的。

二是完善制度设计，突出事前问责。

在依法治国、依法行政和依法经营的背景下，完善制度建设成为一门非常专业的技术活。有的监管制度，从条款设计到条文表述，表面上看非常完备，但是有效性有待提高。比如，按照监管规定，要求校车、大巴车、大卡车等营运车辆安装电子监控设备，但是实际安装率是非常低的。而相应的问责，是在发生恶性交通事故以后进行的，被坊间称为“马后炮”问责。完善制度设计的问责节点前移，严厉问责没有执行安装电子设备环节。

在完善制度设计中，与开展宣传理念一样，商业保险公司是“配角”，的确没有主动发言权，但是可以协助各级安全管理委员会对完善制度提出意见和建议。管理制度的“立改废”是一件非常复杂的系统工程，不可能有一项综合性的制度能够一蹴而就，需要很多制度相互配合，构成一个完整的体系才可以发挥作用。例如，减少交通事故的发生，需要综合完善道路监管、机动车监管和驾驶人监管，形成合力共同发挥作用。

三是立足自身定位，重视保费杠杆。

保险行业具有经济补偿、资金融通和社会管理三大功能。有的保险公司在开展业务过程中，将保险产品作为吸收资金的通道，淡化了风险管控功能。比如，对于寿光葱叶毒死羊的事件，痴迷于理财型保险产品经营的寿险公司，不要说开展风险防范，就是对这个故事都感到新鲜，新鲜之后也有害怕，又不免认为这是小概率事件。

保险行业回归保障本位，以保费为杠杆，引导、督促保险消费者能够采取防灾防损的措施，降低风险事故的发生，降低人民群众不必要的生命和财产损失，是人民群众的期盼，是衡量社会治理水平的重要指标，也是衡量保险业保障功能的试金石。

寿光葱叶毒死羊的新闻，是每一个有良知的公民所不愿意看到的。在社会分工日益细化的背景下，需要每一个有良知的公民从我做起、从自身做起，向社会提供货真价实、物美价廉的精神产品和物质产品，社会成员之间开启“互利”模式。否则，只会开启社会的“互害”模式。

保险行业积极作为，提高经营能力，减少风险事故。拯救了“替罪羊”，拯救了保险行业自身，拯救了社会。

（本文发表于 2017 年 9 月 11 日《中国保险报》）

电梯安全事故频发，保险该怎么赔

浐 灞 航 天

典型案例

据报道，2017 年 8 月 3 日下午，浙江某地发生一起六岁小男孩向观光电梯控制板撒尿导致自伤的事故（以下简称案例一）。央视、新华社等主流媒体对此起事故进行了跟踪报道。监控录像显示，小男孩是在下午 4 点 14 分进入电梯，电梯在上行过程中，往电梯控制主板位置撒尿。据相关资料介绍，电梯是不防水的。电梯虽然是不锈钢部件，但在电梯轿厢顶部和底部都会安装许多电子元件，当这些电子元件遇到水后就会失效。另外，电梯井道内部也有很多轨道，遇到水后会发生漏电。

针对类似于尿停等不常见原因引发的电梯事故，笔者又搜集了几则新闻一并研究。例如，2017 年 7 月 25 日某地小区电梯发生爆炸事故，电梯大理石门套掉落砸中一名大妈。监控显示，该大妈用一个水杯子放在电梯门旁诱发事故。再如，2016 年 2 月 3 日某地发生一起电梯事故，遇难人酒后踹开电梯门进入电梯，随后直接掉进天井中。

赔偿分歧

假设案例一涉案电梯的管理主体投保了电梯责任保险，就该保险是否赔偿问题，笔者与多家经营电梯责任保险产品的保险公司及相关保险经纪公司的人员进行了交流，不同的人员给予的答案不但不一致，而且存在差距悬殊的分歧意见。

第一种意见认为，保险公司承保的电梯责任保险应当予以赔偿。尽管说在此起电梯事故中，受害人、致害人都是六岁小男孩，但是保险公司应当承担保险责任。保险公司赔偿后，电梯的业主单位或者投保人应当根据相关规定，要求电梯制造、销售、维修等公司视情况进行赔偿。笔者阅读了该公司的《特种设备责任保险条款》，在免除保险公司责任部分，未提及受害人故意行为的情形。

第二种意见认为，保险公司承保的电梯责任保险不应当予以赔偿。此案件是受害者的故意行为所致的损害。笔者阅读了该公司的《特种设备责任保险条款》，在免除保险公司责任部分，明确规定"受害者的故意行为所致的损害"属于免责情形。

第三种意见认为，需要上报总公司来决定，可以考虑通融赔付。

针对同一起电梯事故，就电梯责任保险是否赔偿问题，不同的保险公司给出了不同的回答。笔者又继续收集了多家保险公司经营的电梯责任保险条款进行对比分析。究其根源在于，同一种保险产品，不同的保险公司产品责任范围和免责范围不一致。

意见和建议

多部门联动，构筑电梯安全网络。

案例一的电梯事故，经过多家媒体报道，引发公众广泛热议。归纳起来，公众的意见集中于三种观点：第一，家长应当承担责任。因为肇事的孩子毕竟才六岁，完全不具备民事行为责任能力，故作为监护人的家长负有绝对的、不可推卸的责任。第二，电梯生产厂家应当承担责任。因为电梯控制面板所处的位置有缺陷，比如位置高低，防范控制面板应当设置保护装置，所以电梯生产厂家应当承担责任。第三，保险公司应当承担赔偿责任。公众广泛参与议论，反映了公众对电梯安全的关心程度，伴随着高层建筑比例的持续扩大，电梯安全的确关系到很多人的生命和财产安全。

针对电梯安全问题，本文从促进电梯责任保险经营的视角切入，通过提高电梯责任经营能力，促进电梯安全运营，最大限度地保障人民群众生命和财产安全，同时也为保险行业持续健康发展奠定基础。

一是完善产品设计，尝试行业标准。电梯责任保险产品设计是电梯责任保险经营的第一步，反映了一家保险公司的经营能力。针对案例一的案情，电梯责任保险是否予以赔偿，之所以出现不同的保险公司给予不同的答复，根源在于保险条款设计不一样。

电梯责任保险是指被保险人所拥有或者管理的电梯在运行期间造成乘客的人身伤亡或者财产损失的经济赔偿责任。各种商店、办公楼、企业、旅店、医院及学校等处电梯的所有人、管理人或者经营人都可以根据需求进行投保，一般作为场所责任保险的附加内容予以扩展承保，也可以应客户需求设计专门的保险方案予以承保。电梯责任保险主要承担在保险期限内，被保险人在保险单明细表列明的地点安装的电梯（包括客用电梯、货用电梯、人货两用电梯及自动扶梯）在运行过程中发生意外事故造成搭乘人员的人身伤亡或者运载财产的损失，依法应当由被保险人负责时，保险人按照保险单的规定负责赔偿。电梯责任保险的保险责任还包括被保险人因上述原因支付的诉讼费用以及事先经保险人同意支付的其他费用。这在保险责任表述上基本一致，但是具体列举的保险责任和免除责任范围差距悬殊。例如，对于本案中受害者的故意行为所致的损害以及在日常生活中经常会遇到的超载等情形，有的保险公司列为保险责任，有的保险公司列为除外责任，有的保险公司不涉及。对于同一款保险产品，各家保险公司责任范围和免责范围不一致，有利的一面是反映了不同保险公司对风险判断不一样，但是在保费接近的前提下，产品表述差异性悬殊，不利于保险公司内部进行展业培训，不利于保险行业对外开展营销。所以，建议由中国保险行业协会等机构牵头，建立保险行业统一的风险数据库，拟定类似于其他行业的企业标准、行业标准、国家标准。

二是依靠技术手段，遏制事故发生。对于已经开展了电梯责任保险业务的保险公司来说，建议开展两项工作：第一，在承保以前，要对电梯的技术性能以及保养情况全面了解，建立电梯保养档案；第二，通过在电梯内安装摄像头等电子产品，将电梯内画面实时传递给电梯的业主、维修人员、保险公司以及保险经纪公司具体业务人员的手机，以便所有相关人员能够对电梯的安全状况实时掌握。保险公司的业务人员发现承保电梯维修保养存在异常情况，应当立即向电梯业主单位或者维修单位下发整改通知书，督促对承保电梯进行维护保养。对于无视整改通知书的单位，一方面保险公司将情况积极向上级管理部门反映，另一方面将此情况作为保费浮动的依据，以经济手段督促电梯安全管理义务人切实负起责任。

从电梯监管规定制度设计看，已经对电梯监控提出了非常明确、具体的要求，现在问题的关键就是落实。例如，西部某省会城市人民政府 2017 年 3 月 4 日公布的《电梯安全管理办法》第二十条规定“在用的乘客电梯应当配备电梯视频监控设施”，第五十三条规定“交通运输行政管理部门应当协调通信运营企业加强电梯井道通信网络覆盖”。再如，《上海市电梯安全管理办法》（沪府令 25 号）第十三条规定“学校幼儿园、医院、车站、机场、客运码头、商场、体育场馆、展览馆、公园等公众聚集场所和住宅小区的电梯，应当根据有关规定和标准，配备视频监控设施，并保证正常运行”，第十四条规定“在本市安装使用的乘客电梯，制造单位应当配备具有运行参数采集和网络远程传输功能的监测装置。鼓励使用管理单位、电梯维护保养单位（以下简称维护保养单位）建立电梯远程监控系统，对电梯运行情况实施远程监测。特种设备安全监督管理部门应当制定电梯远程检测系统的标准规范，并对制造单位、使用管理单位、维护保养单位的远程监测系统运用情况实施监督抽查”。从上述监管规定看，是建立在电梯监管部门和电梯使用等被监管机构之间的纵向关系，而保险公司与电梯使用等机构之间是平行的横向关系，可以借用监管部门营造的良好氛围，提高保险公司自身的风险管理能力和手段。

三是加强行业共享，发挥保障功能。保险行业是由众多的保险公司构建的，发挥保险行业的保障功能，往往是每家保险公司都要发挥作用，需要保险公司之间相互支持，但是在实际经营中，保险公司之间存在竞争关系。所以说，提高保险行业的经营能力，一方面，切实为防范和化解风险做了实实在在的工作，减少甚至杜绝了不必要的生命和财产损失，产生了喜人的社会效益；另一方面，随着风险事故的减少，势必会降低保险赔付，自然会提高保险公司的经营效益。为了实现社会效益和行业利益的最大化，建议由各级保险行业协会牵头，集行业之智慧，加强对各类风险的研究，完成数据收集和分析工作，完成保险合同完善和修订工作，完成风险预防措施的拟定和实施工作。

随着城市化建设进程的加快、城市高层建筑的涌现，电梯与人民的生活关系越密切，电梯安全问题也成为关系到人们生产安全、生活安全的一件大事情，确保电梯安全、减少安全事故固然需要消费者提高警惕，更重要的是需要建立健全一种机制，确保电梯生产、保养、监管和保险公司联动，共同在电梯安全领域构筑一道安全网络和屏障。

（本文发表于 2017 年 8 月 24 日《中国保险报》）

车险理赔“竞速”利好反车险欺诈

黄明明　王小韦

最近，车险市场利好消息捷报频传。先有2017年7月以来，商业车险深化改革二次费改相继在全国陆续落地，给守交规、慎驾驶、少出险的车险消费者放大了保费优惠的获得感；后有2017年8月下旬以来，各家经营车险的保险公司纷纷加入车险理赔“竞速”行列，以提升理赔为中心，以新技术、新模式、新流程运用为手段，可以预料的是，随着这些举措的落地、落实，车险理赔服务能获提升。

反车险欺诈工作，作为车险经营的重头戏和反保险欺诈的主战场，当然期待搭上车险理赔“竞速”这趟快车，促进反车险欺诈提速增效，事半功倍。

“三全”特色的理赔“竞速”

此次车险理赔“竞速”大战背景是深化商业车险改革的二次费改初期，核心亮点是进一步扩大保险公司在车险领域的自主权。本文解构此轮车险理赔“竞速”，试图从参与保险公司的覆盖面、新技术应用数量、对车险理赔流程改造程度三个视角进行表述。

全员性。此轮车险理赔“竞速”，所有经营车险的保险公司悉数登场。大公司独当一面，中小公司抱团取暖。据报道，2017年8月30日，中国保险行业协会宣布中小型财险公司抱团打造的“车险理赔服务平台”正式启动筹备工作。该平台以“中保车险科技服务股份有限公司”为载体，由数十家中小财险公司、蚂蚁金服、滴滴出行等企业参与发起；同年8月31日，人保举行“心服务、芯理赔”服务产品发布会，发布“零单证不等待的拇指理赔”“零烦恼管家式的全程托付”两项服务；平安产险开展“急速查勘”服务，通过智能定损、急速查勘调度体系等流程再造，为出险客户提供快速、优质的服务。

全新性。此轮车险理赔“竞速”，各家保险公司都大量依托移动互联网技术、人工智能手机普及以及相应资费下调的技术基础，使查勘人员调度更为科学，节省了人力资源，尤其是对于“抱团取暖”的中小财险公司，依靠蚂蚁金服、滴滴出行等机构的参与，能够保证出险信息在第一时间传递给查勘人员，也必将促进新技术在车险理赔环节的应用。

全程性。此轮车险理赔“竞速”，表面上看，发力的节点在于理赔环节；从深层次看，同样对车险销售、风险管控产生影响。中小财险公司要在理赔环节“抱团取暖”，统一查勘标准是非常重要的一项工作。

毋庸讳言，此轮车险理赔“竞速”未来的格局如何，充满变数，前途未卜。相对而言，人保、平安推行的改进措施是在本公司内部实行，推行起来相对容易。而中小财险公司联盟实际落地运营，需要达成共识的项目还有很多。但是，一旦达成共识，对现有的车险经营格局的影响绝非如蜻蜓点水一样，而是脱胎换骨、翻天覆地的变化。

反车险欺诈的痛点还在自身

从经验数据看，抓住反保险欺诈的牛鼻子就在于抓住反车险欺诈的牛鼻子。按照唯物辩证法的世界观和方法论，反车险欺诈的内因还在于车险经营本身，外因是诈骗分子诈骗“有方”以及与汽修厂等各类人物勾结等。

车险欺诈，无非是在车和人上做文章。从车上来说，用来诈骗的道具都是豪华品牌的二手车，交通事故都是车辆已经造成全损或者应当推定全损。在此类案件的理赔中，只是表现在理赔环节而已，问题根源在于销售过程中，对于车险中车损计算价格是高估了投保车辆的使用价格；在核保环节，没有认真核查投保车辆的真实价格；在风险管控和预防环节，将豪华二手车的风险评级和豪华新车的风险评级是一致的。如果在投保环节，给豪华二手车作出公允的价格评定或者严格使用年法进行折算现值，那么利用豪华二手车为道具进行车险欺诈的案件，也许会彻底消失。

从驾驶人员来说，进行车险欺诈源于酒驾、没有驾照的驾驶员进行调包顶替。对于此类车险欺诈案件，如果查勘人员不能及时到达事故现场，很有可能无法识破欺诈骗局。

在反车险欺诈的案件中，几乎看不到不适格的驾驶员驾驶豪华二手车进行诈骗的案例，也看不到适格的驾驶员驾驶一辆豪华新车进行诈骗的案例，从反面印证了反车险欺诈的根本手段还在于提高车险经营的能力，在于对保险中介机构的监管。

车险理赔“竞速”打破了不适格驾驶员的迷梦

此轮车险理赔“竞速”的根源，在于提高车险经营能力，在于通过为车险消费者改善理赔服务，在于增加车险消费者的体验，在于提高车险的经营效益。

凡事都具有双重性。此轮车险理赔“竞速”，以深化车险改革进行二次费改为背景，经营自主权扩大的潜台词是市场竞争加剧。近年来车险市场整体盈利性较差，除了人保等大型保险公司在车险上盈利外，很多中小型保险公司在车险盈利上表现甚差。

此轮理赔“竞速”，对于预防和打击不适格驾驶人临时起意进行诈骗的案件，有很大的益处，但是对于预防和利用豪华二手车进行诈骗的案件，作用不大。

当然，车险经营也是一门专业的技术，实现车险行业经济效益和社会效益双丰收，加快理赔、打击欺诈只是其中的一个环节或者经营目标。发展保险事业，终极目的在于防范化解风险，减少人们不必要的生命和财产损失，配合行政、法律等强制手段，以经济手段为杠杆，为生产安全、安居乐业构建一个安全网。

（本文发表于 2017 年 9 月 21 日《中国保险报》）

“意外死亡”之果与“意外伤害”之因不应混淆

周小强

2017年2月9日，《中国保险报》刊登了标题为《动物园老虎伤人，保险赔不赔》的文章。文章中在假设伤亡游客投保了意外伤害保险的前提下，针对保险赔偿问题可能产生的争议提出不同的两种观点：一种观点认为，游客有责任，意外伤害保险不应当赔偿。理由是按照意外伤害保险三个构成要件，事故原因是意外的、偶然的、不可预见的。游客张某对可能遭受老虎袭击应当有预见。另一种观点认为，游客固然存在责任，但是意外伤害保险还是应当赔偿。理由是尽管游客张某的行为存在过失，保险行业还是应当予以赔偿，彰显责任。另外，从现行的意外伤害保险条款中，并没有明示对于伤亡的被保险人主观上存在过失应当列为除外责任。

这起案件，让笔者想起“与情人约会时坠楼身亡是意外吗?”一案。该案件中，刘某在与情人约会时，正遇到情人的丈夫突然回家。情急之下，刘某从3楼窗户中跳出，导致颅脑损伤而死亡。事后，刘某的妻子以意外伤害为由要求保险公司赔偿。保险公司认为，刘某从三楼跳下来的行为是导致他死亡的后果，作为一个具有完全民事行为能力的成年人，他应该可以预见得到从3楼往下跳“非死即伤”这样一个后果。刘某跳楼导致死亡完全是他自身的主观原因造成的，不算是意外伤害保险的范围，所以不能赔偿。

以上案例均涉及：致损近因是什么？致损近因是否为合同约定的“意外伤害”？

对意外伤害保险条款的理解

（一）对“意外伤害”定义条款的理解

以《中国人民财产保险股份有限公司团体意外伤害保险条款》（2009版）为例，意外伤害是指以外来的、突发的、非本意的、非疾病的客观事件为直接且单独的原因致使被保险人身体受到的伤害。

如何理解这一条款中的意外伤害定义？

一是何谓“事件”？事件是指与当事人意志无关的那些客观现象，即这些事实的出现与否，是当事人无法预见或控制的。任何一个事件应包括六个要素，即时间、地点、人物、事件的起因、事件的经过和事件的结果。

二是何谓“客观事件”？“客观”的限定语，已将包括了内在主观人为过失因素的事件排除在了“客观事件”之外。若站在某事件结果已发生之后的时间节点，回头概括总结，该事件的时间、地点、人物以及结果，显而易见已是不容改变的客观事实，那么，起因和经过这两个要素呢？仍然需要排除人为过失因素。若从动态角度理解“客观事件”，并遵循因果关系的逻辑链条从前往后推演一遍，再从后往前推演一遍，若某人在某时出现在某地本身就已包含了自身的过错，并且事件过程中还延续并发展了这种本人自身的过错，那么，该事件就不符合普遍认知标准的“客观事件”。

三是“外来的、突发的、非本意的、非疾病的”“使身体受到伤害的”“客观”这一系列定语是平行并列关系，共同限定“事件”这一宾语。“非本意的”是指致使身体受到伤害这一特定结果的某事件的发生，不是出于某人的本意。“非本意”不是仅仅指伤害结果的发生不是某人的本意，而是指包括伤害结果在内的由起因、经过和结果共同构成的某个事件的发生不是出于某人的本意。即使能够证明某特定伤害结果的发生并非出于某人的本意，也不能就此直接推断出此次“出现非本人所愿伤害结果的事件”，还需证明事件的起因、经过中不存在本人内在的主观过错以及相应的外在行为表现。

（二）被保险人自愿采取的高风险活动的风险，意外伤害保险不予承保

《中国人民财产保险股份有限公司团体意外伤害保险条款》（2009 版）

中规定，被保险人在“被保险人从事潜水、跳伞、热气球运动、攀岩运动、探险活动、武术比赛、摔跤比赛、特技表演、赛马、赛车等高风险的活动期间，但被保险人作为专业运动员从事其专业运动期间除外”遭受意外伤害导致身故、残疾或烧伤的，保险人不承担给付保险金责任。

条款将被保险人高风险活动（潜水、攀岩、赛车等）期间遭受意外伤害导致身故、伤残或烧伤作为期间除外，可以看出，被保险人自主自愿选择采取的高风险活动中所蕴含的风险，不是意外伤害保险合同项下保险人同意承保的风险。

题述案例具体分析

（一）“老虎伤人案”“偷情跳窗坠亡案”均不构成意外伤害

一是“老虎伤人案”受害人过错是近因。

第一，受害人穿行虎山，说其不能预见会遇到老虎，这个不符合普通群众的理解。其预见能遇到老虎，但认为老虎不会对自己构成伤害（圈养时间久了，老虎兽性丧失等），应当是其当时最恰当的心理状态。这种心理状态属于过于自信的过失。

第二，受害人穿行虎山，如果说这种行为将自身置于高危境地，无论是过于自信还是放任，含有自主自愿为之的因素。

第三，受害人过错明显。从该事件的起因、经过、结果均体现出来。逃票翻墙进入动物园，穿过铁丝网，爬上 3 米高的围墙进入老虎散放区，被老虎所伤。这个过程中受害人的行为表现，体现出来的就是放任危险离自己越来越近。

二是根据公开报道，动物园采取了鞭炮驱赶和投喂食物等方法尽力将老虎引开，试图人虎分离，试图药物麻醉老虎等方法。抛开动物园采取措施是否恰当之外，所谓的动物饲养人一方的过失，并不是老虎伤人的决定性原因。

三是从结果看，被老虎伤害非受害人“本意”。但由于受害人在事件的起因、经过中体现出来的种种主观过错，老虎伤人案就不满足“事件”“客观事件”需排除人为过失因素的要求，不构成意外伤害。

（二）“偷情跳窗坠亡案”刘某死亡近因是本人的主观过错

对于死者妻子而言，刘某坠楼身亡的确算是“意外死亡”；但以保险合同约定意外伤害概念定义为分类标尺，出轨的刘某在已婚情人家跳窗逃跑坠楼身亡，不属于保险合同约定的“意外伤害”的保险事故。

该事件发生的原因，是刘某的主观过错。即使“死亡结果”的发生并非出于“受害人之本意”，也并不能否认该坠亡事件的原因和经过中，明显包含着普通群众所认知定义的“出轨通奸之不道德过错行为”“心虚逃跑时路线选择的自主自愿”、选择路线时“过于自信”的主观过失、逃跑过程中心慌意乱的精神状态等“内因”“本意”。

刘某是在自己不正确的三观引导下，在错误的时间出现在了错误的地点，并因他自己错误的选择而导致了自身死亡这一严重后果。

案涉家属楼的二楼平台宽度够不够、有没有青苔等客观环境因素，只是导致刘某死亡这一结果的、连续发生的多种原因中的非决定性、次要的原因。

对策建议

保险人应当在意外伤害保险业务流程中，对“意外伤害”定义条款的明确说明义务履行方式改进，并考虑对于意外伤害除外事由作出增加。个人建议如下。

一是在对保险代理人进行意外伤害保险相关培训时，应当强调如下内容：

“意外死亡”不等于“意外伤害”致死；意外险保险人是否承担保险责任，必须审核的是导致“伤亡”之“果”的“因”是否为合同约定的“意外伤害”，而不是审核“伤亡”的“果”是否出乎受害人及其近亲属意料之外、是否出于受害人本意。

伤或亡的结果并非出于“本意”，并不等于导致伤亡结果的“原因”（且为“近因”），不是受害人本人的内在主观过错。

二是保险人在履行其法定说明义务时，除特别提示外，还应以书面方式，对“意外伤害”定义条款，作出常人能够理解的解释说明，其内容，请参见上面保险代理人的培训重点。

三是在保险格式条款中，比照高危运动除外事由，以“明确列举 + 概括”的方式，添加新的除外情形，将不道德的、不合法的以及过于自信或疏忽大意的主动赴险等行为，排除在保险责任范围之外。

（本文发表于2017年5月18日《中国保险报》）

正确理解意外伤害的含义

——从一起保险合同纠纷谈起

王卫国　凌　湄

一、案情简介[①]

2003年1月5日，甲（乙的情人）趁乙的丈夫外出工作不在家之机，来到乙家与其约会，没想到乙的丈夫在这时却回家来了，甲为了不让乙的丈夫发现，当即选择从三楼窗口跳下离开，结果被摔死。经查，甲的单位曾为职工统一购买了人身意外伤害保险，保险金额为5万元。甲妻于是以受益人的身份，向保险公司提出索赔，但遭到保险公司的拒绝。甲妻向法院提起诉讼，请求人民法院判决保险公司给付保险金5万元。

二、对本案的不同意见

甲妻认为，根据现场勘察可以看出，其丈夫的本意是想从三楼跳到二楼平台，然后再由二楼平台跳到地面，但是当甲跳到二楼平台时，没有站稳，摔到地上，头先着地而死，应属意外，属于保险公司的承保范围，应该赔偿。

保险公司认为，在保险合同中对“意外”有一个很明确的解释，意外事故是指突然的、外来的、非本意的、非疾病的伤害事故。这四点必须同时具备才能符合意外伤害的赔付条件。甲是从三楼的窗口往下跳致死的，是他主

① 本案例来源于中央电视台《今日说法》栏目播出的节目《意外之争》。

观自愿的，是故意的，不符合保险条款中“非本意”这一点。由于事故的发生不是意外，所以保险公司不应赔付。

人民法院认为，甲与保险公司签订的是人身意外伤害保险合同。根据双方签订的保险条款，甲的行为不属于保险事故。因此，保险公司拒绝赔偿符合法律规定。

三、本案评析

本案涉及意外伤害保险合同的构成要素以及近因原则的运用问题。

意外伤害保险，简称意外险，是人身保险制度的一种。它是指在保险效力期间内，被保险人由于外来的、突发的、剧烈的意外事故造成身体的伤害，并致使被保险人死亡、残疾或需就医治疗，由保险人按照合同规定给付死亡保险金、残疾保险金或医疗保险金的一种保险。要深入理解意外伤害保险，首先必须掌握意外伤害的内涵。

意外伤害是指在被保险人没有预见到或与意愿相反的情况下，突然发生的外来侵害对被保险人的身体造成损伤的客观事实。意外伤害的构成包括意外和伤害两个必要条件，缺一不可。所谓伤害，是指被保险人身体遭受外来事故的侵害发生了损失、损伤的客观事实；所谓意外，是指被保险人主观上没有预见会发生致伤的事故或是虽然预见灾害的发生，但由于各种约束、限制不得不接受与自己本来的主观意愿相反的现实结果。意外伤害强调两个方面，仅有主观上的意外而无伤害的客观事实，有惊无险，

不能构成意外伤害，反之，有伤害的客观事实发生而无主观上的意外支持，只能是“必然伤害”或是“故意伤害”，与所说的“意外伤害”仍有差距。因此在表述意外伤害的含义时必须同时反映主观和客观两个方面，避免理解上的偏差和实际工作中的失误。

意外伤害保险合同的特征是：

一是伤害必须是人体的伤害。意外伤害保险合同中，意外伤害对象是被保险人的身体。这里的身体，是指人的天然躯体。意外伤害所伤害的就是这种人的天然躯体，如撞车折断手臂，操纵机械损伤脚等。人工装置以代替人

体功能的义肢、假眼、义齿等，不是人身天然躯体的组成部分，不能作意外伤害保险合同的保险对象。

二是伤害是意外事故所致。所谓意外事故是指外来的剧烈的突然发生的事故。只有同时具备非本意、外来、偶然性（突然性）三个条件，才能构成保险事故。

第一，所谓非本意，是指意外事件的发生非被保险人的主观愿望，也不是被保险人所能预见的。例如，一架正常航行的飞机因机械失灵坠毁发生空难，这种结果违背乘客乘坐飞机的主观愿望，也不是乘客在搭乘飞机时能够预见的，故属于意外事件。特别是有的意外事件，尽管本人能够预见事件将要发生，也可以采取防范措施加以避免，但基于法律的规范或恪守职业道德不能躲避。例如，一家银行职工面对持刀抢钱的歹徒，为保护国家财产挺身与歹徒搏斗受伤，仍属于意外事件导致的伤害。

非本意是对当事人的心理状态而言的，而人的内心世界微妙复杂、瞬息万变，这也是纠纷中争论最炽热的一个焦点。所谓本意，应理解为两个方面：一方面，当事人希望某一事件的发生，或说追求某一目的的达成；另一方面，当事人预见了或应当预见某一结果的发生，仍然放任、不去阻止此种结果的发生。前一方面可视为当事人对损失结果的主动行为而少有争议，对后一方面的确定标准则多有口角。有专家认为，当事人应当预见损失后果而其因疏忽大意、过于轻信而未能预见的，仍应排除在意外事故范围之外。

第二，所谓外来，是指伤害纯系由被保险人人身外部的因素作用所致。比如被保险人因交通事故、不慎落水、遭雷击、蛇咬以及煤气中毒等致伤、致残、致死。如果伤害由自身疾病而起，如因贫血而跌倒致伤，则不属意外事故，而为健康原因。

第三，所谓偶然性是相对于必然性而言的。在通常情况下不会发生的事件称为偶然性事件，正因为通常情况下不发生，所以才无法预见。必然性事件或几乎是必然的事件，被保险人就应该能够预见，而且可以防备，不属于意外事件。比如被保险人在城市中被狂犬咬伤和被蚊虫叮咬就是两种不同性质的事件，在城市中被疯狗咬伤一般是少见的、偶然发生的事件，被保险人事先无法预见，属于意外伤害；而在一定地区、一定季节被蚊虫叮咬几乎是必然发生的事件，被保险人理应预见得到，则不属于意外事件。又比如某地区夏季持续高温，中暑事件经常发生，那么就算不得什么意外，但如果某地区本来是避暑胜地，但这一年气温与历年同期气温有明显差异，过高的气温导致了被保险人中暑，因为是被保险人根据一般常识无法预见的偶然事件，所以后者属于意外伤害。

所谓突然性是指事件的发生对被保险人来讲，来不及预防，指事件发生的原因和结果之间仅具有直接瞬间的关系。例如爆炸、飞机失事、空中坠落物等引起的人身伤亡均属于意外。但在生产劳动中发生的铅中毒和矽肺，尽管也属于非本意、外来的因素所造成的，但由于上述两种情况均属于长期接触有毒物质而形成的职业病，结果和原因之间不具有瞬时联系，故不属于意外事件。

三是伤害是非故意诱发的。意外伤害保险中强调所承保的意外伤害是偶然的、突然发生的意外事件，是被保险人主观上不曾预见或违背其主观意愿而发生的身体上的伤害事实。其实质是要杜绝被保险人故意伤害自己、有意诱发意外或是用保险有效期以外的意外伤害来欺骗保险人的行为发生。

故意自我伤害是指被保险人故意使自己的身体遭受伤害，比如自残、自虐行为，这不符合意外伤害的定义，因此也不属于意外伤害的承保范围。故意诱发意外伤害是指伤害的最终发生是由于被保险人的主观意识、主动行为的诱发或推动，比如故意穿得很少在冬季进行户外活动引起冻伤。

在特殊的情况下，被保险人为了自身利益必须作出某种行为，亦构成意外伤害。如被保险人居住的三层楼房失火，火从二楼向楼上蔓延。被保险人迫不得已从侧边窗户跳下去，造成残疾。从中可以看出，造成被保险人残疾的事故，是被保险人故意跳楼造成的，但被保险人故意跳楼是出于当时形势所迫，在别无选择的情况下采取的求生行为。就其真实意愿来说，是非本意的，也属于不可抗拒的情况造成的，应属于意外事故，保险人应承担意外伤害保险责任，而不能以故意行为或自杀行为为由，拒绝承担意外伤害保险责任。

所谓近因原则，是指判断风险事故与保险标的损害之间的因果关系从而确定保险赔偿责任或给付责任的一项基本原则。近因是指在风险和损害之间，导致损害发生的最直接、最有效、起决定作用的原因，而不是指时间上或空间上最近的原因。

结合本案，笔者认为依据保险法近因原则，甲死亡的直接原因是跳楼，结合当时的情况，甲跳楼离开并不是唯一的选择，不符合意外伤害中的“非本意”“外来性”的特征。此外，甲作为具有完全民事行为人，应当预见从三楼跳下的严重后果，虽然甲的本意不想死，但在本案中，他的行为是一种故意行为，不符合意外伤害保险合同的“意外”的含义，因此保险公司拒绝赔偿是合理合法的。

如果被保险人居住的三层楼房失火，火从二楼向楼上蔓延。被保险人迫不得已从侧边窗户跳下去，造成残疾的话，是否属于意外伤害的承保范围呢？我们认为，由于跳楼是出于当时形势所迫，在别无选择的情况下采取的求生行为，所以就属于意外伤害。那么，这两者之间有什么区别？笔者认为区分标准有两点：一是看跳楼是否是唯一的选择；二是看伤害发生的时间、地点、状态是否是一种正常的生活、学习、工作、娱乐状态。本案中，甲到乙家约会，约会地点不属于正常的生活、工作、娱乐场所。

在本案中，保险公司是否把道德层面的因素考虑进去了？这是原告方一直怀疑的问题。公序良俗是民法的基本原则，《保险法》是《民法》的特别法，《民法》的基本原则对《保险法》是适用的。但依据法理，如果特别法中没有具体规定，那么可以引用一般法中的基本原则判案。但结合本案，由于意外伤害保险对承保范围规定得很具体、很明确，所以无须引用基本原则。

综上所述，笔者认为人民法院的判决是正确的。

（本文发表于2005年第2期《保险研究》）

故事新论：保险欺诈的罪与罚

黄明明　王小韦

对保险欺诈犯罪行为的认定和处罚，在反保险欺诈中占据着承上启下、惩前毖后的重要地位。研究保险欺诈定罪和处罚，有利于严厉制裁保险欺诈分子，有利于维护保险市场秩序和经济秩序，有利于维护广大正常保险消费者的合法权益和全社会在保险消费领域的公平正义。

本文分析部分已经被认定构成保险欺诈案件而处罚明显偏软的案件，就完善惩处保险欺诈行为提出建议。

偏轻的处罚

通过对大量确认的保险欺诈案件研究后，不难发现很多保险欺诈案件的侦破过程非常艰难，保险公司甚至办案警察受到保险欺诈分子的威胁，画面之惨烈雷同于警匪大战影片。这些案件提交司法机关进行审判以后，处罚的严厉程度值得商榷，具体表现如下。

一是罚金金额远远小于保险欺诈所得。例如，2014 年的十大保险欺诈案件，其中两起保险欺诈案件的主角是汽车修理厂的负责人，利用车险欺诈所得均为 80 万元左右，而人民法院判处的罚金均为 15 万元左右。鉴于案件披露信息详细程度，笔者无法获悉具体个案中是否已经没收了违法所得或者将违法所得退还给被诈骗的保险公司。如果退还或者没收，罚金仅相当于违法所得的 20% 左右，实在偏低；如果没有退还或者没收违法所得，保险欺诈分子在缴纳罚金之后，还有一定的收入。

二是对犯罪嫌疑人大量采取缓刑处理。例如，通过对中国保险行业协会公布的案件或者各省公布的案件分析得知，对于保险欺诈犯罪分子采取缓刑处理的案件不在少数。

当然，法院在判决中是综合考虑各类犯罪行为对社会危害性的大小以及具体保险欺诈案件应当使用判处处罚的轻重，笔者在本文中不做个案分析。按照一般规律，处罚过轻不利于打击保险欺诈犯罪行为，尤其是对于具有保险代理从业经历或者汽车修理厂负责人身份的保险欺诈分子。

为打击保险欺诈工作，在公安部、保监会等机构的推动下，建立健全反保险欺诈机制、制度，开启了打击保险欺诈工作的新篇章，为促进工作奠定了坚实的基础。但是，反保险欺诈工作还需要更多的部门和机构参与其中，通过多方共同努力，让保险欺诈分子不能从保险欺诈行为中获取额外的利益，自然就会削弱保险欺诈分子开展欺诈的动机。

多重的二次伤害

对于已经得逞的保险欺诈分子偏轻的刑事处罚，其后果的负面效应不容忽视。

一是助长了保险欺诈分子的作案动机。纵观保险欺诈的发案规律，车险欺诈在保险欺诈案件中数量多、金额高，其中危害性最大的车险欺诈案件是由汽车修理厂高管或者员工主导实施的。按照车险经营模式，应对交通事故引发的保险理赔，全部是在汽车修理厂进行维修，但是其中小部分的汽车修理厂高管不满足于实实在在发生的交通事故所衍生的业务，还是希望通过人为有意识地制造一些交通事故进行保险诈骗。对于这些制造出来的车祸事故，能够进入警方侦查的已经是“冰山一角”，进而能够进入诉讼程序的更是“凤毛麟角”，如果处罚再“九牛一毛”的话，对于汽车修理厂负责人来说，当然认为有冒险的价值。

二是降低了保险公司打击保险欺诈维权的积极性。反保险欺诈是保险经营的一个重要环节，保险公司反保险欺诈相关部门人员如果对此不重视就涉嫌失职。有的人认为，反保险欺诈整体投入和回报之间不匹配，尤其对于已经确认是构成保险欺诈的案件，被诈骗的金额不能够归还给保险公司。

当然，笔者也理解保险欺诈行为是社会上形形色色的欺诈行为、犯罪行为的一部分，甚至是很小的一部分，至于如何进行量刑、惩处，司法机关有一整套的理论体系和措施体系。

为以“预防”为主导的内控体系

打铁先要自身硬。保险行业是一个从事风险管控的专门行业，是全社会的风险管理者，理应精于风险管控。反保险欺诈是保险行业和保险公司经营过程中非常重要的一个经营环节。尽管说在开展反保险欺诈过程中，由于种种原因，对于保险欺诈分子的惩处力度有偏软的倾向，但是，保险行业首先应当“眼睛”向内，多反思自身经营中存在的漏洞和不足，预防保险欺诈的发生。

一是管人员。通过研究大量的车险欺诈案件，在很多的保险欺诈案件中，发现始作俑者有保险代理人，个别案件中发现有保险公司支公司经理等管理者。这些案件和人员虽然说是极个别的人员，但也提醒保险公司加强对正式人员、代理人员的管理，要有良好的职业道德和法律法规意识，不要做“吃饭砸锅”的蠢事，甚至是违法的事。

二是管流程。通过研究大量的车险欺诈案件，可以把车险欺诈案件分为两大类：一类是孤立的豪华二手车骗保案；另一类是普通的系列车险欺诈案件。前类案件中，豪华二手车是非常重要的作案工具，反映了车险销售和核保环节存在的漏洞，就是在计算车损险保费时高估了投保车辆的价值。保险公司通过流程管控，对投保车辆在计算车损险保费时执行合理的公允价值，基本上可以杜绝此类保险欺诈案件的发生。

三是管问责。保险公司对于依法合规经营建立了问责机制，这种制度的建立是适应现行的监管要求，而对于不当经营过程中的失职失察风险的问责机制，是由保险公司总公司主动建立的。但是对于因为上游经营环节给下游经营环节造成的风险隐患是缺少问责机制的。以豪华二手车为道具的车险欺诈案件中，如果确认是构成保险欺诈案件的，建立事后问责机制，针对具体业务要追回当时销售人员的佣金，要追回时任高管的薪酬，要对时任高管进行降职处理。通过问责制度，一定能够激起相关高管、员工在销售及核保环节的责任心，一定会事前消除被诈骗的隐患。

保险欺诈是一面多棱镜，从中既可以看到保险欺诈分子的狡猾，更重要的是看到保险经营中的瑕疵和短板。打击保险欺诈，作为保险行业要依赖外部机构的协作，更要立足于提高自身的经营能力，防患于未然。

（本文发表于 2017 年 10 月 9 日《中国保险报》）

故事新论：遏制意外险欺诈的三道防线

黄明明　王小韦

遏制意外伤害保险欺诈，是反保险欺诈工作的一个重要组成部分。做好此项工作，有利于减少保险消费者违反道德的逆选择，有利于保险公司利用意外伤害保险发挥保险的社会保障功能，有利于减少公安、法院等司法机关不必要的工作事务。本文通过对典型的意外伤害保险欺诈案件和该险种经营过程中存在的“短板”进行研究，提出防范意外伤害保险欺诈的三道防线。

一、规范保险合同，明确保险责任

按照现行的保险法规，意外伤害保险产品是财险公司和寿险公司均可以经营的项目，所以在保险消费过程中，会发现财险公司、寿险公司都在经营意外伤害保险。近十年来，意外伤害保险经营的一个典型案件是2013年发生在江苏某地的丈夫伙同朋友杀妻案件（以下简称案例一）。之所以确定为典型案件，是因为案件被法院刑事判决认定为故意杀人罪、保险诈骗罪（未遂），被保险行业协会公布为典型的保险欺诈案件，被法院民事判决保险公司应当支付保险金，被律师、法官、保险人员等人士撰文讨论最多的案件。对于该案件的定性，本文研究的视角是如何避免惨剧的发生，不涉及对该案的具体分析。

以此案件为契机，笔者选择了目前在保险行业中规模较大、成立时间最早的10家保险公司的意外伤害保险合同进行研究，发现保险合同存在先天性的缺陷。在对意外伤害保险责任免除条款表述上有四种模式：模式一表述为投保人、被保险人、受益人的故意行为；模式二表述为投保人的故意行为；模式三表述为投保人、受益人对被保险人的杀害；模式四表述为投保人、受益人对被保险人的故意杀害、伤害。结合案例一，针对完善意外伤害保险条款，建议由中国保险行业协会牵头，广泛吸收保险行业专业人士、律师、法官等人员，制定规范的、统一的保险合同责任和免除责任的保险合同条款。继而，在规范统一的合同条款基础上，组织销售人员进行培训。

二、改善经营业态，实现信息共享

在保险欺诈案件中，按照保险金额大小，可以分为蚂蚁搬家型的小案件和蛇吞象型的大案件。目前，在意外伤害保险经营中公司与公司竞争是激烈的。通过对大量的意外伤害保险欺诈案例分析，有一个显著特征就是诈骗者在短时间同时在多家保险公司购买意外伤害保险产品，只有到索赔时，相关保险公司才发现多头投保的情形。建议在保险监管部门或者保险行业协会的牵头下，尽快建立覆盖全险种的承保信息查询平台，以便保险公司通过行业系统而不单是由投保人或者被保险人如实告知而获取是否多头投保的情况。例如，2017 年西南某地法院对一起因意外身故，9 家保险公司给付 1300 万元的判决（以下简称案例二）。

通过信息共享，表面上看，似乎是维护了保险行业的利益，但是，由于投保人、受益人也知道保险行业掌握整体投保情况，其处心积虑伤害甚至杀害被保险人的意图很有可能会受到抑制，从而避免伤害甚至刑事案件的发生，更有利于维护社会秩序和社会稳定。

三、提高经营能力，探索风险管控

提到意外伤害保险风险管控问题，很多保险业从业者认为，风险具有重申的规范合同建设。在保险行业信息平台的基础上，建议采取以下三个措施：第一，加大直销力度，准确介绍产品。现阶段，意外伤害保险绝大多数是通过保险中介渠道销售的，依靠高手续费支撑业务发展。关于意外伤害保险手续费率本文不再赘述。第二，全面评估风险，关注重点客户。基于诈骗动机的投保人，会在短时间内密集购买多笔、大额意外伤害保险，保险公司需要对此了解其风险变化。例如，在案例一中，经刑事侦查认定丈夫购买保险是因负债累累。其通过中介机构的网销渠道购买保险，保险公司对风险不了解，中介机构对风险也不了解。保险公司在意外伤害保险经营中，即使缺乏统一的信息查询平台，也可以对购买一定保险金额以上的消费者进行关注。案例一中，被保险人是在完成投保后不到两个月，丈夫伙同朋友谋杀了妻子。案例二，被保险人从完成投保到出险不足两个月。第三，加强队伍建设，提高应对能力。包括案例二在内，很多的意外伤害保险是与导致死亡的交通事故联系在一起的。案例二中，被保险人的死亡是其驾驶车辆发生单方交通事故，被交通管理部门认定为驾驶员全责的交通事故。全责的交通事故是否满足意外伤害保险三要素，的确是一个需要探讨的问题，可惜，目前缺乏此方面的研究。

总体上看，遏制意外伤害保险欺诈，固然需要公安、法院等司法部门大力支持和严厉打击，但是，对于专门经营风险的保险行业来说，通过研究和实施多道防线，减少诈骗的发生，对行业发展、对社会稳定具有积极的意义。

（本文发表于 2017 年 10 月 18 日《中国保险报》）

保险新闻篇

延安保险业快速应对安塞暴雨洪灾

高　川　王小韦

暴雨无情，保险有爱。连日来，人保财险、平安产险、安邦财险、永诚财险等延安财险中支公司和中国人寿、华夏人寿、太平洋寿险、合众人寿等延安寿险中支公司，为在安塞“8·15”山洪事故中遇险的车主开辟理赔“绿色通道”。累计支付财险和人身险赔偿金52.8万元，另有107.18万元保险赔款手续正在积极办理中。

安塞县位于陕西省延安市，地处黄土高坡，每逢汛期容易暴发山洪，给人民群众的生命和财产带来安全隐患。2016年8月15日20时许，突如其来的山洪，冲走了正在303国道安塞县砖窑湾段行驶的汽车和行人，造成至少7人死亡、1人失踪。

灾害发生后，延安保监分局立即启动应急预案，安排部署保险理赔工作。一是要求延安市各家保险公司全面排查投保车辆受损和车上人员出险的情况，并及时上报分局。二是立即安排分管局领导带队奔赴安塞县，实地查看灾情，指导相关保险公司认真做好理赔工作，按照应赔尽赔、迅速赔付的要求，配合当地政府做好灾害事故的善后工作。三是要求各保险公司继续排查出险人员是否投保了其他人身险、意外险等，如有投保，及时与出险人家属联系，做好理赔服务工作。四是要求各保险公司继续贯彻落实《关于切实做好极端气象灾害保险服务和理赔的通知》的有关要求，做好极端天气预警和防灾减损工作。五是迅速向延安市人民政府汇报安塞县砖窑湾镇“8·15”山洪事故保险理赔工作的情况。

（本文发表于2016年9月12日《中国保险报》）

延安保险业向辖内灾区送上爱心捐款

高　川　王小韦

2016 年 9 月 13 日，中国保监会延安监管分局负责人偕同保险行业代表奔赴辖内宜川县集义镇桌里村，举办了延安市保险行业爱心捐款发放活动，向该村 70 余户受灾群众送上 7.4 万元的爱心捐款。受领爱心捐款的受灾群众和集义镇政府负责人，对于延安市保险行业心系灾区、扶危济困的爱心善举深表感谢。

2016 年，延安市部分地区受到接踵而至的冰雹、大风和暴雨灾害的袭击。其中，宜川县、延长县最为严重。面对灾情，中国保监会延安监管分局指导地方保险行业协会，要求保险机构一方面切实发挥经济补偿功能，及时、足额、便捷地兑现保险合同，履行行业责任；另一方面，联合地方保险行业协会，向全行业发起向灾区捐款的活动，行业内广大干部群众积极响应，踊跃捐款，共筹集捐款 14 余万元。面对灾情，中国保监会延安监管分局主动筹划爱心善款捐送活动，将爱心捐款分别送给受灾最严重的宜川县和延长县。宜川县政府对延安保险行业的爱心活动大力支持，该县民政局、集义镇政府密切配合该爱心活动。

按照中国保监会延安监管分局的安排，向延长县赠送 7 万元爱心捐款活动将在近期举办。相关领导进村入户发放爱心善款。

（本文发表于 2016 年 9 月 20 日《中国保险报》）

陕西局推进中介“两两”回头看

郜　恺　王小韦

为了贯彻落实国务院关于开展“两个加强、两个遏制”回头看工作的决策部署，进一步巩固“两两”检查成果，增强保险机构责任意识和规矩意识，夯实风险防控基础，按照保监会的安排部署，近期陕西保监局多措并举，扎实推进辖内保险中介机构开展回头看工作。

制定预案，有章可循。按照保监会的工作要求，结合辖内市场实际情况，陕西保监局制定了细致的工作方案。在全局工作方案的基础上，中介处进一步细化了实施方案，明确责任分工、时间安排及自查内容，使“两两”工作有章可循。

精准选点，实地督导。根据非现场监管数据、日常监管暴露的问题及业务结构等多项指标，陕西保监局中介处选择了 8 家中介机构进行现场督导。在现场督导中，对照工作方案进行评估，并对保险中介机构的部门负责人就此次工作的内容、要求等进行测试，同时随机抽取内勤、业务人员等进行询问，了解公司是否将工作落到实处。

小结通报，纵深推进。2016 年 9 月 13 日，陕西保监局召集辖内所有保险专业中介机构负责人参加专题会议。会议点名通报了各家机构的自查报告的报送质量和安排部署，以及在督导中发现的问题。分管局长徐德宁从思想、组织和自查等方面，围绕“两两”工作的重要性、必要性和操作性作了重要讲话，进一步强调此次工作的重要性，要求各机构严格按照保监会的要求查深、查透并如实上报自查结果，防范风险隐患。

（本文发表于 2016 年 9 月 22 日《中国保险报》）

陕西保险业为“丝路行”活动保驾护航

范江丽　王小韦

2016 年 9 月 22 日，人保财险陕西省分公司总经理刘煜和陕西广电卫星传媒有限公司（以下简称陕西卫视）总经理耿振豪签订了“丝绸之路品牌万里行战略合作意向书”。基于合作意向，人保财险陕西省分公司将为陕西卫视的“丝绸之路品牌万里行”（以下简称“丝路行”）活动提供全面风险保障和资源支持，陕西卫视将为人保财险提供广告宣传渠道和文化传播阵地。

据悉，“丝路行”活动是贯彻习近平总书记勾勒的“一带一路”倡议的载体和缩影，是陕西省实施“一带一路”倡议的组成部分。拥有古丝绸之路丰富资源优势的陕西省，审时度势，主动作为，从 2014 年开始，商务、文化、外办、出版、旅游、文物等政府部门和陕西省广播电视台联合主办了“丝路行”大型人文历史穿越全媒体活动。两季探索，成效显著，反响良好。2016 年策划的第三季 · 品牌万里行，入选中共中央宣传部、国家新闻出版广电总局确定的“2016 丝绸之路影视桥工程”重点项目。

本季“丝路行”活动，内容上，分为论坛/推介会、启程/入城仪式、全媒体报道、品牌专访、丝路专车万里行、新闻报道、硬广推广及网络直播八大板块；路线上，以西安为起点，终点为印度加尔各答，全程预计 55 天，穿越中国、吉尔吉斯斯坦及印度等 8 个国家，探幽 30 余座丝路名城，行程 1.5 万公里；形式上，主要对政界和工商界、文化界等各界名流进行访谈，新增了跨国自驾游车队；宣传上，以陕西卫视为主平台，与新华社、甘肃卫视及宁夏卫视、青海卫视等媒体倾力合作。

作为本季“丝路行”活动的独家保险服务商，为了及时、有效地应对各类突发风险，人保财险陕西省分公司采取以下三条措施：

一是全面风评，预案先行。综合多方信息，考虑“丝路行”活动实际情况，在对活动人员以及车辆可能遇到的风险进行全面评估的基础上，根据“丝路行”活动日程安排，制定与风险实际吻合的风控预案。

二是突出培训，风控先行。此次“丝路行”活动中增添了自驾游车队，向参加活动的人员发放资料，开展定向风控培训，减少风险隐患，前移风控关口。

三是沟通信息，服务先行。为了及时、有效地应对各种突发的险情，按照预案，人保财险陕西省分公司一方面安排专人专车全程参与，主动了解参与人员的健康状况、车辆性能状况及投保情况；另一方面，按照规划路线，事前与沿途的保险公司进行沟通。

（本文发表于2016年9月27日《中国保险报》）

快速处理保险纠纷　陕西保监局坚持“三个一”

耿西瑶　王小韦

近年来，陕西保监局高度重视保险纠纷的预防和化解工作，在监管和服务中，把保险行业发展速度、规模、品质和保险纠纷化解工作等量齐观，统筹兼顾，主动作为，提高了保险纠纷调处效能和效率。

夯实监管基础，完善监管制度。陕西保监局认为，在依法行政、依法监管的理念下，建立健全保险消费者保护、保险纠纷调解和处理制度，是做好调处保险纠纷的基础工作。为此，强化建设以下制度：一是细化监管规定，减少纠纷产生。例如，按照保监会要求，出台了规范批单管理、车险理赔管理等监管制度，从规范保险机构经营行为入手，力争减少和避免保险纠纷的产生；二是细化调处细则，方便调处纠纷。2012 年以来，根据有关法律法规，按照保监会的安排部署，结合辖内保险市场、保险纠纷的实际情况，陕西保监局印发了《关于建立地市保险纠纷调处机制的指导意见》，指导省保险行业协会制定了《陕西省地市保险纠纷调处机制建设及运行指引》，就全面建立调处机构、建立有效运行模式、加强制度建设、规范工作程序、强化机制效力及执行、签订行业自律公约、加大机制宣传和推进建立长效机制等提出了具体的指导意见，为各级保险行业协会开展纠纷调处机制建设绘出了“路线图”，提供了“指南针”。

贯通对接渠道，建立一种机制。陕西保监局认为，建立一种工作机制，贯通保险纠纷在保险公司、保险行业协会、保险监管部门和人民法院等部门之间的沟通渠道，为调处纠纷营造外围环境。机制建设包括以下两个方面：

一是立足保险业务内。在保险公司、保险行业协会和保险监管部门之间，陕西保监局根据有关保险监管规定，结合辖内市场实际情况，确定了保险消费纠纷调处应遵循的“合法性、便捷性、约束性”三大原则，设立了“调解＋裁决”保险纠纷调处模式，明确了案件受理、调解、记录、调解协议签署、调处结果执行及后续监督等各环节的工作行为，确保纠纷调处机制高效、有序运行。调处机构负责受理发生在保险消费者与保险公司之间的保险纠纷，纠纷双方均可提出调处申请，调处申请时间应在诉讼时效内，申请事项符合事实清楚、情节简单、适宜快速处理等条件且未生效的仲裁裁决或诉讼裁决。调处机构将对照申请案件情况，在5个工作日内作出是否受理的决定并通知申请人。案件受理后，调处机构将根据申请人的具体诉求，先通过多种途径和方式对纠纷事项进行调解，积极促成纠纷双方达成调解协议。如调解无果，对双方争议金额差额在3万元以内的，由调处机构直接作出仅对公司一方有约束力的裁决决定。

二是横跨保险业内外。为有效化解保险纠纷，充分发挥行业调解组织在化解保险纠纷中的作用，切实维护当事人的合法权益，陕西保监局以2012年开始积极探索和推进行业调解与仲裁的衔接机制，指导省保险行业协会与西安市仲裁委、宝鸡保险行业协会和宝鸡市仲裁委联合建立保险专业仲裁办公室，签署保险案件“仲调对接”合作备忘录，在西安、宝鸡两市先行建立了“仲调对接”机制。随后，进一步推进“诉调对接”试点工作，主动与西安市中级人民法院进行沟通协调，确定西安市中级人民法院、雁塔区人民法院、碑林区人民法院为首批试点法院。2016年，陕西保监局与省高级人民法院签订《关于加强保险纠纷诉讼与调解对接机制合作备忘录》，明确了“诉调对接”工作的基本原则、案件适用范围、平台建设及工作流程等问题，为“诉调对接”工作的顺利开展奠定坚实的基础。陕西保监局在不断完善保险纠纷调处机制建设的同时，从四个方面下大力气保障和提升调处结果的执行力：第一，加强对相关违规行为的监管和查处，这是提升调处结果执行力的有力保障。第二，积极推进“仲调对接”“诉调对接”机制建设，进一步确认调处结果的法律效力，强化调解结果的执行。第三，推进各级保险行业协会充分发挥行业自律职能，组织当地的保险公司签署调处机制自律公约，从行业角度倡议各公司积极参与纠纷调处机制，承诺遵守调处工作程序和运行规则，并切实履行调解协议或裁决决定。第四，要求各保险省级分公司支持其分支机构参与当地纠纷调处机制，承认调解协议效力，并在人员、经费以及政策等方面给予支持与配合，切实保障调处机制正常运行。

提高调处效能，建设一支队伍。陕西保监局认为，人是决定性因素，保险纠纷调处队伍的质量和数量是影响和决定保险纠纷的关键因素。为此，陕西保监局指导省保险行业协会组建了专职、兼职相结合的调解队伍。截至2012 年 9 月，全省 10 个地市级保险行业协会保险纠纷调处机构同步设立完成，建立了医疗、汽车及建筑等领域的调解人员“专家库”，组建了一支由行业协会、保险公司和业外调解员组成的纠纷调解员队伍。至此，陕西省保险纠纷调处机制全面建立并启动运行。目前，行业调解员人数已达 315 名，其中业外调解员 44 名，占比为 14%，为顺利开展调处工作提供了坚实的人力保障。

据统计，2016 年上半年，陕西省各级保险行业协会累计处理各类保险合同纠纷 288 件，成功调解 234 件，调解成功率为 81.25%，涉及金额 2046 万元。

（本文发表于 2016 年 10 月 20 日《中国保险报》）

陕西省试行“访后付费制度”

韩　蕾　王小韦

从 2016 年 11 月 1 日起，《陕西省人身险保险公司访后付费制度（试行）》（以下简称《访后付费制度》）正式运行，标志着陕西省保险行业为规范销售行为、防范销售误导增添了新抓手。

《访后付费制度》是在陕西保监局指导下，由陕西省保险行业协会依据《人身保险新型产品信息披露管理办法》等保险规章，结合辖内保险市场实际制定的，目的是防范化解销售误导风险，切实保护保险消费者合法权益，促进人身保险市场平稳健康发展。

《访后付费制度》的主要特点：一是内容明确，方便操作。该制度规定了适用对象和认定完成回访的标准。要求寿险公司对销售一年期以上的保险产品，确认完成回访且不存在代签名等情形后，方可向保险中介支付约定的手续费（此处与佣金同义）；并设定了认定回访完成的两条标准。二是统一规划，分步推行。考虑到升级改造系统、修订代理合同的难易情况，针对个人代理人渠道和银行兼业代理渠道，实行不同的推行时间。按照推行工作整体部署，该项制度从 2016 年 11 月 1 日起率先在个人代理渠道实行，从 2017 年 7 月 1 日起在银邮等兼业代理和专业代理渠道实行，届时实现保险中介渠道全覆盖。三是纳入自律，确保落实。为确保制度落实，一方面，要求人身险公司对业务、财务、中介管理等系统进行改造，达到系统间无缝对接，通过系统管控减少人为不当干预；另一方面，通过相关程序，陕西省保险行业协会将《访后付费制度》执行情况纳入行业协会自律公约，择机进行自律检查，确保制度贯彻实施。

（本文发表于 2016 年 11 月 24 日《中国保险报》）

陕西保监局举办党务干部专题培训班

孙韵平　许　凤　王小韦

日前，陕西保监局党委在延安举办为期3天的党务干部专题培训班，对机关、行业协会党支部书记和支部委员20余人进行集中培训。举办党务干部专题培训班，旨在掀起学习贯彻党的十八届六中全会精神热潮，深入“两学一做”学习教育，提升党务干部综合素质。

贴近干部实际，精选培训课程。综合考虑保险监管部门工作性质、岗位设置、干部知识结构等实际情况，在课程设置上，既有系统的理论学习，也有鲜活的实务操作。在理论学习方面，聘请延安市委党校教授，围绕党章党规准则和条例、党的十八届六中全会通过的《关于新形势下党内政治生活的若干准则》《中国共产党党内监督条例》等主题深入辅导；在实务操作方面，邀请具有多年优秀基层党建工作经验的延安市机关工委副书记为大家传经送宝，让党务干部听得懂、学得会、用得上。

重温经典教育，坚定理想信念。2016年恰逢中央红军长征胜利到达陕北80周年，参训党务干部通过重温长征的艰苦历程和圣地延安的光辉历史，感悟伟大的延安精神，进一步坚定理想教育。

坚持学以致用，开展座谈交流。在培训期间，组织全体参训党务干部开展座谈交流，围绕“两学一做”学习教育主题，坚持问题导向，深入查找当前基层党组织建设中普遍存在的问题，并结合此次培训授课内容谈认识和体会，对进一步加强全局基层党建工作提出很好的意见和建议。

（本文发表于2016年12月2日《中国保险报》）

延安保监分局营造行业发展环境

高 川 王小韦

延安保监分局挂牌成立以来，克服事务新、人手少、任务重等诸多困难，高位起步，积极作为，各项工作进展有序，成效明显。

规划蓝图，主动对接，营造发展环境。在保险业"新国十条"的指引下，根据《陕西省人民政府办公厅关于加快发展现代保险服务业的实施意见》（陕政办发〔2014〕133）精神，结合延安保险业发展实际，延安分局协助出台了《延安市人民政府关于加快发展现代保险服务业的实施意见》（以下简称《实施意见》）。延安保监分局在局内明确各科室的任务分工，积极与政府相关部门对接协调，及时向各公司下发通知，确保《实施意见》的贯彻落实。

建章立制，理顺流程，履行监管职责。按照保监会关于保监分局建设的相关规定，在省局指导下，延安分局建立健全各项规章制度。目前，延安保监分局各项制度逐步完善，《延安保监分局现场检查和行政处罚工作规程》《延安保监分局行政许可内部工作规程》《中国保险监督管理委员会延安监管分局信访工作办法》等制度已建立，分局行政审批工作已步入正轨，现场检查工作、信访投诉工作也有序开展，分局日常监管工作逐步进入正轨。

积极应对，规范理赔，彰显行业功能。延安保监分局在应对延安"6·12"冰雹灾害、安塞"8·15"山洪灾害和榆林府谷"10·24"爆炸事故等灾害时，主动作为，配合当地政府做好灾害事故善后处理工作。保险业开辟理赔绿色通道，简化理赔流程的积极作为得到辖内各级政府的高度肯定，并受到人民群众的广泛好评。

立足长远，深入调研，丰富发展理论。分局确定了政策性苹果保险、保险资金在延安的运用、医疗责任保险发展及榆林车险中介业务发展四个调研课题，各项调研有序进行，已进入分析总结阶段。同时配合西安财经学院、省社科联课题组开展农业保险与扶贫机制的调研，深入了解延安政策性农业保险工作开展情况。

（本文发表于 2016 年 12 月 7 日《中国保险报》）

陕西保监局搭建示范平台支持行业创新

海　畅　王小韦

近年来，陕西保监局坚持依法行政、依法监管，切实履行监管职责，在防范行业风险的同时，搭建示范平台支持保险行业创新，发挥创新示范区（实验区）对行业发展的引领作用。

适时启动，扎实推进。自 2006 年保险业“国十条”颁布以来，陕西省辖内先后建设了杨凌、韩城、铜川三个保险创新实验区（示范区），发挥了对辖内保险创新实验和示范作用。为贯彻落实国务院及陕西省政府有关建设杨凌农业产业示范区（全国唯一国家级农业产业示范区）的文件精神，2010 年 9 月，在陕西省金融办、陕西保监局等单位的见证下，杨凌高新管委会和人保财险陕西省分公司签约，杨凌农业保险创新实验区正式成立，开启了通过创办保险试验区方式进行保险创新的先河，成为保险行业首创。2012 年 6 月被陕西省政府确定为省内计划单列市的韩城市，运行 3 年后，被省政府金融办批准设立区域性金融示范区。以此为契机，经酝酿沟通，2016 年 4 月陕西保监局和韩城市政府签署合作备忘录，成立韩城保险创新实验区。党中央、国务院吹响扶贫攻坚的进军号后，保险参与扶贫攻坚的伟大实践集机遇和挑战于一身。2016 年 12 月 9 日，陕西保监局与铜川市政府签订了《建设铜川保险助推脱贫攻坚合作备忘录》，中国人保和中国人寿陕西省分公司成为实施创新的中坚力量。一个实验区，一座里程碑。不同的保险试验区，试点不同的保险产品和运营方式，反映了保险业的发展历程，反映了保险业在不同发展阶段的不同特点。

因地制宜，彰显特色。首开先河的杨凌农业保险创新试验区完成了三个实验任务：一是农业保险险种，完成了从蔬菜设施单一险种到覆盖农业种植、养殖等全领域的多险种实验；二是创新了生猪、蔬菜价格指数保险并扩展至水果、干果等多产品价格指数保险实验；三是全国首创保险资金直接贷款实验。韩城保险创新实验区正在开展两大实验：一是开展当地特色农作物花椒天气、价格复合指数保险；二是开展全省首个“政银保”小微企业贷款保证保险，由政府、银行、保险公司按1:2:7的比例分担风险，地方财政对纳税达标企业最高给予全额保费补贴，有力地推动了当地小微企业发展。铜川市扶贫攻坚示范区瞄准扶贫攻坚目标，完成两大实验：深化小麦、玉米等传统保险险种经营管理水平，创新对贫困人口特定保险“点对点”精准管理。

总结论证，积极转化。陕西保监局积极推动保险实验成果转化，充分发挥实验效应。对杨凌实验区的“银保富”试点品种由初期的设施蔬菜推广到种植养殖业、林业以及其他设施农业等6个险种，试点地区由杨凌示范区扩大到种植省7个地市的32个县区；价格指数保险试点品种由生猪和蔬菜扩展到水果、地方土特产等，试点范围扩大至西安、宝鸡、韩城等市的7个县区。积极推广铜川保险参与共建扶贫的高效运营模式。例如，铜川市政府出资购买保险服务，已经实现农村小额人身保险等10个统保项目。其中一元民生保险，政策性小麦保险、玉米保险，家庭平安保险，校方责任保险，城镇居民大病保险，新农合大病保险，养老服务机构综合责任保险8个险种实现全市覆盖，农村住房保险、农村小额意外伤害保险2个险种实现建档立卡贫困人口全覆盖。

（本文发表于2017年1月7日《中国保险报》）

陕西创新苹果保险试点　助力老区果业发展

杨科技　王小韦

2016 年 4 月，陕西保监局指导辖内保险机构在革命老区延安创新苹果保险试点，扩大保险保障范围，促进老区果业发展。试点保险公司为苹果生产风险提供防范自然灾害和市场价格波动“双保障”。创新苹果保险试点一年来，承保苹果 1.04 万亩，占全县苹果挂果总面积的 5.1%，为当地 1407 户果农提供 7300 多万元的收入风险保障。试点当年 10 月，苹果地头价格低于试点市场价格，触发理赔条件，试点公司按照合同条款赔偿果农收入损失 360.7 万元，户均赔款 2564 元。主要做法如下。

因地制宜，扩展保险范围。陕西是我国苹果生产第一大省。位于陕北延安革命老区的黄陵县等地是主产区，苹果收入占到农户收入的 70% 以上。从 2007 年开始，陕西启动苹果保险试点，为果农抵御自然灾害风险发挥了积极作用，同时也暴露了传统苹果保险产品的短板：第一，保障范围窄。传统苹果保险能在一定程度上覆盖苹果生产环节因为自然灾害导致的物化成本损失，在此基础上，果农渴望苹果保险还能够应对市场价格变动风险。第二，定损分歧多。传统苹果保险在查勘定损环节，在是否达到理赔条件、赔偿金额等问题上容易产生纠纷，果农和涉及的保险公司也希望苹果保险产品“理赔触点”更易操作。针对传统苹果保险产品的短板，适应双方的需求，积极借鉴外地经验，陕西保监局支持指导人保财险公司开发了全新的苹果保险险种，具有保险责任范围宽、理赔触点明确等特点，将苹果保险保障范围从传统的“保成本”升级为“保收入”，同时覆盖苹果生产过程中自然灾害的风险和苹果成熟上市后市场风险。

政府支持，降低保费负担。为了促进创新的苹果保险落地实施，陕西省政府以及相关的职能部门给予大力支持。陕西省农业厅、金融办、陕西保监局以及黄陵县人民政府将其列为年度重点工作，争取到农业部金融支农创新项目600万元资金支持，全部用于保费补贴。每亩保费630元，财政提供70%的保费补贴，农户只需负担30%的保费。按照中产果园每亩7000元的保险金额，农户每亩只需缴纳189元保费。试点期间，苹果保险共签单保费657万元，其中，农户缴纳197万元，财政补贴460万元。通过财政资金支持，创新的苹果保险一方面降低了果农承担的保费，另一方面大幅提高了保障水平。

通力协作，服务保险创新。为了促进创新的苹果保险试点顺利开展，相关政府职能部门积极作为，人保财险密切配合。黄陵县果业局、乡镇政府挂帅成立工作组，抽调人员，深入田间地头采集收购价、测算苹果产量等相关数据，为理赔提供客观的第三方依据。村委会、农业合作社等主体也在保费收缴、理赔支付等方面配合保险机构，发挥积极作用。人保财险组建了4个“三农”保险服务办公室、123人的专兼职服务队伍，开展各层级培训会，发放了5000多份宣传彩页，力求打通农村保险服务“最后一公里”。通过各方协作，保证了苹果收入保险的服务质量，获得了果农广泛认可，也进一步融洽了干群关系，推动了各项政策的落实。

陕西保监局积极推动新型苹果保险试点，有利于提高果农抗击自然灾害和市场波动风险能力，发展农村经济，增加果农收入；有利于推动传统苹果保险创新发展，促进苹果保险转型发展；有利于推动多种传统农业保险险种创新发展，促进农业保险发展。

（本文发表于2017年2月27日《中国保险报》）

农险为杨凌提供风险保障13亿元

张育新　张艳玲　王小韦

陕西杨凌农业保险创新示范区成立于2010年9月，是全国首个农业保险创新试验区。历经8年探索和实践，陕西杨凌农业保险创新示范区成效显著，促进了农业新技术的推广应用，促进了农民增产增收，促进了全省农业保险的发展和创新。

据统计，从试验区建立至2016年上半年，农业保险为杨凌4996家次涉农企业和农户提供风险保障12.97亿元，赔款支出2463.92万元，受益涉农企业和农户1897家次。价格指数保险和涵盖价格波动风险的收入保险共为1756户农户和涉农企业提供风险保障9928.46万元，赔款支出526.43万元，受益农户和涉农企业1668家次。

形成三个效应

紧扣主导产业，赢得多方支持，形成“叠加”效应。杨凌位于陕西省关中平原中部，是中华农耕文明极其重要的发祥地之一。1997年7月，经国务院批准成立杨凌农业高新技术产业示范区，纳入国家高新区管理，是我国目前唯一的农业高新技术产业示范区。以此为契机，陕西保监局主动作为，积极争取陕西省政府以及农业厅、财政厅等相关厅局支持，于2010年9月依托杨凌农业高新技术产业示范区建立了全国首个农业保险创新试验区。试验区成立后，先后主办（承办）组织十几次农业保险专题研讨会，大力推动试验区各项保险创新项目的开展。

紧扣农民需求，创新保险产品，形成“集合”效应。杨凌试验区内有农业合作社474家，其中在当地有农业生产基地的合作社172家。与传统农业发展模式相比，杨凌试验区现代农业呈规模化、产业化发展。经过广泛调研，陕西保监局认为促进农业发展、农民增收，一方面需要应用新兴农业技术，另一方面也需要通过保险产品创新，化解多种自然灾害、融资难、价格波动等市场“三大风险”。为此，保险创新试验区做了以下创新：一是创新“银保富”保险项目。“银保富”是陕西省原省长提议并命名的新型农村金融系列产品，采取“农户＋财政＋保险＋银行”的模式，由农户或农业企业购买保险产品，省政府提供70%的保费补贴，杨凌区政府根据险种提供不同比例保费补贴，保险公司在为农户和农业企业提供风险保障的同时，通过提供保单抵押，帮助农户获取银行贷款。二是创新价格指数保险项目。2015年，陕西省在杨凌试验区启动农产品价格指数保险试点，首次试点开展了生猪价格指数保险和蔬菜价格指数保险，标志着陕西农业保险从保成本向保价格扩展，从保自然风险向保市场风险扩展。三是创新保险资金直接融资方式，推出我国首批保险资金支农融资项目。采用“融资＋农业保险＋信用保证保险或第三方担保”模式，使用保险资金直接向农户发放贷款，首批3户经营设施大棚、苗木、猕猴桃和生猪养殖的农民，通过支农融资项目获得农业生产经营资金60万元，探索了保险资金精准支农惠农的新途径。

着眼行业愿景，夯实发展基础，培植“后发”效应。一是引进专家智力。利用试验区内西北农林科技大学这一专业性农业院校的优势，广泛开展保险监管干部、保险行业专家与高校师生的联合调研和科研合作，提升保险业服务农业发展的科学性和专业化水平。二是推出定制保单服务。引导保险业向试验区大型涉农企业推出保险，主动为本香、秦宝等当地农业龙头企业定制个性化保险方案，提升产品的针对性和实效性。三是健全服务网络。大力推动保险公司农村基层服务体系建设，目前已实现杨凌试验区乡镇、行政村保险服务网络全覆盖，在部分重点乡镇和村设立“三农”保险服务办公室和“三农”保险服务站，建立起遍布所有村落的农村保险协调员队伍。

解决系列痛点

提高保障能力，促进农民增收。杨凌试验区开展的创新农业保险项目，有效减轻了自然灾害、意外事故等风险对农户和农业产业的影响，提高了农户和涉农企业抗风险能力。例如，“银保富”试点开展第2年，陕西关中地区遭受60年不遇的暴雨、连阴雨特大灾害，杨凌区约2500多座日光温室蔬菜大棚不同程度倒塌，菜农损失严重。设施蔬菜“银保富”共为受损的80多家合作社、726户菜户赔付248.62万元，在帮助菜农恢复生产中发挥了重要作用。目前，“银保富”已实现对杨凌区大型种植养殖企业100%覆盖，创新融资渠道，缓解贷款难题。试验区创新农业保险项目有效增加了农村信贷资金投放。例如，杨凌龙头企业秦宝牧业投保了繁育肉牛“银保富”保险，保险业在提供风险保障的同时，帮助该企业累计获得银行贷款2.4亿元，有效解决了企业融资难的问题。又如，某蔬菜专业合作社交纳保费1.4万元，为186个蔬菜大棚投保了设施蔬菜“银保富”保险，撬动其获取银行贷款180万元，及时获得了生产资金支持。从2009年试点开始到2016年上半年，仅“银保富”保险项目就带动银行贷款2.69亿元，为农民和农业企业缓解了生产经营资金不足的困难。保险资金支农项目开展一年来，累计向农户发放贷款240万元。“银保富”等保险项目通过运用财政补贴政策，有效调动银行、保险资源，促成银行涉农信贷业务与农业保险风险保障相结合，以少量的财政补贴资金撬动了数十倍的银行贷款，实现了政府、银行、保险和农户四方共赢，有效推动杨凌农业产业化发展，促进农民增收。2015年，杨凌区实现农民人均可支配收入11284元，比陕西省农民人均收入高近30个百分点。

发挥引领示范，推进行业创新。“银保富”试点品种由初期的设施蔬菜推广到涵盖种植养殖业、林业、其他设施农业等6个险种，试点地区由杨凌示范区扩大到全省7个地市的32个县区；价格指数保险试点品种由生猪和蔬菜扩展到包括蔬菜、水果、生猪、肉牛等七大类农产品，试点范围扩大至西安、宝鸡、韩城等市的7个县区。同时，在价格指数保险的基础上，试点推出综合保障自然灾害风险和价格波动风险的农产品收入保险；保险资金支农融资项目逐步扩大试点范围，放贷量不断增加。试验区的创新示范引领作用得到有效发挥。

（本文发表于2017年3月2日《中国保险报》）

陕西延川试点保险扶贫新模式

高　川　王小韦

近日，人保财险陕西省分公司与延安市延川县人民政府签订“政融保”金融扶贫项目合作协议，约定保险公司在开展传统保险业务过程中，通过发挥政府部门的多重作用，叠加提供融资业务，缓解农村融资难、融资贵问题，试点保险扶贫新模式。

保险扶贫新思维。在传统的思维模式下，保险行业通过发挥经济补偿功能，通过对补偿因自然灾害给农业生产带来的损失，补偿因意外事故等给农民造成的健康损失，增加农民收入。陕西延川试点的“政融保”扶贫模式，保险公司在继续开展保险业务的基础上，向特定的保险客户叠加提供贷款，同时满足保险客户对融资和化解风险的需求。

保险扶贫新产品。“政融保”金融扶贫项目开创了“政府支持 + 融资支农 + 保险保障”的金融扶贫新模式，人保财险作为中国保监会首家批准试点支农融资业务的保险机构，将延川县作为陕西开展保险支农融资业务的试点地区，通过发挥保险保障、保险资金等优势，将在光伏发电、蔬菜种植、肉牛养殖等领域提供保险、融资等综合金融服务。延川县政府发挥组织协调优势、提供保费补贴、担保增信等政策支持，实现“政融保联动”，为贫困农户和农业企业提供农业保险及信贷资金支持。

保险扶贫新风控。“政融保”金融扶贫的新模式下，为降低和管控融资过程中可能产生的风险问题，由政府指定的机构开展融资项目论证和筛选，由政府指定的担保公司提供担保，同时要求保险公司提高经营能力，实现多方共赢、共同发展。

据介绍，陕西延川保险扶贫新模式首期融资额度为5亿元，必将为延川地区经济发展和农村脱贫注入新活力。

（本文发表于2017年4月10日《中国保险报》）

陕西黄陵县打造民生保险网

慕阳阳　王小韦

日前，陕西省黄陵县民政局与人保财险黄陵县支公司签订了一份“民生保险”合同，约定该县户籍人口和暂住人口因自然灾害或者实施见义勇为行为导致的生命和财产损失，由保险公司承担补偿责任，为此所需的保费由县财政统一出资。

丰富治理手段，借力保险“杠杆”。黄陵县政府统一出资购买商业保险，引入保险公司参与处置自然灾害、见义勇为行为派生风险，是在现代社会风险复杂化背景下，丰富政府社会治理的具体体现。该县地处陕北高原南端，属革命圣地延安管辖，全县户籍人口 13 万人，经济和社会发展在全市居于中游。黄陵县之所以在本级财政不富裕的情况下出资购买商业保险，既有切身的实践体会，也有深度的认识。据统计，该县从 2009 年开始发展农业保险以来，收到商业保险公司农业赔款不低于 2141.5 万元，提供的财政配套资金为 709.73 万元，2016 年尝试苹果保险试点，打通了生产环节和市场销售环节的风险，为全县 1405 户果农提供了 657 万元的风险保障。商业保险发挥“稳定器”作用，在一定程度上辅助了政府管理市场。

主动营造环境，促进行业发展。黄陵县开展民生保险，引入保险机制防范和化解风险，有认识水平提高的内在因素，也离不开良好的保险业发展环境。按照统一部署，延安保监分局于 2016 年 5 月挂牌以后，认真贯彻执行保险业发展“新国十条”，在陕西保监局直接领导下，在延安市委市政府的大力支持下，一是深度参与起草延安市《关于加快发展现代保险服务业的实施意见》，确保充分反映行业发展诉求；二是推动延安市保险业认真履行社会责任，积极参与重大灾害事故的理赔善后工作；三是对延安市保险机构进行

“两个加强、两个遏制” 回头看督导，督促公司整改情况。通过提高保险行业的经营能力和规范意识，也有力地促进保险行业积极参与社会治理，彰显行业独具的保障功能。

夯实管理基础，提高服务能力。作为黄陵县民生保险承保实施单位的人保财险黄陵县支公司，虽然说在保险业具有丰富的经验，是连续多年的农业保险服务机构，也是 2016 年开展苹果保险的实施单位，但是对于开展自然灾害尤其是见义勇为行为风险处置还是有业务空白。为此开展三项工作：一是加强培训，提高技能。黄陵县支公司安排专人负责此项工作，并进行了针对性的培训。二是完善档案，明确对象。在黄陵县民政局等单位支持和配合下，黄陵县支公司建立健全户籍人口和暂住人口档案。三是前移风控，以防为主。为排查潜在风险，黄陵县支公司协同相关单位，深入自然灾害潜在风险集中的乡镇村庄进行调研摸底，前移风险关口，防患于未然。

（本文发表于 2017 年 4 月 11 日《中国保险报》）

延安发文促推食责险

薛　玥　王小韦

日前，陕西监管局延安监管分局与延安市食品安全委员会、延安市食品药品监督管理局、延安市金融办联合下发了《关于开展食品安全责任保险工作的意见》（以下简称《意见》），为辖内发展食品安全责任保险（以下简称食责险）营造了良好环境，为保障食品安全生产提供了保险防线。

明晰责任，齐抓共管。引入食责险保险机制，保障食品安全对一些食品生产经营者是新事物，对相关监管主体是新手段。《意见》明确了各方主体在推动食责险过程中的作用。在食品生产监管领域，食品生产经营企业承担主体责任，监管部门督促主体积极投保食责险；在食责险经营领域，相关的保险公司是主体责任，监管部门督促主体深入投保主体生产现场开展投保前、投保中、投保后全过程风险管控，科学测算保费及保险金额，严格按照合同办事，消除投保食品生产经营主体食品质量隐患，发现问题及时要求投保主体进行整改。

稳健经营，试点先行。引入食责险保险机制，对于保险公司来说是新险种，发展机遇和挑战并存。《意见》明确指出，食品药品监管部门选择学校食堂、提供群众性聚餐宴请服务的城乡餐饮服务持证企业等主体中参与试点，金融管理和保险监管部门选择信誉好、实力强、网点多的保险机构开展试点，先行先试，积累经验。在试点过程中，重点把握好保险责任范围、保险责任限额、合理的费率和保险理赔。在取得经验和大量数据的基础上，向更大的区域、更多保险主体推广。

健全机制，扎实推进。引入食责险保险机制，即需要专业监管部门强力推动，还需要当地政府大力支持，以及食品生产经营主体密切配合。《意见》

明确指出，延安市食品办将推动食责险工作纳入区县食品安全工作评议考核范围，食品药品监管部门将会商有关部门支持按照规定投保食责险的食品生产经营企业，承保的保险公司可以根据投保食责险主体风险管控水平实行差异化费率，发挥保费杠杆作用，引导投保主体安全生产经营食品。

（本文发表于2017年4月26日《中国保险报》）

陕西查处非法“车险超市”

王雨飞　王小韦

目前，陕西保监局会商工商部门依法对某“车险超市纺织城店”进行联合调查，现场复印了保单、加盟协议书等资料，这是陕西保监局依法查处非法“车险超市”活动的一个缩影。

针对市场上出现的一些非法“车险超市”现象，陕西保监局坚持“标本兼治，治标先行”原则，通过实施一系列综合措施，查处违规行为，规范车险市场。

一是重申监管规定，强调合规经营。非法“车险超市”开展的“买商品，赠保险；买多少，赠多少”“车险零元购”宣传经营活动，本质上仍然是“买车险，送商品”活动，该行为触犯了《保险法》等保险监管规定，扰乱车险市场秩序，侵害消费者权益。陕西保监局要求辖内保险公司、保险中介机构严格执行《保险法》等保险监管规定，合规经营。

二是启动个案检查，掌握一手资料。非法“车险超市”经营活动链条长、涉及面广、法律关系复杂，在综合研判的基础上，陕西保监局决定对某持有营业执照但没有保险代理业务许可证的机构开展调查。经过初查，目前已经基本摸清非法“车险超市”经营过程中，人员管理、单证管理、保费流转、佣金结算及加盟方式等基本情况，取得了阶段性成果。

三是研究配套改革，提高监管效率。非法“车险超市”形式出现，固然有违规者铤而走险，但是也为完善配套改革提供了契机。按照商事制度改革和保险中介机构市场准入改革规定，从事保险中介业务的申请人先申请营业执照、后申办业务许可证，只有在证照齐全的情况下，才可以开展保险中介业务，但是有的申请人仅在申请到营业执照的情况下，就开展保险中介业务。

四是开展行业联动，形成良好氛围。非法“车险超市”经营活动中，也折射出部分保险公司和保险中介机构管理中存在的薄弱环节。为了遏制和查处非法“车险超市”，陕西省保险行业协会发布了风险提示，所有的财产保险公司对签约的保险代理人和保险中介机构进行排查，所有的保险中介机构进行自查。

（本文发表于 2017 年 5 月 4 日《中国保险报》）

陕西保监局召开保险中介监管工作会

王雨飞　王小韦

日前，陕西保监局召开2017年全省保险中介监管工作会议。辖内各保险公司省级分公司分管中介业务的副总经理、保险专业中介机构及部分兼业代理机构负责人参加了会议。

会议传达了2017年全国保险中介监管工作会议精神，转发《中国保监会关于进一步加强保险业风险防控工作的通知》，通报了2016年保险中介市场运行情况、近5年的行政处罚情况及2017年全省保险中介监管工作要点。

会议对保险中介现行有效监管规章、规范性文件进行梳理，分别提炼出保险专业中介机构、保险从业人员、保险兼业代理和保险公司中介业务等方面的监管重点要求，汇编成制度清单下发给各保险机构。

会议邀请了两家保险经纪公司，两家保险经纪公司分别就开展客户风险评估、防灾防损及风险培训、责任险业务发展进行了专题经验分享报告。

会议强调了三点意见；一是认真学习领会，识大局，讲政治。要求各保险机构认真落实中央经济工作会议及全国、全省保险监管工作会议精神，明确当前及今后一段时期保险中介面临的形势和任务，找准工作的重点和着力点，切实发挥维护国家安全、促进社会稳定、推动行业健康发展的作用。特别强调了党建问题，提出监管部门将积极关注国有或国有比例较大的专业中介机构党的建设，关心非国有专业中介机构党组织活动问题，鼓励中介机构成立自己的党组织，通过加强党建带动业务合规发展。二是坚持依法经营，防风险，明责任。针对近年来保险中介市场违法违规案例，强调中介机构要依法合规经营，不做套费走账的通道，不做洗钱的工具，不做贪污腐败滋生的温床。要求中介机构找准努力方向，拓展业务领域，发挥技术优势，提升服务能力。三是不要触碰红线，学法规，补短板。要求保险机构要加强监管政策和法律法规学习，明确什么可以做什么不能做，不该干的事坚决不干。要加大管理力度，落实机构主体责任。要牢固树立合规意识，不抱侥幸心理。

会议提出，将在保险中介领域开展一次全面摸底普查，对辖内所有专业中介机构进行巡查，摸清陕西省中介机构底数，对无人员、无地址、无业务的“三无”机构要予以取缔。要求各机构高度重视，积极配合，并以此为契机建立全省保险中介基础数据库，举全行业之力摸清现状、防范风险、净化市场。

（本文发表于 2017 年 5 月 12 日《中国保险报》）

保险业的精准扶贫

王雨飞　常　璇

探索和创新保险扶贫的有效方式，是确保保险扶贫工作取得实效的关键。笔者以陕西省为例，尝试分析服务扶贫搬迁工程的切入点。

陕西扶贫搬迁的基本情况

长期以来，贫困是陕西省发展的制约因素之一，扶贫开发历来是陕西省工作的重中之重。其中，陕南地区是全国六大连片贫困地区之一，28 个县区中，21 个属国家或省级贫困县；陕北白于山区是陕西三大贫困地区之一，农业总人口 80 万人，贫困发生率约是全国平均水平的 10 倍，绝大多数的贫困人口仍居住在土窑洞里。[①] 2011 年，“陕南地区移民搬迁安置”“陕北白于山区扶贫移民搬迁”工程开始启动，按照陕西省政府的总体规划，扶贫搬迁项目将从 2011 年持续到 2020 年，利用十年时间，完成陕南 3 市 28 县的扶贫搬迁工作，安置移民 60 万户，共计 240 万人，项目资金总需求 1109.4 亿元。陕北白于山区扶贫搬迁的资金则需要近 50 亿元。据统计，“十二五”期间，陕西省已累计有 49.16 万户，共 174.7 万移民搬进了服务便捷的新型社区，摆脱了自然灾害的威胁，共享健康有益的生产生活方式。

面临的主要问题

陕西省扶贫搬迁工程规模宏大，情况复杂，也面临着诸多问题。

一是社会保障问题。按照总体规划确定的集中安置政策，预计将有大量

① http：//travel. ifeng. com/china/detail_ 2011_ 05/24/6591847_ 0. shtml.

农村居民进入城镇，据统计，2014 年，陕南地区搬到城镇规划区的群众占到总搬迁人口的 50% 以上，这个规模相当于把陕西省的城镇化率提高了 3.47%。[①] 鉴于目前社保基金缺口巨大，随着扶贫搬迁工程的推进，农村转移人口不断增加，养老、医疗等社会保障面临的形势将更加严峻。

二是风险问题。农业生产方面，移民搬迁使相当一部分农村居民进城入镇，加速了农村土地流转和规模经营，提高了土地集中程度，使单个农户的生产抵御风险能力下降。一旦发生较大的自然灾害，承包经营的移民家庭将蒙受巨大损失。城镇化建设方面，为妥善安置移民，需要建设大量规模不等的城镇。这些新建的城镇，从通信、供水、供电等基础设施，到工厂搬迁、房屋建筑、生活配套设施的完善，均面临风险，一旦遇上自然灾害或意外事故，都会给移民安置造成不同程度的困难。

三是就业问题。主观上看，移民技能水平总体偏低。一方面，受教育程度普遍偏低，劳动技能单一，就业渠道较为狭窄，许多移民因担心无法在城镇就业而一再拖延搬迁时间；另一方面，搬迁移民技能培训观念淡薄，缺少主动参加培训的意识，在一定程度上影响了转移就业步伐；客观上看，拓宽搬迁移民就业渠道受自然条件和经济发展制约较多。陕南 3 市 28 个县（区）中有 21 个属于国家或省级贫困县，山大沟深平地少，产业园区和工厂企业分布不均，旅游产业欠发达，经济基础薄弱，吸纳就业能力低，无法提供足够的就业岗位。

四是资金问题。陕西扶贫搬迁工程建设资金缺口巨大。一方面，地方财政资金严重短缺，落实移民社区基础设施项目配套难度很大。另一方面，搬迁对象大都自筹资金能力弱，缺乏抵押物和稳定收入。在没有无息贷款或贴息贷款等优惠政策的条件下，大量的借贷以及高额的利息使移民家庭背上沉重的经济负担。

---

① 刘书云，郑昕．《百万大移民逼出陕南城镇化新局》［J］．《瞭望新闻周刊》，2014，（21）：48－49.

保险业服务扶贫搬迁的切入点

面对扶贫搬迁面临的诸多问题，作为社会稳定器、经济助推器的保险业，应充分发挥其服务功能，为政府分忧，为移民解愁。可以考虑从以下几点切入。

一是分担社会保障压力。整合城乡居民养老、医疗等保险制度，解决大量农村转移人口的社会保障，是扶贫搬迁工程需要解决的重要问题，通过商业保险这种市场化的社会保障机制，能够减轻政府的社会保障责任，分担移民搬迁带来的社会保障压力。2014 年，保险业在国内 27 个省份开展了 392 个大病保险统筹项目，覆盖 7 亿人口，参保群众保障水平普遍提高 10 ~ 15 个百分点，各类医疗保障经办服务人数达 3.2 亿。建议进一步完善移民地区商业保险与社会保险的合作机制，继续扩大商业保险机构受托管理新农合、城镇居民基本社会保障服务的渠道。健全城乡居民大病保险制度，进一步拓展覆盖面，逐步提高报销比例，建立专业队伍，提高管理服务效率，为参保人提供更加高效便捷的服务，集中行业优势资源和力量，不断提高移民地区医疗服务能力。

二是抵御自然意外风险。通过创新发展各类农业保险，有利于用市场化机制解决移民搬迁面临的各类自然、意外风险。2014 年，我国农业保险已提供风险保障 1.66 万亿元，向 3500 万受灾农户支付赔款 214.6 亿元。建议扩大移民地区农业保险保障范围和覆盖区域，逐步提高保障程度。因地制宜，在陕南地区，大力推动核桃保险、农房保险等险种的进一步发展，在陕北地区，大力推动大枣保险、马铃薯保险等险种的进一步发展，鼓励有条件的公司积极开展肉羊保险试点，帮助从事农业生产的移民抵御自然灾害。此外，进一步加强移民地区农业保险基层服务体系建设，优化服务流程，为移民家庭提供优质服务。

三是创新金融支持形态。保险资金具有规模大、期限长、稳定性强的特点，能够很好地匹配移民搬迁的资金需求，提供长期稳定的资金支持，丰富投融资方式。2014 年，我国保险业总资产首次突破 10 万亿元，保险资金运用余额达到9.3万亿元，积极参与了一些国家重大基础设施建设和民生工程建设。目前，许多保险机构也在积极争取参与陕西省保障房建设、西咸新区等重点项目。此外，农村小额信贷保险可有效增强移民因遭意外而削弱的还款能力，提高获得贷款的可能性，获得生活、创业所急需的资金。建议考虑建立由发展改革委、金融办、保监局等多部门共同参与的“险资入陕”工作机制，明确责任分工，通过丝绸之路经济带投资推介会、西洽会等投资对接、宣传平台，吸引保险资金支持扶贫搬迁等大型民生工程。积极在移民地区研究探索“农业保险+农业信贷”的信贷扶贫模式以及“扶贫小额贷款保证保险”，加大对农村银保互动机制的支持推广力度，缓解移民家庭生产、创业融资难的问题。

四是拓宽移民就业渠道。保险行业既是资本密集型行业，也是劳动密集型行业，每年能吸纳大量的就业人口，缓解全社会的就业压力。据统计，保险营销员很多来自下岗工人、无业人员和农民，从事保险营销，在不需要国家投入的情况下，能够解决大量人员的就业问题。[①] 当前，我国保险营销员人数已超过500万，受“新国十条”出台、《保险法》取消销售人员从业资格要求等利好因素影响，保险业有望为移民提供大量就业机会。建议考虑针对移民开展风险管理、保险、营销等知识的技能培训，吸收符合条件的移民进入保险行业，提高移民职业素养，缓解移民地区的就业形势，减轻政府负担。

（本文发表于2016年10月《中国保险报》）

① http://topics.caixin.com/2015-03-05/100788466.html.

陕西保监局与省工商局联合发文整治中介市场乱象

王雨飞

针对近年来保险中介市场表现较为突出的非法开展中介业务问题，近日，陕西保监局联合陕西省工商局，向各市级、县级、区级工商部门下发《关于做好保险专业中介机构登记注册与行政审批衔接工作的通知》，将保险监管准入条件提前“嵌入”至工商登记注册审核环节，防止出现监管“真空地带”。

一是注册名称。保险专业中介机构注册名称中须包含“保险代理”“保险经纪”或“保险公估”字样。

二是注册资本。全国性保险专业代理和经纪法人机构，注册资本不低于5000万元，汽车相关企业出资比例在50%以上的区域性代理机构，注册资本不低于1000万元，均须为实缴货币资本。

三是经营范围。保险专业中介机构经营范围须严格按照监管规定要求核定，不得兼营其他业务。

四是办理程序。保险专业中介机构为行政审批后置事项，取得营业执照后，应及时到监管部门申请业务许可证或办理备案手续。

（本文发表于2017年10月27日《中国保险报》）

保险创新篇

借鉴美国经验　推动我国农险转型升级

杨科技　王小韦

面向“十三五”，农业保险（以下简称农险）如何更好地为我国农业现代化和农村精准扶贫工作提供保障，需要我们进行认真思考和积极探索，借鉴农险经营技术成熟以及保险业发达的国家和地区的经验无疑是有效路径之一。

美国农险经营的优点

美国作为全球最大的农业保险市场，其农业保险发展历史悠久，农业生产技术成熟，对于提升我国农险经营能力具有很好的借鉴意义。相对而言，美国农险具有以下特点。

一是功能定位高。在美国联邦政府的农业支持保护政策体系中，美国联邦政府将农险作为第二大政策杠杆。例如，2014 年奥巴马总统所签署的《食品、农场及就业法案》提出：2014—2018 财政年度，联邦政府每年的农业开支预算约为 1000 亿美元，其中约 80% 用于资助营养计划（主要帮助低收入家庭提高营养水准），8% 用于农业保险项目。

二是险种结构优。美国农业保险产品纷繁复杂，有 200 多种，但按照保障机制主要分为产量保险和收入保险两部分，涵盖了农业生产自然风险和市场全过程风险。第一，产量保险。产量保险是以产量损失作为赔偿触发机制的保险产品，其保障金额是基于历史产量和农产品预测价格计算的，主要保障因旱灾、涝灾、冰雹、大风、大雾及病虫害等自然原因造成的产量损失，包括产量保护保险、区域产量保护保险和实际产量历史保险等。需要指出的是，美国农业巨灾保险（CAT）主要适用于产量保险，其对农户的平均产量提供50%的保险，赔偿金额根据当年所预计的市场价的60%计算。CAT具有一定的强制性，保费全部由政府全额补贴，但农户需要缴纳一定额度的保险手续费。第二，收入保险。收入保险是美国农业保险的主要产品，包括收入保障保险、浅层次收入保护计划及整体农场收入保障保险等。2015年其保费收入约占美国农险总保费的83%。收入保险是以农业收入作为赔偿机制的保险产品，其保险金额是基于保障的农作物产量乘以预测价格或收获价格确定的。当投保人的收获产量乘以收获价格所得收入小于保险金额时，保险公司赔偿其差额。

三是运行机制全。美国建立了较为完备的农业保险运行机制。美国在农业部下设了风险管理局和联邦农作物保险公司。目前，风险管理局已在全国设立了10多个分支机构。此外，美国还有10多家商业保险公司，1万多名保险代理人从事农业保险业务。

四是补贴项目多。美国建立了完备、科学的农业保险补贴体系，比如多层次的保费补贴政策。对于保障程度低的巨灾保险实行保费全额补贴，农场只需要缴纳300美元的管理费。对于其他险种，保障程度越高，保费补贴比例越低。

我国农险经营的短板

我国自2007年实施中央财政农业保险补贴政策以来，农业保险实现了快速发展，在服务“三农”方面发挥了积极的作用。但是，与“三农”需求相比，还存在一些短板。

一是功能定位不高。美国将农业保险作为最重要的农业支持保护和农民收入增收政策之一，联邦政府每年安排约500亿美元用于农业保险补贴。

二是保障程度不足。美国农业收入保险约占美国农险规模的83%，而我国目前主要开办的是“保成本”“保自然风险”的农险品种（如玉米保险的保险金额为400元/亩，主要保障自然风险），农业收入保险在我国基本未开办，农产品价格指数保险也处于理论探讨阶段。

三是补贴力度不大。美国对基本的巨灾保险保费实行政府全额补贴，且实行半强制，农场主只有加入该计划才能享受其他农业政策支持。对于其他农险产品，农场需要保障的风险程度越高，其自行承担的保费比例就越高。而我国中央财政农业保险保费补贴比例较为单一，无论农户投保意愿高低，实行同一比例的补贴政策。

四是管理体制不顺。美国农业部风险管理局是政策农业保险的主管部门。我国则实行分散的农业保险管理体制，农业保险职责分散在各个部门。

提升我国农险经营的对策

未来我国农业保险要担负起“支持农业发展，增加农民收入”的重任，必须加大产品和服务等供给侧改革，进一步转型升级。

一是从“保成本”向“保收入”转型，着眼提高保障程度。我国当前所开办的种植业保险主要为成本保险，即保险金额主要参照种植期内所发生的直接物化成本（包括种子成本、化肥成本、农药成本和灌溉成本等）确定。未来我国农险要积极开展产量保险、价格保险和收入保险等，帮助农户化解自然和市场双重风险。

二是从“地方自愿配套”向“中央统筹发展”转变，着眼理顺管理体制。按照我国现行的农业保险补贴政策，各省、直辖市、自治区本着自主自愿的原则，向中央申请保费补贴。对于纳入中央财政补贴目录的品种，地方需要先行配套补贴后，方可享受中央财政保费补贴。

三是由“粗放式补贴”向“精细化补贴”转型，着眼优化补贴政策。逐步取消基于计税面积的粮食种植直接补贴，加大基于风险和收入的农业保险补贴力度。建立全国统一的农险数据库，逐户逐人采集农户个人信息以及种植养殖标的信息，并与财政部门、农业部门的信息进行联网校对，加大数据准确性和全面性的核实力度，为完善农村金融市场奠定基础。

美国作为全球第一大农业保险市场，其农险经验对于完善我国农业保险制度、提升我国农业保险服务现代农业的能力具有重要借鉴意义。但美国农业户均耕地面积、农业生产经营方式以及农业保险发展所处的阶段与我国存在较大不同，在借鉴其经验的同时，我们也要坚持“以我为主，因地制宜”

原则，探索具有中国特色的农业保险发展之路。

（本文发表于2016年8月30日《中国保险报》）

新环境、新理念、新举措

——构建农村保险保障新格局

王小韦　马丽娟

构建农村保险保障新格局，一举多得：一是有利于发挥保险经济补偿功能，落实“保险姓保”；二是有利于发挥保险资金融通功能，吸引资金支持“三农”事业；三是有利于发挥保险社会管理功能，减少农村风险事故。

本文紧扣构建农村保障主题，回顾了国家相关政策变迁，立足新环境，立足新理念，提出新举措，供同业间交流。

新环境：扩张、转型、提高

本文所说的新环境时间节点是指发布保险业“新国十条”的2014年和修改《保险法》的2015年。构建农村保险保障新格局，需要服从于特定时期的国家宏观经济政策。

一是商业保险需求扩张。城乡二元经济结构背景下，国家社会保障体系建设中，农村对商业保险的需求高于城市。党的十八大把实现社会保障全民覆盖作为全面建成小康社会的新目标，明确提出了统筹推进城乡社会保障体系建设的新要求和新举措。按照国务院的部署，逐步统一城乡居民医疗和养老保障体系。随着国家投资对农村社会保障支持力度的加大，必然挤压了商业保险空间，而国家支持商业保险参与医保和养老，又为商业保险发展创造了契机。随着财政资金对农业保险支持力度的加大，农业保险发展前景更为广阔。综上所述，农村对商业保险需求趋大。

二是保险监管转型。随着国家商事制度改革向纵深推进，保险业“新国十条”落地实施和保监会“放开前端、管住后端”监管理念推行，国家提高了保险业在国民经济建设中的战略地位，重构了保险产业链条，扩大了保险公司的经营范围，转折性改革了保险营销员（此处与保险个人代理人同义）监管体制，降低了保险专业中介机构市场准入的政策，推行了第二代偿付能力监管制度体系，这为重构农村保险保障体制提供了新的机遇和挑战。机遇在于保险公司在用人、经营范围及产品定价等方面拥有更多的经营自主权；挑战在于保险监管的难度更大，需要与相关监管部门会商的事项更多。

三是保险供给能力大幅提高。在保险发展产业政策和监管政策共同作用下，保险市场供给侧在保险主体、经营范围和竞争策略上发生了很大变化。从保险主体看，中石油等大型企业成立的自保公司，使原有的市场份额发生变化；从经营范围看，有的公司开拓综合金融，有的公司投资养老、医院等，有的公司热衷于境外并购，通过延伸上下游产业，行业经营版图空前扩大；从经营策略看，互联网保险公司擅长对大数据的采集和应用，发力竞争，实施新策略。

对保险主体来说，延伸产业链条，扩大自主权是一把“双刃剑”，影响公司经营管理，也影响公司主营业务收入，从而促使保险公司在公司治理、内控制度建设和发展战略等各环节、各领域提高经营能力。

新理念：前瞻、预防、保护

建构农村保险保障新格局，需要保险监管部门、保险公司和保险消费者三方主体树立新理念。

一是提高保险监管的前瞻性。近年来，在多方共同努力下，保险领域内未发生区域性风险和系统性风险，但是保险销售误导、理赔难等顽疾尚未得到根本解决，一些案件反映出监管制度设计的滞后性。例如，针对销售误导问题，监管部门出台了一系列监管规定，但是在对销售行为进行录音录像方面缺乏规定，导致认定销售误导难；再如，某地发生保险专业中介机构高管“跑路”事件，反映出对保险专业中介机构人员管理、资金管理等规定存在薄弱环节。

为了提高保险监管的有效性、科学性和合法性，保险监管部门既要防范化解风险，又要引领保险业发展，在实际工作中妥善处理好“监管”“主管”的关系。在农村社会保障体系建设中，商业保险公司在农村地区开展业务，而保险监管部门却只在省会城市设立监管局，在少数地区设立监管分局。提高监管效能和质量成为综合改革的新课题，要研究如何有效开展农村地区的保险监管工作。

二是提高保险公司的预防能力。从监管部门发布的数据和公布的消费者投诉看，个别公司保险营销员数量增速、业务增速和投诉增速“三速”不匹配，从一定程度上反映了公司对业务管控不力，反映了公司内控制度执行不到位，反映了保险机构对签约保险营销员的培训、管控不到位。从监管部门公开的农业保险检查处罚案例看，个别保险公司在开展农业保险业务过程中，存在违规甚至违法经营的情形，损害了农民的利益，贬低了保险行业的形象。通过对大量案件分析可知，只要保险公司提高预防能力，就能够防止保险事故的发生，从而一方面降低赔付成本，另一方面避免造成当事人的生命和财产损失。

三是保护保险消费者合法权益。按照《保险法》的规定，保险监管要保护好保险消费者的合法权益。在保险监管实务中，存在保险欺诈以及销售误导、理赔难的问题。针对保险监管实务中发现的问题，反映了加强对保险消费者的教育是刻不容缓的；反映了在对保险消费者加强教育中，保险监管、司法等部门齐抓共管的必要性；反映了保险监管机构对于治理销售误导和理赔难问题尽管取得了显著成绩，但是彻底治理仍然是任重道远的。

新举措：提升三个能力

解决面临的具体困难和问题应采取哪些措施，取决于金融监管架构和监管体制。以下是基于现行的分业经营、分业监管的监管架构和监管体制来研究所应采取的措施。

一是提升监管能力。建好三支队伍：首先，加快保险监管分局建设步伐；其次，加快保险行业协会建设；最后，加快保险公司基层机构建设。保险监管能力建设中，制度建设是基础，系统建设是手段，人才建设是关键。从具体构建农村保险保障来说，在保险监管分支机构向地市、县域市场延伸不能快速到位的情况下，制度建设和系统建设尤为重要。例如，在治理销售误导方面，建议将现行的相关制度整合制定为部门规章，将录音录像的要求写进规章，切实提高保险监管机关查处有关投诉的质量和效率；在治理理赔难中，要求保险公司改善业务流程，将销售、风控和反车险欺诈一并规划，规范车险经营能力；在推行保险公司参与大病保险中，逐步改变只是承办员、出纳员的角色定位，主动会同有关机构参与疾病防控工作，通过减少发病，实现控费的目标。

二是提升经营能力。针对农村保险市场供求，经营农业保险的少数保险公司，应当在人员、装备、资金方面予以倾斜，提高农业保险的服务能力；经营意外伤害保险、人身保险的保险公司要主动加强风险预防，例如协同村委会、村卫生所等单位开展健康教育和风险安全教育；经营机动车辆保险的保险公司，要主动加强风险预防，会同交警队、村委会等机构，开展风险防范教育，增加防灾防损的资金投放，例如赠送倒车影像、雷达等电子设备，在交通事故高发地段设置提示牌，及时维修损毁的公路等，遏制和减少交通事故。

三是提升保险消费者自我保护能力。资料数据显示，目前农村地区发生的车祸、溺水及建筑坍塌等意外伤害事故，已经成为农村地区的风险隐患。保险消费者应当在提高自身综合素质的基础上，认真遵守交通法律法规，学习掌握保健知识，提高防范意识，保护好自己和他人的生命和财产安全。

总体来讲，应充分发挥商业保险功能，使商业保险与社会保障互为补充，共同为农业、农民和农村搭建安全保障网络，促进农业经济发展，促进农民增收，促进农村社会和谐建设。

（本文发表于2016年10月11日《中国保险报》）

机器人“入侵”保险业　哪些保险人的饭碗会被先砸

王雨飞　王小韦

美国科幻电影《机械公敌》中描述了这样一个场景：2035 年，智能机器人已被人类广泛利用。作为生产中的好工具和生活上的好帮手，机器人在各个领域扮演着日益重要的角色，人类对这些能够胜任各种工作且毫无怨言的伙伴充满信任，它们中的很多甚至已经成为某些家庭的成员。这样的机器人不断地更新换代，以致最终叛变，机器人想要取代人类的情况发生。

而在现实中，毋庸置疑，随着人工智能的快速发展，机器人将扮演我们生活中更多的角色。同时也意味着，我们当中的一些人将会失业。

有专家曾大胆预言，未来 30 年，机器人将危及人们的数千万个工作机会，人类会面临前所未有的重大挑战。美国德州莱斯大学资讯科技研究院主任瓦尔第说，许多科技公司如 Google、Facebook、IBM 投资人工智慧系统的比例高达数十亿美元。越来越多的人力工作被机器人取代，如药剂师、狱警及调酒师的工作。

机器人来了

保险行业是一个集技术和劳动力于一体的行业，既有高端技术的精算工作，也有简单重复劳动的非技术岗位，可替代性强，成为机器人攻城略地的首选目标。身为保险人的你，如果觉得被机器人取代还太过遥远，那么就大错特错了，实际上，机器人已经开始“入侵”保险业了。

近期，美国马萨诸塞州的一家保险科技创业公司 Insurify 研制出了人工智能虚拟保险代理人 Evia（虚拟保险代理专家）。Evia 是一个机器人，在你拍下车牌的照片并通过信息发送给它后，它将反馈给你经过筛选的保险报价信息。与人类一样，Evia 会通过问问题验证你的身份，之后才会开始给你发送适合你的保险报价。Evia 还可以根据自己的知识解读保险条款，如果它无法解答，将会有一个人类员工替它进行回复。虽然最后的步骤还是由人类来完成，但保险代理人的主要工作（咨询和交流）的确已经被取代了。

日前，一款会说中文的 Pepper 迷你机器人在台北亮相，并迅速走红，由于其优异的表现，很快就被“推荐”到两家银行和一家保险公司“工作”。台湾最大的保险公司——国泰人寿公司计划在全岛“雇用”10 个 Pepper 迷你机器人，国泰人寿执行总裁理查德·王说：“这些迷你机器人的工作就是迎接客户，并且向他们介绍相关的产品，从而使他们在等待服务的间歇不会觉得特别无聊。”

2013 年，就有媒体报道，上海科技企业研发的“小 i 机器人”中标平安集团的智能客服项目，用户可以在网页上与它进行人机对话交流。小 i 机器人与招商银行联合推出的国内首款“微信客服机器人”，可在微信上为信用卡用户提供 24 小时咨询。如今，在网络信息咨询、热线电话及智能家电等领域，智能对话软件正逐步取代人工客服和传统机器语言。

哪些人将被“机器人”取而代之

的确，在一定时期内，机器人不能将所有岗位取而代之，但如果就此小觑其功能就大错特错了。就目前人工智能发展的情况来看，至少保险业许多岗位面临着来自机器人的巨大威胁。

一是销售岗。以 Evia 和 Pepper 迷你机器人为例，机器人不但具有远超人类的信息储备量，还可以人机对话，能为客户提供更专业、更快速、更全面的咨询服务。此外，机器人还可以拥有超高的情商以及熟练的社交技巧。比如，当人们让 Pepper 迷你机器人猜自己的年龄时，这些机器人一定会比自己预估的年龄少说几岁来讨顾客的欢心，然后其就会向它们的“猎物”进行更进一步的沟通。Pepper 迷你机器人会向它们的“猎物”提供公司内部相关的金融理财产品等信息，并且不断鼓励其“猎物”登录公司的官方网站，或者去咨询公司的销售团队来寻求更深入、更全面的信息。

二是核保岗。当客户通过经纪人或代理商申请保险时，保险核保人员必须核实客户的申请资格，确定保险公司是否应该承担这样的风险。由于申请日益标准化，而且多数机构设立了严格的规则，保险核保人员很可能被自动化技术取代。事实上，在标准化程度较高的车险领域，已有众多公司实现了系统自动核保。

三是客服岗。当前，智能客服机器人已经在多个行业涌现，被人们所熟识。利用自然语言处理技术，智能客服机器人可以理解客户的语言，直接为客户提供合适的信息。随着用户量激增，客服领域面临接通率、客户满意度及呼叫中心成本等压力增大，而智能客服机器人恰好能缓解这些压力，有效降低客服成本，发挥“以一对百”的优势，并实现 7 ×24 小时服务。

四是录单岗。数据已经成为几乎所有行业的重要资产，因此，精准的数据录入至关重要。自动化数据录入速度更快，而且更为精准，这项技术将彻底改变数据录入方式。短期内，保险业依然需要人工录入承保数据，但从长远来看，人工数据录入将逐渐减少。而国内许多保险公司出单员所承担的试算保费职能，对机器人来说更是不在话下。

哪些岗位机器人搞不定

美林证券的报告预测，未来有 47% 的工作可能会被机器人替代，其中制造业和服务业首当其冲。但报告也强调了一项机器人可能无法掌握的重要技巧：创造性思维。就保险业来说，更多需要人类激情、职业道德和判断力、处理复杂沟通问题的岗位，可能受到机器人的冲击相对较小。当然，如果你非要较真的话，这些岗位就算没被机器人取代，也还存在被外包的可能，但这又是另外一个话题了。

一是培训岗。“你可以指望机器人教你解题，但不能指望它给你灌溉心灵鸡汤”。培训师之所以不太可能被取代，是因为机器人无法给受训员工带来激情和自信。虽然机器人在理论上可以取代人类，但机器人并不拥有人类的经历和激情。而丰富的从业经历和饱满的工作热情，恰恰是成为一名优秀保险培训师的重要条件。此外，在情感层面上，人类总是能够比机器人能够更好地识别另一个人。针对不同的人群，设计个性化的培训课程，也是培训师成功的要素之一。

二是法务岗。虽然人工智能可以记住所有法律条文，并立即找到判例，给出正确判断。但人类的优势是有道德感和责任感，能分辨对与错（以事实为根据，以法律为准绳）。但是机器人并不能做到这几点，机器人并没有职业道德和法律意识。此外，法务工作者还有大量的外部沟通工作，你能想象让一个机器人去跟原（被）告、法院谈判吗？

三是高管岗。OMG，开什么玩笑，董事长和总裁们一定会亲手把这种可能扼杀在萌芽状态……“互联网+”被认为是让保险业实现腾飞的一个“风口”，那么从技术发展的角度来看，人工智能很可能会是另外一个。也许在不远的未来，在机器人的冲击下，行业许多岗位将面临萎缩甚至淘汰，必须居安思危。多学点东西，培养自身的创造性思维，以及提高自身的综合素质才是王道。

畅想：机器人顾问有着改变渠道格局的实力吗

渠道，谁处理好它谁就拥有了全世界。

“得渠道者得天下”，似乎很多人并不明白，在互联网时代，这句话似乎变了味道，渠道不再那么重要。事实上，产品、服务同质化越来越严重的今天，渠道是品牌的根本，是真正的核心优势。

对于位居保险市场前列的保险公司，最令人羡慕的不是其庞大的资产规模和净利润数字，而是其无法比拟的渠道网络，以及因此而获得的丰富的客户资源。“老三家”借个险底蕴无敌天下，个别保险公司仰仗银保根基成一方诸侯……个险、银保之后，国内保险行业一直在等待另一个王牌渠道的出现。曾经电销车险的闪光、网销理财险种的闪耀一度给行业以极大希冀，然终滚滚长江东逝水，未曾取得个险、银保般的江湖地位，而这也正是2000年后无数仁人志士开门立派，少有大成者的原因之一。

再看中国保险的发展历程，可知国内保险行业有着太多的历史欠账，从深层次的保险文化以及国民保险意识，到公司商业模式、经营管理，再到具体的产品设计、服务质量等不一而足，最终则体现在行业口碑、从业人员社会地位等听得见、摸得着的地方，累积多年的矛盾也终于在行业倍感困难的2012 年前后集中爆发。

难被信任的传统保险代理人，已确定的转型阵痛下的保费增速下降，智能投资顾问时代的来临，人工智能各项核心技术的不断进步……诸多因素叠加下的国内保险市场亟需一种渠道大发展引发的行业兴奋，尤其是中小保险公司需要打破即将或正在面对的死水微澜之局。那么，机器人顾问有可能成为继个险、银保之后的下一个王牌渠道吗？至少可以成为一种期待，让那些不那么麻木的、有着更大保险抱负的、市场化基因更强的中小保险公司找到可能的突破方向。

（本文发表于 2016 年 10 月 24 日《慧保天下》）

区块链技术是一把“双刃剑”

王小韦　王雨飞

从互联网显示的信息看，最近区块链技术受到多个行业的关注和热捧。经过悉心研究，作者结合当前保险市场实际，谈谈区块链技术对保险业改良需要具备的条件。

“区块链+金融”众说纷纭

当前区块链技术发展具有三大特点：

一是前瞻性。整体看，区块链技术尚处于概念阶段，即使是对其兴趣最浓的IT行业和金融行业，也尚未将其真正运用于实务中。全球领先的保险公司尚未找到利用区块链技术改良保险行业的切入点，更不要说实际应用了；在国内保险行业，仅有几家保险公司对区块链技术进行研究和探讨，还未涉及更深层次的内容。

二是伴生性。区块链技术是互联网技术高度发展的产物，其应用同样需要依托发达的移动互联网、智能移动终端普及等多项外在条件。从以往经验看，要在保险行业广泛应用需要具备多项条件，系统升级改造是基础条件。

三是替代性。理论上说，改良保险经营，关键在于使保险人和被保险人信息对称，区块链技术是达到目标的手段，但不是唯一手段，所以具有替代性。理解区块链技术的特点是判断是否应用区块链技术的金钥匙。

相对而言，银行机构对区块链技术更加青睐。对于区块链技术的发展前景，国家级金融研究机构的看法也是褒贬不一，众说纷纭。具体到保险行业，目前尚缺乏完整的表述，更不要说应用。

“区块链＋保险”需“三步走”

保险行业是否引入区块链技术，需要保险公司股东、保险公司高管和保险顾客三方主体在思想上达成共识。按照决定作用的强弱排序，依次是保险公司股东、保险公司高管和保险顾客。

一是保险公司股东定位公司业务结构。是否引进区块链技术决定权在于保险行业的投资人，所以首先要求投资人观念转变至关重要。保险公司投资人投资行为的出发点和归属点在于获取投资回报率，是否引进区块链技术要考量是否能增加投资回报率。

从当前市场的经营情况来看，投资人看中的主要是保险行业的融资功能。在保险的三大功能中，相比较而言，融资功能是最容易操作和决策的，这也是保险牌照一照难求的主要根源。

为了充分发挥保险行业的社会管理功能和经济补偿功能，保险监管部门多次向保险市场和社会发出“保险姓保”的信号，有的保险公司在逐步销售保障功能更强的险种。

保险行业能不能引进区块链技术进行业务改良，取决于区块链技术能不能为企业提升投资回报率。从目前市场情况看，同样类型的保险公司业务结构不同，经营效益悬殊。比如，在财险行业，车险占据绝对份额，而经营效益则低于资金运用的收益，保险公司的投资人更加看中车险保费的现金流，轻视车险承保经营；有的寿险公司直接由房地产、银行等资本控股，形成大的金融控股集团，保险公司成为大股东的“提款机”。

二是保险公司高管是沿袭粗放经营还是集约化精细经营。保险公司执行层面的高管人员，是执行保险公司投资人战略决策的关键环节。按照现行的保险公司管理体制，保险公司大政方针全部由总公司制定，省级及以下分公司主要承担展业功能，总公司对其考核聚焦于保险规模和市场份额。

基于总公司的考核政策，省级及以下分公司经营指标的底线是总合成率不超过100%，低于则多多益善。在确定业务结构上，完全执行总公司的业务政策，更多地发展理财型业务。例如，对于车险经营来说，如果要精耕细作，需要对产品研发、销售、风险管控等全过程进行管控，而发展理财型产品，主要是依靠银行渠道开展销售，不用建设员工队伍，在与同业竞争中，主要依靠手续费杠杆。再如，对于一些寿险公司来说，如果开展健康险、长期寿险等产品，需要组建员工队伍，需要招聘、培训代理人。尤其是一些中小型寿险公司，虽然在市场上已经存活了数年，对于普通公众来说还是一个陌生的保险公司，但是在银行渠道却有广泛的知名度。从这些公司的资金运用上看，在房地产市场、股票市场收益向好的时期，具有很好的经营业绩。一旦市场有风吹草动，收益就会下滑，或许还会为保险行业发展埋下系统性风险的隐患。

是否引进区块链技术，保险公司经营层面的管理人员考量的首要因素还是总公司的战略规划和考核任务。在实务上，有的保险公司总公司交代省分公司经营的底线是“不大亏、不出事”。同时，在理赔环节，难免出现拖赔、惜赔甚至无理拒赔等现象。

三是投保顾客是追求理财产品还是追求保障产品，是愿意隐匿自身信息还是愿意公开自身信息。传统观念认为，保险是信息非对称市场，其实类似的市场还有很多。例如，在医疗市场上，一般的患者对于自己疾病的了解和医院对患者身体状况的了解之间信息不对称。在现实的保险市场上，保险公司在传统销售寿险产品投保单中，希望采集足够多的投保人或者被保险人身体健康状况的信息，采集的信息越多越好，越真实越好。站在投保人或者被保险人的角度看，隐匿身体真实状况，有的时候是无意识的，有的时候则是有意识的，认为向保险公司提交的信息越少越好。

以车险经营为例来说明。当前车险经营规则酝酿于2012年前后，首批试点启动于2015年6月，试点范围逐步扩大，2016年6月在全国范围内全面推开。此轮商业车险经营规则有长足的进步，但是存在改进的空间，主要表现在车险定价机制上。现行的定价机制是采取从车原则，主要考虑车辆的价格、折旧。尽管引入了车险原则，但是，此处的车型含义主要是车辆“零整比”系数，而不是车辆的安全系数。当然，随着车险经营价格市场化进程加快，车险定价机制会实现从车原则向从人原则过渡。

为了表述方便，按照信息采集丰富程度和采集手段，将车险信息采集分成三个阶段。UBI 车险是采集信息的 1.0 时代，人工智能驾驶是信息采集的 2.0 时代，区块链技术是信息采集的 3.0 时代。在 1.0 时代，保险公司能够采集到投保车辆年度行驶里程、行驶区间、驾驶员驾驶习惯；在 2.0 时代，采集的数据在 1.0 时代的基础上会更加全面；在 3.0 时代，引入区块链技术，在 2.0 时代的基础上，与驾驶人的银行可消费额度、飞机票等信息串联，将会勾勒出投保人一段时间内所有的行为轨迹，这个人也就会成为一个信息含义上的“透明人”，不再有个人隐私。

从车险经营现实情况看，目前我国交通事故出现的相对数量、绝对数量都不容乐观，在车险经营与驾驶人驾驶行为和交通法规遵守情况脱节的背景下，不同的车险消费者对于信息采集的敏感度不一样。那些驾驶行为习惯不好、交通法规意识差的车险消费者，希望维持现状，因为他们可以在同样保额的前提下，承担相对较少的保费。基于自身经济利益的考虑，高风险客户抵制通过技术改进向保险公司提供更多的信息，相反，低风险客户更愿意提供更多的信息。

总体看，区块链技术是一把“双刃剑”，没有绝对的好与不好。区块链技术是否会被广泛采用，即使是 IT 行业、以银行为代表的金融业都拭目以待，保险行业同样如此。只有在保险公司股东、高管人员和保险顾客观念取得突破以后，区块链技术方可广泛应用于保险行业。

（本文发表于 2016 年 11 月 8 日《中国保险报》）

Insurtech：激活传统保险市场的“鲶鱼”

王小韦　张　婷

保险科技（Insurtech）是一个集新兴和传统于一身的事物。说新兴，在于提出 Insurtech 概念时，恰逢移动互联网、智能手机和区块链等新兴技术接踵而至，其与保险业结合，改良传统保险市场；说传统，在于没有提出 Insurtech 概念时，各类保险主体积极引进新技术，改进办公和经营条件。但是，Insurtech 概念一经提出，便牛刀小试于车险市场，的确存在改良传统保险市场的基因，发挥激活传统市场的“鲶鱼效应”。

“鲶鱼效应”背后

借用“理想很丰满，现实很骨感”来评价 Insurtech 的今天和明天，是恰如其分的。一是主体寡。理想的 Insurtech 应当普惠各类保险公司、再保险公司以及保险中介机构，而目前落地的仅限于一两家保险中介机构或者准中介机构。二是险种少。理想的 Insurtech 应当涵盖人身险和财险全险种，而目前落地的仅限于车险。三是环节短。理想的 Insurtech 应当贯穿于保险经营的全过程，例如承保前的风险识别和评估，承保后的风险隐患检查、防灾防损，出险后的损失查勘、理算、赔款支付及后续合同处理等一系列善后工作，而目前落地的仅限于车险销售环节和比价系统，增值服务落实难。四是技术少。理想的 Insurtech 运用的技术泛指互联网、区块链等，目前落地的技术主要是手机 APP。尽管 Insurtech 短板显而易见，但丝毫没有禁锢 Insurtech 对改良传统车险市场的“鲶鱼效应”。

“鲶鱼效应”背后，其竞争优势非常明显：一是理念新，为车险客户提供增值服务；二是手段新，发挥互联网可以收集和分析海量数据的优势；三是切点新，发力于车险经营短板。综合来看，Insurtech 是会改良传统保险市场的“星星之火”，成“燎原之势”指日可待。

“两条小鲶鱼”来了

瞭望国内保险市场，真正落地实施 Insurtech 的机构可以分成两大类，也可以比喻为“两条小鲶鱼”。

一是保险公司类。自 2013 年我国成立首家互联网保险公司以来，迄今为止互联网保险公司有 4 家，这些公司的股东结构中都有传统保险公司的影子。这种意义上的互联网保险公司与现在通常所讲的互联网保险业务有本质区别。前者是指有互联网的思维，对传统保险业务进行“脱胎换骨”式改良，而后者是把传统保险销售渠道放在互联网平台上。从险种结构看，该公司主要开展意外险、退货险等，对于车险尚鲜有涉及。究其根源，发展短板还是在于出险后缺乏相应的查勘队伍。

二是中介类或者准中介类。在这个群体中，真正号称 Insurtech 的寥寥无几。其实，在目前市场上，有很多类似的车险比价平台，其展业手段一致，而这类公司开展的业务单纯是车险。

Insurtech 改良传统的保险行业，有自内而外和自外而内两种路径：路径一，传统的保险公司主动作为，积极联系互联网企业改良经营行为，彰显了精耕于保险行业高管的远见和卓识；路径二，保险行业外的互联网企业，瞄准目前车险经营产业链条的薄弱环节，谋求商机，倒逼保险公司或者引入互联网企业，进行主动改良，或者被动与互联网企业开展合作，体现了互联网企业的远见和卓识。

Insurtech 发展的“一大二小”

在大型传统保险公司面前，这“两条小鲶鱼”要想活下去，除了自身体格强壮外，还需要研究汽车销售、维修、保险和保险中介综合改革变化对自身生存空间的放大和缩小的影响。

一是深化商业车险改革，放大生存空间。目前实行的商业车险改革，始于2015年6月1日。试点次年的6月开始向全国推广。

紧扣本文的研究视角，新一轮商业车险改革亮点在于更加明确代位求偿权流程，传导车险价格与出险频次挂钩信息，传导车险价格与“零整比”为标准的汽车车型挂钩。资料显示，北京等地区的车险价格与闯红灯等违章性质相挂钩。商业车险改革的核心问题是车险价格改革。车险价格费率因子的多寡，决定 Insurtech 生存空间的大小。

理论上说，车险价格定价机制有随车、随用和随人原则。在车险发展初级阶段，一般实行随车原则，车险价格高低取决于车辆原始购置价、零整比系数等，不考虑投保车辆年行驶里程、行驶区间和加油及刹车习惯等使用因素，不考虑驾驶人是否遵守交通法规及年龄、驾龄等人的因素。由于决定车险价格的因子少，所以车险价格相对粗放，也为车险价格打折留足了空间。如果车险经营规则进一步深化改革，充分考虑随用、随人的因子，车险价格有可能做到“一人一车一价格”。低风险客户车险价格会更低，打破现在的“地板价”；高风险客户车险价格更高，捅破现在的“天花板价”。虽然车险市场竞争加剧了，但是有利于公共交通安全，有利于社会治理。深化商业车险改革，其实是拓宽了 Insurtech 的生存空间。

二是落地中介改革，缩小生存空间。总体上看，近十年来保险中介监管改革力度大，变化快。以2015年6月商业车险改革为时间基准，保险中介监管改革的重要时间段有两个。第一，2012年3月至今，暂停以4S店为代表的车商等非银行类兼业代理机构（以下简称兼代）的市场准入，同期调高了保险专业中介机构（以下简称专代）市场准入门槛；第二，2015年4月，随着《保险法》修订，保险个人代理人（以下简称个代）准入门槛一降到底，从业资格从监管部门考试核准改革为用人单位自主确定。所以，2015年5月以来，个代业务大幅飙升，专代业务稳步上升，兼代业务止步不前。2015年10月，保监会发文对保险中介市场进行改革，拟恢复兼代审批。新政策如期落地，保险中介市场将呈现出兼代雄起、专代骤降、个代萎缩格局，这就缩小了 Insurtech 的发展空间。

三是推进汽车产业改革，缩小生存空间。当前，以4S店为代表的汽车经销商，稳坐车险销售的第一把交椅，这主要由我国当前汽车流通和维修政策决定的。政策规定，汽车生产厂家向市场提供整车、零配件，汽车销售商同时是汽车销售和保险公司的代理商。在保险实务中发现，由于一家汽车销售商可以同时代理多家保险公司的产品，参与竞争的保险公司争相给汽车经销商提供优惠条件，例如代理客户报案、一定权限的代理查勘，甚至免现场查勘，所以大品牌、大销量的汽车经销商成为汽车销售和保险代理双赢家。

按照有关部门的改革意见，汽车流通行业逐步实行多品牌销售、维修市场推行同等质量零配件认定。改革政策改变汽车销售市场格局的同时，也将改变保险市场的格局。

Insurtech 要活下来，技术进步和监管改革一定要交互伴生，相互促进，相辅相成，营造良好的竞争空间。

（本文发表于 2016 年 12 月 20 日《中国保险报》）

推动安责险：法治和技术一个都不能少

王小韦

2016 年 12 月 9 日，中共中央、国务院印发了《关于推进安全生产领域改革发展的意见》，其中明确指出要在矿山、危险化学品等高危行业强制推进安全责任保险（以下简称安责险）。国家强制推进安责险，必将为这一险种的推动营造良好的氛围。对此，保险行业的某些人士认为安责险的春天来到。结合保险行业对高危行业风险管控的技术现状，笔者认为，“春天来到”说法有点为时尚早。

近年来发生的江苏昆山、天津等地的爆炸案件以及最近发生在江西丰城电厂工地的坍塌事件，都说明了安全生产来不得半点马虎。商业保险公司参与安全生产的确是一种有效手段，但要真正发挥作用还需要法制手段和技术手段综合应用，一个不能少，两者要配合联动。

法治和技术介入安全生产作用不同，切入点不同。法治手段从国家强制的角度，要求特定企业投保相关险种，从思想上唤醒企业管理人员的安全意识，这相当于扩大了保险需求侧；技术是指保险公司要切实具备对相关领域进行风险识别、风险定价、风险预防和风险处置的能力，这相当于对供应侧提出更高的需求。法治增强了企业投保的意愿，技术决定了保险公司承保能力。从目前的实际情况看，如果调动了生产企业的投保意愿，能否促进此险种的发展，要取决于保险公司的承保能力。而从目前保险公司技术力量配备看，开展非车险业务的能力的确是一个考验。为了促进新的业务发展，实现国家安全生产的愿景，笔者建议如下：

一是坚持“保险姓保”，回归保障功能。按照 2006 年保险行业“国十条”的界定，保险具有经济补偿、资金融通和社会管理三大功能。与之相呼应，保险业界提出“承保、投资双轮驱动”的观点，在发展承保的过程中，积极开展保险资金运用。个别保险公司过分强调保险的资金融通功能，大力开发理财型保险产品，依赖银行等金融机构代为销售，在资本市场上频频举牌，其经营行为偏离了“保险姓保”的主航道，获取了不菲的利润，对同业有很大的诱惑。从行业发展的角度看，保险行业应当回归到保障功能的主业上，保险公司投资人首先考虑的是资本投资回报率，其次考虑开展什么类型的业务。面临新的险种，保险公司在经营理念上，要首先树立回归保险保障功能的思想。

二是推进资源重组，提高经营能力。与近年来财险公司经营险种结构相对应，财险公司在部门设置、人员配备、经费投放和制度建设等环节，倾向于机动车辆保险、农业保险等险种。现在进行险种结构调整，也要对与之对应的人、财、物进行结构调整。其中首先就是保险合同条款的拟定、风险识别和防范等能力。例如，2014 年 8 月江苏昆山造成 75 人死亡、185 人受伤的粉尘爆炸案件中，有关通报显示，该公司厂房设计、工艺、除尘装置及员工培训等不符合国家相关规定，几乎涉及安全生产的所有环节。对于保险公司在承保类似企业时，能不能识别其中隐藏的风险，的确是一个很大的考验。

三是凝聚多方智慧，实现终极目的。从国家立法强制的本意出发，不仅要促进保险业的发展，更重要的目的在于预防和减少生产事故的发生。引入保险手段，是在现有手段体系中加入保险因子，从性质上看是增加了经济手段。推动企业生产不是为了安全事故发生后明确“埋单人”，而是为了避免和预防风险事故的发生。所以，在经营过程中，保险公司要发挥自身的经营能动性，与相关行政机关、技术部门及专家进行交流沟通，走出办公室，走进投保企业的生产一线，有责任、有能力进行风险隐患查勘，有勇气、有能力开具风险隐患整改通知书，并跟踪监督整改。对于拒不执行整改通知的行为，主动向相关监管部门反映情况，同时记入保险档案。唯有保险行业、监管部门等共同构筑起完善的风险隐患防范网络，确保生产安全，确保遏制甚至杜绝安全事件发生，才能减少人民群众生命和财产的损失。

保险行业作为金融体系的一部分和经济社会的一分子，其生存和发展要受到自身经营能力和社会环境的综合影响。安全生产，是全社会的责任和义务，相关行政部门应和保险行业一道，分别以纵向的行政手段和横向的经济手段共同作用，为生产和生活营造安全的屏障，减少人民群众不必要的生命和财产损失。

（本文发表于 2016 年 12 月 26 日《中国保险报》）

2016年保险营销：活跃在改革与延续之间

王小韦

“保险姓保”无疑是保险行业2016年度重要的关键词。在保险业倡导保险回归保障主旋律之时，研究保险营销——保险经营的核心环节，意义非凡，有利于更好地彰显保险功能，有利于推进保险监管改革，有利于改善保险体验。

站在2016年岁尾，本文简要回顾近年来保险监管领域对个代发展有影响的监管政策，剖析当前保险个代发展存在的问题，对个代未来发展提出建议。

元素和系统

研究保险营销的契机和切入点很多，基本的方法是从研究保险效应主体的构成谈起。

在保险业监管和经营常用的概念中，保险营销有狭义和广义两种理解。前者所指的保险营销是指保险营销员从事保险销售行为，在本文中与保险个人代理人是同一概念（以下简称个代）；后者所指的保险营销泛指保险公司正式员工的直销和保险中介群体的保险专业代理机构（以下简称专代）、保险兼业代理群体（以下简称兼代）、保险经纪机构等中介的渠道营销。其中，了解保险中介群体内部的业务机构、准入政策变迁是理解保险营销变化的金钥匙。找准定位是社会上每类或者每位主体生存和发展首先考虑的问题，保险个代也不例外。决定保险个代定位的因素固然很多，但按照决定因素大小排序，为行业功能、监管导向、同机构的监管政策等因素。未来保险个代发展，需要同时满足以下三个层面的要求。

一是满足保险行业功能要求。对于保险行业功能，不同的学者历来有各自的观点。2006 年发布的保险业“国十条”界定保险具有经济补偿、资金融通和社会管理三大功能，从此对于保险功能规范的表述就基本定型。从保险行业的功能定位看，保险个代是保险行业的经营单位，其发挥社会管理功能，不仅表现在能够将合适的保险产品销售给合适的保险消费者，而且体现在能给保险消费者提供风险管控。

二是满足保险监管转型要求。以推行第二代偿付能力监管体系为标志，保险监管着眼于宏观审慎监管，进一步强调不发生区域性和系统性风险，关注保险公司具体经营层面的销售行为而又不过于拘泥。具体到保险个代来说，他是保险机构或者保险中介机构的销售主体，属于保险公司或者保险中介机构管控的对象。基于保险监管转型，保险监管部门推行了车险、人身险等保险产品费率市场化改革，改变了对保险中介监管的方式。具体到保险个代来说，2015 年 4 月《保险法》修订，将保险个代从业资格认定权，由实行 20 余年的监管部门考试发证模式，改革为由保险公司和保险中介机构自行认定。

三是满足保险中介群体内部竞争的需要。保险中介群体是一个结构复杂、相互渗透和数量庞大的复合群体。以保险个代的业务种类为基准，保险中介机构可以分成以下三大类：第一类是不与保险个代形成业务竞争关系的机构，例如保险公估机构、不做车险业务的大型保险经纪公司和银行类保险兼业代理机构；第二类是与保险个代形成竞争关系的机构，例如绝大多数从事车险业务的保险专业代理机构、车商等兼业代理机构及从事车险业务的小型保险经纪机构等；第三类是介于竞争和非竞争关系的中间地带，主要是指与已经形成金融集团、保险集团的保险机构的代理人，其业务范围空前扩张。与财险公司签约的保险个代，利用签约保险机构的保险互代模式，可以代理其寿险产品，从而实现代理全险种保险产品。

保险个代只有同时满足上述三方面的要求，才能准确找到职业定位，才能奠定生存和发展的基础。

直接和间接

2015 年《保险法》对保险个代管理体制进行了转折性改革，将由保险监管部门认定从业资格改革为由用人单位自行认定。随着从业资格管理体制的改革，保险中介人员从业资格管理引发了连锁反应，降低了从业人员资格的要求。

研究 2016 年保险营销的监管政策，只能从保险个代的外围谈起。

一是专代门槛再提高，市场业态更复杂。从 2004 年出台《保险代理机构监管规定》（保监会令〔2004〕14 号，已于2009 年10 月1 日废止）至今，屡次提高保险专业代理机构市场准入门槛标准，主要体现在提高注册资本金等细节上。2016 年 9 月 29 日，保监会印发了《关于做好保险专业中介业务许可工作的通知》（保监发〔2016〕82 号），不仅对专业中介机构市场准入注册资本金和公司治理提出更严格的要求，还提出对其商业模式进行审核，提高了保险专业中介准入门槛。但是，新政策规定保险专业中介分支机构市场准入方式由审批制改革为备案制，从另一个侧面又降低了保险专业中介机构准入门槛。同时，一部分保险专代机构利用执业登记监管的短板和同时与多家保险公司签约的优势，打造成“保险超市”，实现代理保险公司多元化，为自身发展和保险个代发展创造了新商机。

二是兼代大门仍关闭，业务流向更多元。由于车商类等非银行保险兼业代理机构、绝大多数保险专代机构内保险个代在业务领域和险种同质，形成竞争关系。按照现行的保险中介监管政策，保险车商等非银行兼业代理机构市场准入从 2012 年至今暂停审批，所以部分来源于保险车商等渠道的业务，及在账面上体现为保险专代或者保险个代的业务，形式上貌似更合乎监管规定。

三是保险门店初试水，发展路径新探索。以华泰财险为代表的保险门店试点区域进一步扩大，此类保险门店销售的产品只能是规定的某一家保险公司的产品，但是门店的功能更丰富，从单纯的获客、咨询，延伸到协助理赔服务。这一模式对探索保险公司分支机构管理有积极的启发。

从保险监管政策出台针对的保险中介群体看，虽然说没有直接针对保险个代群体，但是对保险专代新出台的政策以及对保险兼代延续执行的政策，共同形成特定的政策体系，对广义的保险营销产生了深刻影响。

现状和未来

继往开来，承前启后。预测未来保险营销发展走势，在立足于保险中介群体内部之间的竞争和协作关系基础上，要充分考虑保险中介监管政策走向，要充分考虑互联网技术发展后对保险业的实质影响。

一是综合研判，准确到位。任何一个行业的监管和经营，都存在一个博弈，保险中介监管也不例外。经过两年的清理整顿，2015 年 9 月 17 日保监会下发了《关于深化保险中介市场改革的意见》（保监发〔2015〕91 号，以下简称 91 号文），对今后一段时期保险中介市场发展进行整体规划。从 91 号文规划看，拟降低保险专代市场准入门槛，拟恢复兼代市场准入，探索保险门店、独立代理人，未来保险中介群体结构令人充满想象的空间。从改革政策落地实施情况看，保险专代市场准入规范中，银行类兼业代理机构市场准入已经于 2016 年 6 月恢复审批。可以预见，保险中介群体结构将会产生深刻影响。

二是技术进步，与时俱进。伴随着“互联网 +”与各行各业的融合，互联网保险业务的概念应运而出，一批专业的互联网保险公司雨后春笋般涌现。此时，有的人士认为会引发“去中介化”浪潮，有的人士不以为然。笔者认为，鉴于目前互联网保险其本质只是将传统保险产品从线下搬移到互联网渠道销售，暂时不会对传统的保险中介产生影响。但是，随着利用互联网技术真正应用于保险业务，真正应用于识别风险、计算风险、防范风险和开展理赔等保险业全流程，去中介化便成为必然。因此保险中介机构和个人，只有提高技能，尤其是防范风险的技能，才能够独立生存或应聘到保险公司。

保险营销是搭建在保险公司和保险消费之间的桥梁，保险中介只有切实发挥服务保险行业发展的作用、服务经济社会发展的作用，才能生存，才能发展。

（本文发表于 2017 年 1 月 5 日《中国保险报》）

中保信将为UBI车险腾飞插上“翅膀”

胡　刚　王小韦　王雨飞

通俗地讲，UBI车险是一种车险保费与投保车辆使用密切挂钩的车险定价机制，在保险业中并不是一个陌生的概念。从公开资料看，个别保险公司已开始试水UBI车险。

目前，热捧UBI车险有以下几个群体：一是相关设备制造厂家。推广UBI车险，传统的思维模式是安装OBD设备，可以迅速扩大市场需求，直接孕育商机；二是极少部分保险公司法人机构层面的决策者。发展UBI车险是当前车险“突围”的候选路径之一，或许会摆脱或扭转车险经营“窘境”；三是网约车运营平台。保险公司开展主营业务过程中采集的大量私家车出行里程、行驶区间、驾驶习惯等数据可以帮其找到UBI车险的“买主”，正好满足推广UBI车险对私家车数据的需求。

本文以媒体报道的公开资料为线索，简要回顾车险经营政策变迁，分析UBI车险落地推广存在的三道难题，提出化解的建议。

数据缺乏：举步维艰

推广UBI车险，要突破技术和监管两个“瓶颈”。假设现阶段，保险监管部门允许保险公司全面推行UBI车险，而推行UBI车险还要突破技术难题。

一是信息采集难。推广UBI车险，需要采集以下信息：其一，驾驶人交规遵守情况的信息。从目前的情况看，保险行业不能直接共享交警部门采集的驾驶人交规遵守情况的信息，不利于评估从人的风险因子。其二，车辆实际使用情况的信息。从目前的情况看，保险公司并未要求投保人提供车辆年度行驶里程、行驶区间等数据，投保人也没有向保险公司提供车辆行驶里程、行驶区间等信息。其三，投保车辆本身的安全性能数据。由于缺乏上述数据，UBI 车险可谓“无源之水，空中楼阁”。

二是产品设计难。现阶段，我国车险定价采取的是从车定价原则。正在试点推广的商业车险改革中，引入了汽车“零整比”概念，车险价格中植入了车型因素，但是从根本属性上看，仍然是停留在从车定价法的框架中。而在 UBI 车险定价中，一方面，需要保险公司掌握私家车、营运车等每类车辆平均的数据体系，以便确定精算大类的风险系数和风险单位的价格；另一方面，需要保险公司掌握投保车辆实际行驶里程等数据，以便计算对应的车险价格。即使拥有上述数据，保险公司研发相应的车险产品还需要时间进行验证。

三是产品营销难。现阶段，我国车险定价采取从车原则，与投保车辆驾驶人遵守交通规则的情况脱节，与投保车辆保险年度行驶里程脱节，与投保车辆行驶区间特征脱节，导致车险价格与客户的风险程度脱节，无论是对低风险客户还是对高风险客户，保费都有可能执行四折多的“地板价”，或者 2.2 倍的“天花板价”，所以价格战、佣金战成为车险销售的基本手段。而实行 UBI 车险定价机制后，车险价格与投保车辆的风险状况紧密联系，高风险客户和低风险客户的车险价格差距拉大，低风险客户可以直接在车险价格中享受优惠价格，而高风险客户的车险价格飙升。在市场竞争中，低风险客户成为竞争的“香饽饽”，车险价格可能会更低；高风险客户成为竞争中的“烫手山芋”，只有在付出高昂的、与其风险状况匹配的保费的情况下，才能非常艰难地找到愿意承保的保险公司。

数据丰富：事半功倍

能否高质量、低成本和快速地收集投保车辆的共性数据和个性数据，是关系 UBI 车险能否顺利推广的根本环节。如果解决不了数据收集的问题，推广 UBI 车险只能是一种设想。

采集数据的方式有两种：第一种是传统型。此种方式是安装 OBD 等设备采集数据，从零起步，专程进行采集，但可能会遇到采集对象不愿意接受或摊销安装设备费用等问题而止步不前。第二种是现代型。按照此种方式，将我国汽车制造、销售企业和滴滴等网约车平台在开展主营业务过程中收集的数据进行打包处理，直接转换为研发 UBI 车险价格的数据。第一，按照我国现行的有关产品质量和消费者保护等法律法规，将汽车制造、销售企业采集的汽车保修期内行使里程数据进行处理，可以用来评估投保车辆的安全性能。第二，根据公开的数据测算，参加滴滴、优步等网约车平台的私家车约为 1500 万辆，占 2015 年承包的私家车 1.05 亿辆的 7% 左右。将网约车平台的数据进行打包处理，可以采集投保车辆年度行驶里程、行驶区间和驾驶习惯（例如加油、刹车等）。通过对上述两种方式采集的数据进行对比，发现现代思维模式下采集数据质量更高，速度更快，成本更低。但是使用上述方式采集数据时，漏采了驾驶人交通规则遵守情况的数据。

推广 UBI 车险，如果保险公司与滴滴等网约车平台合作，一方面，缩短了车险产品研发时间，降低了研发成本；另一方面，压缩了 OBD 设备生产厂家的业务空间，改变了相关产品领域的竞争格局。

数据平台：共享为基

从现实的保险市场看，极少数保险公司已经启动 UBI 车险试点。但是，从保险行业发展和社会进步的宏观视野看，推动 UBI 车险应当是行业行为，而不是公司个体行为。对于推动 UBI 车险，笔者建议采取以下措施：

一是深化改革，突破政策“瓶颈”。进一步深化商业车险改革，赋予保险公司对车险价格的制定权，鼓励保险公司优化车险定价机制，引导车险价格和风险状况紧密联系，为推广 UBI 车险营造政策条件。由于部分车险客户可能会以保护个人隐私为由，拒绝保险公司采集影响车险定价的信息因子，保险公司可能在推出 UBI 车险的同时，继续销售传统的车险。

当然，如果保险监管部门放宽相互制保险公司市场准入管制，也许滴滴等网约车平台牵头组织加盟的私家车车主可以设立相互制保险公司，直接分割走目前车险市场上的“白菜心”客户群体。网约车平台的优质客户成立相互制保险公司进行风险自保，导致其余保险公司的优质客户比例下降，会直接加剧车险市场的竞争。

二是行业联动，凝聚行业之力。公开资料显示，有多家保险公司与网约车平台开展股权和债权合作，这也是尝试UBI车险的捷径。尝试探索UBI车险，前期需要大量的资金投入，而且探索结果具有不确定性，如果不能凝聚保险行业的实力和智慧，探索可能沦为一场烧钱的游戏。

开展UBI车险，依托中国保险信息技术管理有限责任公司（以下简称中保信）的车险信息平台为基础平台，具有方便行业共享、建设成本低等优势，需要增加以下信息：其一，驾驶人交通规则遵守情况的信息。建议相关部门将驾驶人交通规则遵守情况的信息接入信息平台。其二，投保车辆性能指标。建议将车辆维修信息接入车险信息平台。其三，积极会商滴滴、优步等网约车平台，在多方主体达成共识的前提下，将相关数据接入车险信息平台。

通过中国保险行业协会牵头，以中保信的车险信息平台为基础平台，通过归集大量数据研发推广UBI车险，是一条资金成本低、研发速度快和便于行业共享的途径。

（本文发表于2017年1月17日《中国保险报》）

管控保险营销"咽喉"，回归"保险姓保"

王小韦　胡　刚

有经济界人士认为当前"保险姓资"或者"姓投"，其背后的原因有几种，比如个别保险公司主推甚至完全经营理财型保险产品，保险资金在资本市场上表现活跃，被参股企业反应强烈，甚至受到其他金融监管部门的质疑等。

针对上述现象，立足于行业功能定位，2016 年 3 月保险监管部门提出"保险姓保"，是要求保险公司合理调整保险产品结构，提高保障型产品比重，降低理财型保险产品比例，回归保险保障功能。鉴于保险营销是搭建在保险公司和保险客户之间的桥梁，是保险产品从保险公司到达保险客户的咽喉要道，所以促进"保险姓保"回归，加强对保险营销的管控尤为重要。

本文将介绍保险营销监管改革的最新政策，试图通过加强对保险营销的监管，实现"保险姓保"的目标。

银保业务升级为"保险姓资"插上翅膀

渠道是产品走出厂家、进入客户必经的途径，对于保险行业业务也不例外。当前，保险被贴上姓"资"或姓"投"的标签，银保业务升级起到推波助澜的作用。随着一些保险公司倚重万能险快速增长、精耕于保险资金运用，成为资本市场重要的投资主体，银保业务的概念已经从原始的渠道概念，在局部市场升级为保险行业的一种商业模式，在重新瓜分原有保险市场份额格局的同时，成为新兴的投资力量。

当前，局部保险市场被贴上“姓资”的标签，是由保险公司股东投资动机、保险产品选择和销售渠道等多环节有机合作共同造就的。在诸多环节中，股东追求投资回报最大化是决定性因素，其动机为盈利，至于是选择保障型产品还是选择理财型产品，标准是哪一种具有“短、平、快、简”特征，就会选择哪种产品。而从产品供应的角度来说，有海量的各种产品供保险公司选择。销售渠道的选择又是其中非常重要的环节。保险公司只要确定了销售理财型保险产品，基本上不组建保险个人代理人队伍（此处与保险营销员同义），也不与保险专业代理机构开展合作，而是利用现有的成熟渠道——银行代理渠道。

为了提高对银行代理渠道的管控，不同的保险公司采取了不同的经营策略。按照经营策略难易程度，将目前保险公司的做法分成三大类：

浅层次。单纯以高手续费为杠杆。这也是银保业务早期的做法，银行与保险公司之间是简单的代理和被代理的关系，因为各家保险公司的产品高度同质化，所以手续费高低成为决定银行代理哪家保险公司产品的唯一标准。

中层次。以简单股权为纽带，辅助以高手续费。随着综合金融的出现，银行控股或者参股保险公司的发展步伐加快。从目前市场看，绝大多数大型银行设立了控股、参股的保险公司，在银行销售保险产品的营业机构是保险公司入股商业银行，利用股权关系推动自己的银保产品销售。

高层次。以复杂的股权关系为纽带，保险公司和代理银行的实际控制人为同一保险集团或者房地产公司。在具体运作中，保险集团或者保险公司又控股保险资产管理公司，在投资形式上完全符合监管要求。保险公司设计理财型保险产品、代理银行负责销售产品、资产管理公司负责资金运作形成结构完整的闭环操作。

剖析“保险姓资”现象，不难看出银行渠道是促成保险公司经营的重要环节。解铃还须系铃人。反之，促进“保险姓保”回归，同样要在管控保险营销渠道上下功夫。

银保新政成为银保业务发展的“双刃剑”

鉴于银保业务产品提供方、销售代理方在保险监管、银行监管之间具有交叉性，所以近十年来，银保业务监管政策一般由两个监管部门联合发文，偶尔由两个监管部门分别发文。本文中所称的银保新政，是指2016年上半年保监会和银监会分别下发的相关文件，主要内容涉及银行机构持证改革和对销售行为进行录音录像的要求。

一是发证更简捷。2016年4月25日，保监会印发了《关于银行类保险兼业代理机构行政许可有关事项的通知》（保监中介〔2016〕44号），明确规定银行机构实行法人机构申请保险兼业代理资格、法人机构持证、营业网点统一登记制度。银行类机构的法人机构取得了保险兼业代理许可证后，其分支机构可凭法人机构的授权开展保险兼业代理机构。与已经实行六年的“一点一证”持证制度相比，新的持证制度极大地节省了银行机构办理行政许可实务的人财物，降低了银行代理保险业的门槛。机构持证制度改革和2015年《保险法》修订中对银行机构销售人员持证的改革，两项改革效果叠加，相得益彰，敞开了银行代理保险业务的大门。

二是销售更规范。2016年5月5日，银监会印发了《关于规范商业银行代理销售业务的通知》（银监发〔2016〕24号），明确要求银行代销产品应当在专门区域进行，要对营销推介、风险和关键信息提示、客户确认和反馈等重点销售环节实施录音录像措施。对销售行为进行录音录像是规范银保销售最有效的措施，由于固定了销售过程，有利于上级银行机构对自身员工销售行为实施管控，有利于厘清保险公司和银行之间的销售责任，有利于保监会、银监会以及司法部门处理销售误导投诉等保险纠纷。

综合保监会、银监会的改革措施的着力点，前者体现放开前端，后者体现管住后端，两者联动既方便了银行代理保险业务，也规范了银行代理保险行为。

对策：立足回归，标本兼治

保险营销是关乎“保险姓保”或者“保险姓资”的咽喉要道，对于保险公司至关重要，对于保险监管同样重要。

一是制度先行，奠定基础。按照2006年保险业“国十条”界定，保险具有经济补偿、资金融通和社会管理的功能。据此，经营实务中，保险行业发展理财型产品、发挥融资功能无可厚非。但是，从业务本质上讲，保险行业的立身之本、看家本领还应当是风险识别、归集和化解等风险管控行为。从金融机构的分工定位看，保险行业的风险管理功能是其他任何行业不具备的，而资金融通功能与银行、信托等金融机构的功能具有类似之处，具有可替代性。

在依法行政、依法监管的基础上，要通过制定保险监管法律，确定保险公司销售保障型产品和理财型产品的比例，为依法经营、依法监管提供监管支持。例如，2014年1月8日，保监会、银监会联合下发的《关于进一步规范商业银行代理保险业务销售行为的通知》（保监发〔2014〕3号），明确规定保险公司、商业银行应当加大发展风险保障型和长期储蓄型保险产品，要求高保障型保险产品的销售比重不得低于20%。对于业务占比达不到上述要求的商业银行总行及其分支机构，监管部门有权采取限期整改等监管措施。上述规定的载体目前是规范性文件，按照《行政处罚法》等规定，是不能设定行政处罚的，建议对相关规定进行整合制定部门规章。

二是技术进步，实时管控。在银行销售人员培训上，重点加强保障型产品的销售；在推介产品的过程中，优先、按比例销售保障型产品。现在的难点在于实行双录的监管规定是由银监会规定的，而保监会目前尚未推出相关规定。保监会拟推出的销售行为追溯制度，出台的时间晚、要求低。建议保险监管部门与银行监管部门进行沟通，力求实现监管要求一致、监管手段一致，这对于保险经营、保险监管都是一件好事情。

三是查处违规，保障回归。淡化“保险姓资”，回归“保险姓保”，对于保险公司的股东、高级管理人员而言，实现业务转型的确不是一件容易的事情。但是，按照保险业“国十条”和“新国十条”的规定，结合目前我国人口老龄化、医疗费用居高不下等实际问题，国家需要保险行业回归保险本质功能，发挥社会稳定器的作用，发挥保险风险管控的作用。

从客观上来讲，对于在资本市场上收益丰厚的保险公司来说回归开展保障型产品的确是一件难能可贵的事情，保险监管部门要予以一定的过渡期，但更主要的是依靠制度建设，综合使用法制、经济和责任杠杆。

（本文发表于 2016 年 12 月 59 期《保险中介市场》）

创新保险营销新思维：视角、要求、路径（上）

王小韦　王雨飞　郜　恺

2017 年的保险监管工作会议上，屡屡重申“保险姓保，保监姓监”理念，为未来保险业发展指明了方向，确定了未来保险营销的主基调。

本文以保险业“国十条”“新国十条”为基本依据，分析当前保险产品结构，简要回顾相关监管政策微调，针对当前保险市场中存在的薄弱环节，对未来保险营销发展提出建议。

新视角：结构、导向、技术

保险经营策略本身是受到特定时期监管政策、保险产品结构和技术水平等复合因素影响的，而保险营销只是保险经营链条中的一个环节，所以保险营销当然受到上述复合因素的影响，研究未来一段时期保险营销创新路径，同样需要从上述因素的角度进行预判。

调整产品结构，从理财型回归保障型。近年来，通过多方努力，我国保费规模已经跃居世界前列，但是保险深度、保险密度和保险险种结构与发达的保险市场相比，还有不小的差距。保险险种结构是判断保险行业发展轨迹是运行在发挥保障型功能还是投资型功能轨道上的重要指标。从市场情况看，个别寿险公司销售的产品以万能险为主，个别财险公司大力发展投资型保险产品，因为保险险种结构决定了保险公司经营策略和精力不可能投放在风险防范上。可以讲，调整保险产品结构，是抓住促进保险行业回归保障功能的“牛鼻子”。

遵循监管导向，从促发展转向严监管。保险业恢复以来，党中央、国务院高度重视保险业的改革发展。国务院于2006 年6 月5 日颁发了《关于保险业改革发展的若干意见》（国发〔2006〕23 号），业内通称保险业“国十条”；于 2014 年 8 月 10 日印发了《关于加快发展现代保险业的若干意见》（国发〔2014〕29 号），业内通称保险业“新国十条”。2006 年的保险业“国十条”指出，保监会要不断提高引领保险业发展和防范风险的能力和水平，认真履行职责，加强分类指导，推动政策落实。通过全社会的共同努力，实现保险业又好又快发展，促进社会主义和谐社会建设。保监会先后与国家旅游局、财政部及教育部等多家部委联合发文，推动相关领域险种发展，营造保险业发展的外部环境。当前，按照有关经济体制改革和商事制度改革的要求，坚持发挥市场在资源配置中的决定性作用，保险监管部门也应当把防范风险放在更加重要的位置。从总体趋势上看，保险监管部门会将监管重心转移到防范系统性风险上来，而淡化促发展的功能。

依靠技术进步，从服务核保到服务风控。在保险业发展的过程中，保险公司需要先了解投保标的信息状况，才能进行风险状况评估。随着移动互联网技术和基因检测技术的发展，保险公司对于风险识别的能力大幅提高，保险标的的风险状况趋向透明化，这对保险经营来说是一把“双刃剑”。以车险经营为例，通过安装雷达、影像系统和行车记录仪等电子设备，可以采集行车轨迹，大大减少交通事故发生。新兴技术的运用，对保险行业的正向作用是减少了风险事故的发生，负向作用是抑制了保险需求。保险行业应当从社会利益出发，充分利用现代信息技术，减少保险事故的发生，降低风险事故发生的程度，在实现社会责任的同时，提高自身的经济效益。

新要求：全程规范

保险公司的核心竞争力，主要体现在风险管控能力上，表现在保险经营的销售、理赔及风控等关键经营环节。保险营销转型要满足关键经营环节的要求。

规范销售，遏制误导行为。保险销售是保险经营的首个环节，从保险公司经营实务和保险监管实务看，有的保险业务完成销售后，很快引发保险消费者的投诉。为了处理投诉案件，保险公司和保险监管部门需要耗费很多的时间和精力，影响了保险业发展的基础。为了有效发挥保险行业的作用，首要的工作是遏制、减少甚至是杜绝销售误导行为的发生。当然，对于此种预判，有的人士认为不可能。笔者的意见是，对于销售行为，要提高标准要求，要站在维护保险行业发展基础的高度加强监管，改善经营。保险监管部门、保险公司和保险中介机构共同努力，力争在保险销售环节不给保险消费者平添烦恼，不给下游的理赔和风险管控环节预埋风险隐患。

（待续）

（本文发表于 2017 年 1 月 19 日《中国保险报》）

规范保险移动展业平台的三大抓手

高笑寒　王小韦

随着互联网移动技术飞速发展，互联网保险新型业态雨后春笋般涌现，花样翻新，层出不穷，保险代理人移动展业平台即是典型代表。

本文所指的保险移动展业平台是指借助笔记本（平板）电脑、POS 机等智能设备，保险销售从业人员完成保险产品查询、提供咨询、投保信息录入、核保信息确认、保费支付、现场受理核损、日常办公等全部流程的一种平台。新兴的保险业务平台，既能够为保险销售人员提供快捷、便利服务，又要看到其中蕴含的风险，因此需要予以关注。

现状：种类众多 功能丰富

用不同的标准，可以对林林总总的移动展业平台进行千差万别的分类。本文以设立主体为标准，将目前市场上涌现的保险代理人移动展业平台分成三类：一是保险公司自建型。公开资料显示，几乎所有的保险公司研发了自己的专属展业平台，如平安、国寿、新华等公司都通过技术支持、产品整合和销售流程优化等完善自己的销售 APP。二是保险专业中介机构自建型。如泛华“掌中宝”、慧择保旗下的聚米 APP。三是非保险机构建设型，该类平台专门服务于保险销售人员，为其保险展业提供各种服务，如人人保、保险师及保险大咖等。此类平台为加盟的保险销售人员提供全面的金融产品、教育培训、移动展业、客户服务及品牌一体化等服务。

归纳起来，相对于传统的保险展业方式，新兴的保险代理人移动展业平台有三大优势：一是突破时间局限。移动展业平台相较于传统展业方式，最大的优点莫过于移动互联网创造的场景——展业时间更灵活、更碎片化。根据向日葵保险网发布的《保险人移动展业报告》中的数据，在全天 24 小时中，代理人在线活跃峰值为朝八晚七，而发布计划书的高峰期集中在朝十晚九，与网友在线提问活跃时间吻合。二是突破空间局限。移动展业平台节省了代理人和客户东奔西走的忧虑，展业出单超越了职场空间，只要有网络，就可以展业和出单，大大降低了展业成本，提高了展业效率。三是突破场景局限。移动展业平台在客户关怀、客户沟通等方面大大优于传统的电话、网络等交流方式，其互动话题不仅限于保险业务，还可以拓展到兴趣爱好以及观念、理念分享等方面，拉近了代理人和客户的距离，有可能根据客户的具体情况量身打造保险产品。

此外，在对保险从业人员进行新产品培训和继续教育等方面，移动展业平台具有无与伦比的优势。公开资料显示，使用移动展业平台的代理人展业模式为先学习、后展业，通过阅读及文章分享提高自己的业务能力，学习动力更加主动，学习效率和针对性大大提高。

除常规产品查询、客户资料录入、保费划转和保险培训等功能外，移动展业平台还具有客户管理、团队管理功能。部分展业平台还可以在产品销售完成后直接进行佣金结算或以“推广费”的形式直接向注册用户进行“返佣”。

风险：人员、业务、资金

随着移动互联网技术的迅速发展和智能手机的普及，移动展业成为保险行业发展大势所趋。随着“互联网+保险”的迅速发展，保险代理人借助移动展业工具能更加容易地在线上获取产品信息，并且完成信息录入、核保反馈及保费收缴等业务流程，甚至通过远程渠道处理所有与保险有关的产品。新技术运用带来的不仅仅是交易方式的变革，而且是专业能力、服务体验上的革新和飞跃，实现极低的保单获取成本、极高智慧的定制服务和极致的客户体验等。移动展业平台能够促进保险业的发展，改善保险消费者的保险体验，但是从风险防范和监管的视角看，蕴含的风险不容忽视。

人员准入零门槛。目前除保险公司自建移动展业平台需要录入工号外，大部分保险代理人移动展业平台只需要验证手机号即可完成注册，注册完成后即可购买或销售保险产品。与线下保险机构招聘销售人员需要完成面试、签订合同、岗前培训及执业登记等环节相比，移动展业平台在吸纳销售人员方面步骤简单，几乎对销售人员不做任何限制，销售人员的真实身份、执业素质及道德品质等都无须掌握、核实。

按照 2015 年 4 月修订的《保险法》，对保险销售人员从业资格的认定改革为保险机构自行认定销售人员资格，从监管法律规定看，移动展业平台不重视登记注册人员资格审核似乎不存在明显的违反保险监管法律制度的情形。

业务流程存隐患。该类平台交易过程均通过线上进行，销售人员的虚拟身份也是加大该类平台风险因素之一。除保险公司自建的平台需录入工号才能展业外，其他多数平台对其下注册的会员并没有进行实质性的身份审核、培训监督以及销售行为把控。移动展业平台上销售产品虽多为意外险、车险等相对简单的产品，但是从保险公司风险管控的角度看，仍存在一定的风险隐患。

违规善后缺抓手。部分保险代理人的移动展业平台上，除了销售各家保险公司的常见的保险产品外，还销售类保险产品以及其他的非保险类理财产品。上述类保险产品及非保险类理财产品承诺收益不确定，容易发生合同纠纷。此外，对于一些平台销售的非保险类理财产品，极易发生兑付风险，一旦风险蔓延，有可能引发群体性事件。

对策：制度、系统、责任

保险代理人展业平台已成为主流业态，监管方式和理念也需要适时改变，多管齐下。

一是夯实监管基础。在依法行政、依法治理的时代背景下，加强对移动展业平台的监管，有法可依是基本的要求。

在完善监管制度中，应把握以下管控节点：第一，明确责任。规定保险代理人移动展业平台应由设立的保险机构进行管理和负责。第二，管控保费。规定移动展业平台代收的保费必须划转到保险机构依法在第三方支付平台开设的保费收入专用账户。第三，管控佣金。规定注册用户销售保险的佣金领取人员必须在保险机构签订代理协议并进行执业登记。第四，管控培训。在实务中，部分保险公司放松了对销售人员的培训考核。可借助移动展业平台培训功能，要求保险机构加强业务人员培训，通过信息化手段在系统上留下痕迹。

二是依靠技术进步。移动展业平台是信息技术发展下的产物，保险监管部门也需要与时俱进，加快监管信息化建设，将相应的监管信息系统与保险公司、保险专业中介等保险机构开发的移动展业平台进行对接，使监管部门实时掌握平台上的有关人员、业务及资金等基本情况，实现每一笔保险业务都能跟保费、佣金对应，确保对移动展业平台实时监管，提高监管的主动性和有效性。

通过技术手段，管控移动展业平台的注册和使用人员必须是保险机构进行执业登记的销售人员，其工号与所在保险机构工号相一致。规定除保险查询、销售、承保和客户服务等环节外，严禁销售非保险类理财产品和其他类保险产品。

三是确保合规经营。加强现场检查的力度或者延伸检查，严厉惩处违法违规行为。坚决取缔没有保险或者保险中介资质的机构自建的移动展业平台。

当然，移动展业平台作为移动互联网技术在保险业中的具体运用，其快速发展过程中难免会出现各种问题，保险监管部门需要综合运用制度、系统和市场监管等手段，依法、合规从严监管，维护保险消费者的合法权益、保险市场秩序和经济秩序，更好地服务保险业发展和经济社会发展。

（本文发表于2017年2月14日《中国保险报》）

保险营销转型至关重要

王小韦　马丽娟

在保险经营链条中，保险营销一头连着保险产品供应，另一头连着保险理赔或者保险给付，承上启下，承前启后，所以研究保险营销转型对于研究保险转型至关重要。与一般情况下保险公司的营销转型有本质区别，本文研究的当前保险公司营销转型，表现为两点：一是动议不同。前者是指保险公司根据自身经营业务的需要，进行产品结构调整等主动实施经营行为，后者是指保险公司被动进行包括产品设计、营销、风控等保险业务转型的经营行为。二是方向不同。前者由保险公司自行决定，后者由保险监管部门指定了方向，回归保障功能。

从理财型向保障型

当前，销售理财型保险产品的保险公司以寿险公司为主，但也有部分财险公司积极参与。对于保险公司大力发展理财型保险产品，有的保险公司认为，既符合保险功能的界定，也符合国际惯例。笔者认为此种观点存在商榷的空间。按照 2006 年发布的保险业“国十条”界定，保险行业具有经济补偿、资金融通和社会管理三大功能。但是，从内在的逻辑关系上看，三大功能之间不是简单的平行关系，而是有主次之分。保险行业具有的主要功能还是保障性层面的社会管理功能和经济补偿功能，因为这一功能是金融体系中银行、信托等机构所不具有的功能，而资金融通功能是次要的功能，是银行、信托等机构同样具备的功能。如果保险行业在开展业务过程中，淡化发挥保障功能，过分重视或者专攻发展理财型业务，那么保险行业的功能无异于一家融资平台，自然丧失了行业的本来定位。

发展保障型保险产品，回归保险行业的本身属性，有利于防范风险，减少人民群众生命和财产不必要的损失。开展保障型业务和理财型业务对于风险管控的关注点是完全不一样的。前者需要进行风险识别、风险防控等大量艰苦细致的工作，后者风险管控的重点是资金运用收益的风险。落实“保险姓保，保监姓监”行业发展和监管理念，才能发展党和人民需要的保险业，才能守住保险行业不发生系统性、区域性风险的底线，进而维护经济秩序和社会秩序。

经营思路回归

从市场发展历程来看，保险公司营销转型从理财型保险产品回归到保障型产品，对于保险公司来说需要克服一系列难题，主要表现在全员经营思路回归、业务全流程改造两个方面。

一是全员经营思路回归。此次保险公司从理财型向保障型营销转型，从顶层制度设计视角看，按照重要性依次涉及保险公司股东思想转型、保险公司总公司决策和经营团队高管思想转型、省级保险公司管理团队思想转型和员工思想转型。

股东思想转型，投资保险行业就要首先发挥保险公司的保障性功能。回归保障性保险业务，对保险公司管理人员和业务人员都提出了更高的要求。理财型保险产品盈利来源主要是利差益；开展保障型保险产品盈利来源主要还涉及费差、死差等指标。对于股东来说，投资保险行业的初衷在于取得较高的投资回报，因此更倾向于“短平快”的业务种类。相对而言，开展理财型保险产品比开展保障型保险产品更符合股东的愿望。所以回归保险保障功能，股东的思想转型发挥着根本性作用。

保险公司总公司决策层思想转型，需要实现三大改革：其一，考核体系；其二，管理制度；其三，发展模式问题。在开展理财型保险产品业务中，一般是由保险公司总公司和银行总行签订“总对总”协议，以下层级的机构具体开展业务。

对于保险公司员工队伍建设来说，发展理财型保险产品，员工工作内容的重点在于维护银行销售渠道，而开展保障型保险产品，需要员工围绕风险的防范，所以对于员工来说只有提高劳动技能才能满足工作要求。

二是业务流程全面改造。理财型保险产品和保障型保险产品是完全不同的概念，相应的业务流程差异性非常大，需要对现有流程进行全面改造。在产品开发环节，对于保障型保险产品，在条款拟定、费率测算方面的难度高于理财型保险产品，因为需要结合保险标的具体情况；在风险管控环节，需要保险公司员工到风险标的物具体位置去查勘风险隐患，适时下发整改建议书；出险以后，保险公司要有足够的技术力量进行查勘定损。

对策

一是依靠理论创新，服务制度建设。在理论研究方面，一方面需要根据市场出现的新情况、新问题建设课题库，另一方面吸纳保险业内外的各类人才建设专家库。举例来说，有的保险公司为了大力发展理财型保险产品，提出资产驱动负债或者负债驱动资产等概念，在理论界几乎看不到系统的论述。保险理论研究滞后必然会导致监管制度建设滞后。

二是依靠制度进步，提高监管效能。在依法行政、依法监管的背景下，保险监管制度是监管的基本抓手，保险行业发展中存在的两大难题是寿险领域的销售误导和财险领域车险理赔难。对于寿险领域的销售误导问题，目前监管制度中对于如何认定、认定后如何进行处罚处理等制度建设是完善的，但是如何取证是难以解决的问题，实行销售行为录音录像是非常有效的手段，也是唯一的手段。

三是依靠技术进步，提高监管效率。监管信息化建设步伐加快，实现对保险业数据实时监管，前移监管关口。举例来说，现阶段开展现场检查一般选择上年度或者追溯更早年度开展检查，检查发现一些违法违规行为已经形成事实，可以对照保险监管法规进行行政处罚。建议通过信息化建设，保险监管部门的稽查系统直接连接保险公司、各类保险中介机构以及保险个人代理人的数据库，实时掌握保险机构业务财务数据，便于实时发现问题。

当然，保险公司营销转型的确符合社会和公众的有效需求，作为转型主体的保险公司出于自身经济利益的考虑不一定持欢迎态度，需要保险监管部门坚持“保险姓保，保监姓监”理念，通过综合运用行政、经济等手段引导和督促保险公司开展业务转型，更好地发挥保险行业服务经济社会发展的作用。

（本文发表于2017年2月16日《中国保险报》）

保险科技抵达彼岸需铺好三块“桥板”

高笑寒　王小韦

保险科技，是新生概念，位居保险创新的前沿阵地。笔者认为当前趋于流行的保险科技，是互联网保险的代名词，其核心内容是通过采集庞大的数据对投保客户进行风险识别、风险管控和出险后理赔等，给保险经营注入全新的内涵。

结合当前保险市场上新出现的保险科技理论探索和实务尝试，本文分析了未来保险科技发展面临的新环境、新挑战，并提出完善的建议。

新环境：万事俱备　借力起步

保险科技是运用新技术、新手段对传统保险业的更新和再造。目前科技保险对传统保险业务的改造有三大“东风”：一是目前传统保险业，无论是寿险还是财险都面临人力投入多、成本大、效益低及消费者满意度不高的发展瓶颈；二是无论是在监管层面还是在公司经营者层面，在业内都形成回归传统的保障型业务的共识；三是目前改造传统保险业务的技术条件已经开始探索，并逐渐发展成熟。

从监管层面来讲，从2016年下半年开始，保监会屡屡要求保险业回归保障职能，要求保险公司开展保障型保险业务。2017年全国保险监管工作会议上，保险监管部门明确提出“保险姓保，保监姓监”，随后对个别寿险公司开展检查并予以行政处罚，为保险回归保障功能奠定了政策导向。

从公司发展经营来看，保险保障功能回归势在必行，保险回归保障机遇和挑战并存，如果不下大力气精耕传统保障型业务，意味着挑战大于机遇。

个别寿险公司跑偏航道，大力发展万能险等热衷于发挥保险融资功能、淡化保险保障功能，对于寿险公司来说无异于自废武功、舍本逐末。寿险公司大力发展理财型保险产品，风险管控节点就主要集中于保险公司总公司资金运用的风险，经营中风险管控的战线短、节点少、参与度低；现在回归转到保障型保险产品经营的战线长、节点多、参与度高，对于很多保险公司无异于另造。在财险公司中，除了极个别保险公司大力发展理财型产品外，绝大多数财险公司的主要业务仍在车险方面。但是，从近十年来车险经营看，除了极少数大型公司盈利外，绝大部分中小型公司处于亏损的边沿。车险经营陷入“红海”，亟待探索“蓝海”区域。

此外，互联网技术飞速发展，为保险行业进行技术改造提供了可能。近年来，移动互联网技术的高速发展以及智能手机的高度普及，有利于提高经营主体和消费者信息对称程度，当然对于保险行业也不例外。例如，在车险经营领域，通过数据资源的整合，可以采集到投保车辆年度行驶里程、行驶区间、驾驶习惯以及遵守交通规则等信息，便于针对具体个体计算并收取与其风险状况相适应的保费，做到“一人一车一价”；在寿险经营领域，如果广泛实行电子病历档案，并且能够在全国范围内联网，再配合以基因检测等技术，可以提高对投保人健康状况掌握的准确程度，便于针对具体个体收取与其健康状况相适应的保费。

运用保险科技，升级传统保险业务，有利于保险业回归保障功能，有利于保险产业提效升级，有利于提高保险消费者满意度。而当前市场已经为保险科技的发展，创造了风口，可谓万事俱备，只待实践检验。

新探索：八仙过海　各显神通

保险科技到底是什么？目前为止没有一个权威的答案。笔者从当前保险市场的最新动向，归纳了以下事件或者现象，试图从中解读出保险科技的本质或勾勒出保险科技的粗线条。

事件一，最近有一家从事车联网大数据服务的公司，携手汽车制造商、保险公司共同开发 UBI 车险产品；事件二，美国一家代理公司发展为保险公司，拳头产品是按照汽车行驶里程计费，对传统的车险经营模式发起挑战；事件三，最近中国人寿和百度签订战略合作协议，其中包括人工智能、大数据、车联网等技术领域，保险行业巨头和互联网行业巨头强强联合；事件四，沃尔沃、特斯拉等汽车制造公司，大力发展无人驾驶汽车，将汽车价格和车险保费打包整合，可能颠覆传统保险业的思维模式；事件五，人脸识别技术、基因测试技术等新型技术的发展，大大提高了对投保对象未来健康状况的预测能力；事件六，平安保险、阿里集团、腾讯等不同行业的巨头强强联合，直接设立互联网保险公司，而各自主体也涉足金融、医疗等领域。

通过对上述新现象研究，可以得出以下结论：一是传统模式受到挑战。有两点表现，在车险领域，倒逼加快商业车险改革的步伐；在寿险领域，由于引进了基因检测技术，影响甚至颠覆传统的寿险经营。二是市场格局遭遇重大扭转。不同行业之间大公司的“强强联合”，增强的是市场竞争能力，对于中小型公司来说，不是市场份额蛋糕切多切少的问题，而是还能不能继续同场竞争的问题。

新思路：统筹兼顾　重点突破

保险科技改造传统保险业的趋势已定，无论是保险行业中个别公司率先突破，还是行业整体推进，都需要破解一系列难题。保险科技抵达彼岸需铺好三块“桥板”。

锁定商业模式，奠定发展格局。无论是人工智能、车联网、物联网还是可穿戴设备，通过大批量的数据收集，解决的都是风险控制的问题，即将不确定的因素最大限度地确定下来，降低不确定性。风险控制是保险行业的运行规则，但对于一个企业来说，盈利才是持续发展的关键因素。因此，能否借助技术突破实现一个有效、成熟以及参与各方共赢的商业模式是保险科技可持续发展的保障所在。

目前保险科技尚是新生事物，发展也处于最初阶段，无论是专门的硬件设备提供商、数据采集提供商还是保险公司都处于科技保险商业模式的探索阶段。一方面技术本身的开发和应用还需一段时间与保险实际需求相互磨合，另一方面就是对于已开发成熟的技术或数据的应用尚未形成较好的商业模式。下一步，在保险科技产业链条上，无论是上游的硬件制造商、中游的数据收集商还是下游的保险经营者，谁能够整合产业链资源，打通商业模式闭环，实现商业流程的再造，就能占领下一次产业革命的高地。

构建数据体系，掌握发展关键。掌握大数据是传统保险行业的“看家本领”，更是保险科技的“生命线”。对于传统保险行业来说，数据采集数量少、质量差，导致信息不对称，制约了保险行业发展的速度和质量。从整体上来说，科技保险的核心是通过诸如物联网、云平台等技术手段采集大量数据，以实现保险产品个性化和保险定价的准确性。

因此，如何能够准确、高效地采集到保险经营者需要的数据是科技保险发展的第一步。保险科技对数据体系的要求，一方面要求数量足够庞大，另一方要求质量足够准确，以便保险公司精准识别风险、精准实施风控、精准开展查勘及精准支付赔款。

界定利益格局，确保发展后劲。传统的保险公司实现了产品、销售、理赔及投资等全链条管理，即仅有保险公司一个经营者，最多加入一个前端的保险销售代理公司。在传统的保险经营时代里，保险经营的利润分配只在保险公司一个企业里面完成。但在科技保险时代，传统保险公司难以在独自领域里实现保险产品、销售、理赔的闭环管理，诸多先进技术如车联网数据的采集，一些设备在汽车制造的同时就需要安装完成，设备技术提供方、数据采集商甚至是上游的如汽车制造商等都需要加入保险产业链条中来。

因此，在各方共同参与的局面下，保险经营的利润如何分配就显得尤其棘手。目前已有保险公司与汽车制造商、设备提供商签订战略合作协议，也有汽车企业通过成立保险公司进行探索。但总体来说，保险公司要跳出过去闭起门来，单纯追求自身利益最大化的思维模式，而要借助技术外力，把互利共赢作为出发点，与合作企业优势互补，在差异化中寻求共赢。

科技改变生活，科技改变生产，体现在人民生活的方方面面，保险科技就是科技改变保险的明证。发展保险科技，既需要保险行业与时俱进，顺应发展，更需要保险行业不忘初心，恪守本职，充分发挥经济补偿、社会管理等基本功能。

（本文发表于 2017 年 3 月 7 日《中国保险报》）

保险业的碎片化思维和系统化思维

黄明明　王小韦

最近，笔者看了一组稿件，引发有关保险业经营、介绍和宣传的深入思考，建议摒弃碎片化思维，倡导系统化思维，有利于提高保险行业的经营、管控。

这组稿件共有三十多篇，内容涉及商业车险经营中的经营费用持续攀升、反车险欺诈、保险行业诉讼调解衔接机制、治理销售误导、保护保险消费者合法权益等内容。通过对这组稿件的阅读，有一种碎片化思维的感觉。具体表现在：一是保险经营中，上游环节和下游环节之间不衔接，上游环节为下游环节经营埋下隐患。比如，大量的车险欺诈案件表明，二手豪华车是车险欺诈的主要“道具”，在计算车损险保费中，二手车价格确定问题是很关键的环节。遗憾的是，在车险销售环节，销售机构为了增加保费收入，给二手车确定了远远高于实际价格的车价。如果说，在车险销售环节，计算车损险保费时，给予豪华二手车公允价格，那么就会大幅压缩此类欺诈案件的发生。二是同一件事情，表述尺寸和把握尺寸不同，得出的结论相差甚大。例如，有的保险机构宣传打击车险欺诈案件功效显著，读完稿件的感觉是车险欺诈很严重；有的保险机构宣传治理车险理赔难问题成效，读完稿件的感觉是车险理赔已经非常容易。经过多方求证和深入思考，之所以出现碎片化思维，究其根源，笔者认为来自三方面的原因：一是本位主义作祟。在保险经营实务中，本位主义本无可厚非，但是如果在某一经营环节考虑问题时忽视了经营规律、忽视了经营管理制度，单纯从本位利益出发，很有可能就会给下游经营环节埋下隐患。二是尺度缺乏标准。在保险公司经营实务中，有的理赔案件，按照保险合同条款规定，是属于除外责任的，有的保险公司给予赔偿，有的保险公司予以拒赔，折射出保险赔偿标准的不统一性。三是保险公司内控制度执行统筹协调缺乏力度。在保险经营中，有些经营环节由于上下游分工设定有瑕疵，导致管理权限交叉。例如，车险销售和核保，在对豪华二手车确定计算车损险价格时，销售部门为了增加保费收入，在明知车损价格虚高时，仍然以较高的价格计算车损险保费。核保部门发现此问题，并没有严厉指出来，往往顺应了销售部门的意见。如果说核保部门严厉指出存在车价虚高问题，并要求整改，此问题就会有完全不同的处理结果，也会为车险理赔、反欺诈部门减少隐患。从根本上遏制上述问题的产生，需要摒弃碎片化思维，实行系统化思维。

通过对上述稿件的梳理和平时工作中接触到相关问题，实行系统化思维，建议从以下方面开展工作：一是加强研究，完善制度。从一些反车险欺诈、诉讼案件看，保险经营制度存在问题，折射的背景是对相关制度设计缺乏系统的理论研究。二是依靠系统，提高效率。以车险经营为例，对于投保车辆的价格，在出单系统中，确定好原始价格和折旧系数，可以自动计算出投保价格，一般情况下绝对禁止人工自行修订价格。如果说，需要人工修订车辆价格，禁止调高，并且实行责任制，如果发生车险诈骗，应当对销售、核保等相关人员实行问责。三是以人为本，待遇留人。在保险经营中，保险公司很多岗位的用工实行代理合同制度，实行不保底的薪酬机制，导致代理人或者临时人员缺乏归属感。比如，在销售岗，大量使用代理制人员，薪酬完全实行佣金制，导致员工在销售车险时漠视投保车辆风险状况；在查勘岗位，实行较低的工资，会导致汽车修理厂等机构主动向查勘员输送利益的情形。

总之，保险经营本身是管控风险的行业，经营中对技术有一定的要求。尤其是在当前移动互联网技术高度发展和智能手机高度普及的背景下，风险识别、防范、管控和理赔等经营环节已经发生了很大的变化，所以需要保险公司摒弃碎片化思维，实行系统化思维，通过完善制度、依靠技术和改善人力等综合手段，梳理保险公司经营内部一盘棋的思想，一方面提高服务质量，造福社会；另一方面，公司自身也能实现一定的经济效益。

（本文发表于 2017 年 3 月 10 日《中国保险报》）

与保险共舞　共享交通能否走更远

黄　鹏

近期，诸如共享单车、共享汽车等共享交通工具可谓红极一时，各类相关话题不绝于耳。保险作为这一共享形式中必不可少的一环，保障着承租人、运营平台甚至社会公众第三方的安全和损失，解决了公众服务的不少后顾之忧。但是，这种新兴领域与保险行业的组合到底能够走多久呢，这或许由公众道德、平台的运营能力以及保险公司的承受能力等各方面的因素共同决定。

引子：从三个案例说起

案例一：重庆自由流动式汽车共享品牌 car2go 旗下一辆奔驰 smart fortwo 汽车在行驶中发生交通事故，造成三名路人受伤。造成这起事故的驾驶员，是一名驾龄刚满一年的“95 后”女司机，她租借 car2go 练车。事故发生后，关于谁担责的问题迅速成为热点新闻。据了解，car2go 车辆已投保了交强险和商业险，包括第三者责任险。根据我国《侵权责任法》，租赁、借用机动车所有人与使用人不是同一人时，发生交通事故后，机动车所有人应承担的责任，由保险公司在机动车强制保险责任限额范围内予以赔偿；不足部分，由机动车使用人承担赔偿责任；机动车所有人对损害的发生有过错的，承担相应的赔偿责任。如果车辆购买了第三者责任险，即使驾驶员本人不是车主，保险公司也应在第三者保险责任限额内进行赔付。

案例二：厦门市叶女士因 ofo 共享单车刹车失灵，在下坡时重重摔在地上，导致鼻骨骨折和右眼球挫伤，缝了十多针。事故发生后，叶女士与 ofo 平台多次交涉之后，ofo 共享单车的工作人员才承认单车刹车出现问题导致叶女士受伤，对于叶女士的医药费，平台将会进行全额理赔。随后，他们也为叶女士填写了保险理赔单，投递了部分的资料，相应的保险理赔程序已经开始启动。他们承诺，叶女士的医药费将全额理赔，相应的精神损失费、误工费也会与保险公司沟通后，尽快跟进。

案例三：近日，广州市民梁先生驾驶特斯拉，经过番禺区洛溪新城一小巷时，被一辆共享汽车蹭到，交警认定共享汽车负全责，特斯拉入厂维修花费 1800 元，让梁先生不满的是，“半个多月了，还没赔”。共享汽车所属公司回应，正在走保险理赔程序。律师指出，根据责任认定，不管保险公司是否理赔，该公司都应先为梁先生垫付维修费。

焦点：共享交通工具与保险的碰撞和融合

从上述三起案例可以看出，目前不管是共享汽车还是共享单车，其所运营的平台都为共享交通工具投保了不同类别的保险，以应对公众在租用设备时可能会发生的风险。据了解，共享单车一般投保的为意外伤害保险、意外伤害医疗险及第三者责任险，共享汽车则是投保交强险和商业险。上述三起案例均具有一定的典型性和代表性，凸显出保险在共享交通发展中的作用。但另外，责任认定、防灾防损和利益权衡等各种因素在一定程度上也影响和制约着共享交通模式的可持续发展。

理赔责任认定难导致有保难赔。虽说上述三个案例中保险公司均已参与理赔，但过程却漫长曲折。究其原因，核心在于责任认定。案例一中，共享汽车平台方、租赁人、受伤的社会公众以及保险公司之间形成较为复杂的责任关系。根据保险责任，保险公司需要对投保人（共享汽车平台方）和第三者（受伤的社会公众）事故损失进行赔偿；租赁人造成租赁物和社会公众的损失，共享汽车平台方有权向租赁人进行追偿；超出保险赔付限额以及民事甚至刑事责任方面，租赁人需要进行承担；在赔付未到位、责任未划分清楚以及租赁人无力承担时，共享汽车平台方理应承担连带责任，先行垫付，再向租赁人追偿。可以看出复杂的多方关系导致共享汽车在出现事故时难以顺利理赔，案例三同样是这样的例子。而在案例二中，虽属单方事故，损失也相对较小，但问题的核心在于如何界定是共享单车的故障直接导致了租车人的损伤，取证难是最现实的问题。因此，责任划定直接影响到保险在服务共享交通工具时的作用发挥，这一问题如果得不到有效解决，共享模式下极有可能出现有保难赔的现象。

公众的道德风险影响共享交通走向。第一个案例折射出一个问题，那就是共享交通工具在使用时可能会出现不文明的现象。诸如共享单车被胡乱丢放、被损坏、被烧毁、被据为己有的事件层出不穷；共享汽车被损坏、使用不当、单方事故后不告知等问题也屡见报端。不文明的用车现象最直接的是造成共享平台的损失，同时也会间接增加保险的赔付。目前共享交通工具平台对使用者收取的押金不足以弥补不文明行为给共享交通工具带来的损失，因此对于事故和破坏，往往兜底的就是保险公司。交通工具的损毁修复若使用保险，共享汽车可在商业车险范畴内赔付，而共享单车就只能由运营平台自我承担了。因此，即便有保险公司进行兜底，但此类事件发生的越多，赔付率和赔付金额也就会越多，保险公司为这些社会公德缺失行为兜底和买单的意愿就会越弱，所以，公众的道德风险也直接影响到共享平台与保险公司的长期合作。

共享交通与商业保险的相融性有待检验。从传统的保险学角度来说，可保风险为小概率事件。而共享单车、共享汽车的运作方式可能使风险成为大概率事件。首先，使用者的不固定导致风险增加。以往的公共用车模式如出租车、网约车等，驾驶者都较为固定；即便是传统的汽车租赁行业，虽然其使用者不固定，但由于租车还车手续严格、押金较多等原因，他们的风险状况基本处于相对可控的状况。而共享单车、共享汽车的驾驶者就是平台用户，量多分散且不固定，这就大大增加了事故发生的概率，从每天媒体上所报道的关于共享交通工具的新闻就可见一斑。其次，事故率的上升必然导致保险费率上升。商车费率市场化之后，保费与事故率、赔付率等关键因素直接挂钩，共享交通工具的高事故率和高赔付率必然导致来年保费的上涨，若按照这个逻辑逐年循环的话，极有可能形成两种局面：一方面，共享平台不愿意承受高额的保费，用其他机制（比如自担）来抵御相关风险和损失；另一方面，共享交通工具可能成为劣质保险资源，在今后面临无人愿保的局面。不过，由于共享单车、共享汽车兴起的时间尚短，并且覆盖面也较窄，目前还鲜有详细的数据来分析其保险模式的可持续性。

破题：多措并举助推保险和共享交通合作共赢

从方便公众、低碳出行、创建节约型社会的角度看，共享交通模式确实是一个值得鼓励和点赞的新事物，要长久发展，保险不可或缺。但受保险原则、公众道德、共享本身的特征等因素影响，共享交通工具与保险行业如何实现共赢仍是一个亟待破解的难题。由于风险管控侧重点不同，建议共享平台、保险公司和保险消费者立足于自身条件进行风险管控。

依靠技术，关注风控。一是引入新技术。共享汽车和单车的运营平台应强化风控手段，如加装行车记录仪、新型 UBI 设备等，提高对设备的实时监控，降低损失概率；二是采用新材料。可采用新型、牢固、安全有保障的材质和技术生产专用单车，增强设备的耐用性和安全性；三是强化巡查投放力度。增加巡查人力投入和巡查监控数量，通过人工和技术的结合在风险预防环节多下功夫。

量身打造，创新产品。共享单车和共享汽车都是共享经济、移动互联网技术和智能手机普及二个因素叠加下的产物，其蕴含的风险自然具有自身的特点。针对共享单车和共享汽车可能导致的风险，保险公司应以客户需求为导向创新设计，开发和设计针对共享交通工具的个性化保险产品。对客户群体进行细分，针对不同客户设计不同的保险产品组合，差别收取保费，最大限度地发挥保险的保障作用。

预防为主，提高素质。一是加强保险消费者教育。通过公益广告、普法宣传、讲座沙龙等形式培养保险消费者购买习惯。引导社会公众自觉主动购买保险产品，提升用车安全。二是加强用车者教育。呼吁广大使用者以及社会公众爱惜公共交通资源，文明使用公共交通工具，为创造节约型社会贡献力量。

综上所述，身处互联网时代，在科教兴国、资源节约和环境保护的宏观背景下，共享模式符合现阶段发展特征，具有广阔的发展前景，只是如何做好各项防护措施、完善相应制度，实现多方共赢，对于诸多共享企业和险企而言任重而道远。但随着技术水平的提高、公众素质的提升，相信有了保险保驾护航的共享交通将走得更稳更远。

（本文发表于2017年3月15日《中国保险报》）

保险业反洗钱监管模式转型：从合规到风控

戴　娟　王小韦

研究保险业反洗钱监管模式转型，有利于建立和执行科学有效的反洗钱监管制度，有利于提高反洗钱监管效能和效率，有利于维护保险市场秩序和经济秩序。根据保险业的发展变化和洗钱犯罪的变化，适时推进反洗钱监管模式转型，具有理论和实践的双重意义。

本文通过对比现行的以合规为导向的反洗钱监管模式和以风险为导向的反洗钱监管模式优劣，结合保险业洗钱风险特点，提出转型反洗钱监管模式的思路。

现状：三个有待提高

当前，我国保险业反洗钱监管模式是一种“合规监管”模式，即在保险监管制度顶层设计中，预先对各种违规方式进行预先规定，但是由于制度无法穷尽保险机构经营行为的所有义务空间，必然会导致保险监管机构与保险机构之间信息不对称，限制了该模式有效性的发挥。具体表现在以下三个方面。

（一）制度建设和执行匹配性有待提高

“合规监管”模式下，保险机构不能按照全面风险管理要求，处理好洗钱风险控制与经营业务发展之间的关系，风险控制措施弱化，风险管理政策缺乏执行力，各业务条线不能有效落实反洗钱职责，不能落实工作实效。反洗钱管理工作停留在制度或概念层面，不能实际运用公司治理机制落实反洗钱职责。

（二）核心工作目标和达成情况匹配性有待提高

在保险业反洗钱机制中，对可疑的保险业务资金来龙去脉进行尽职调查至关重要，核心工作目标是客户风险等级分类。保险机构业务管理措施与反洗钱合规管理要求不匹配。不能按规定确定反洗钱方面的客户风险等级划分标准及工作流程，客户风险等级划分结果难以在反洗钱资源配置中发挥基础性作用，保险机构核心系统或业务系统存在功能性缺陷，导致客户身份识别无法满足客户风险等级分类的需要。

（三）关键信息采集要求和实际采集匹配性有待提高

在保险业反洗钱机制中，对一些关键性信息采集达不到反洗钱要求的标准，导致完成情况和预想不匹配。一是客户基本信息不完整。保险机构不能按规定完整保存客户身份资料和交易记录，如不留存网上交易 IP 地址和营销活动中的客户尽职调查工作记录或客户信息。不能按规定采取适当方式保存客户身份资料和交易记录。二是对大额和可疑交易报告记录不完整。保险机构反洗钱监测分析系统的交易筛选标准或预警阀值不符合规定，筛查范围小于反洗钱法律规定的要求，不能按规定区分同一客户不同金融账户之间的交易和不同客户不同金融账户之间的交易，不能按规定结合客户和交易背景情况，对系统筛选出的异常交易数据作分析、甄别或补充尽职调查。

目标：凸显“三大导向”

随着保险产品更加复杂、保费规模更加庞大以及保险资金运用更加多元化等保险市场新情况，洗钱犯罪分子选择保险业作为藏身之地的风险上升，客观上需要保险业未雨绸缪、主动作为，才能筑牢行业反洗钱防线。意欲建立的“风险为本”的保险业反洗钱监管模式，强调保险机构主体责任，贯穿风险主线，以风险评估为前提，以风险管理为核心，按照风险状况实施分类监管并分配监管资源。

（一）凸显风险核心导向

以风险为本的保险业反洗钱监管模式下，要求保险监管机构以风险控制为重点，通过建立一套较为系统、全面的风险评估体系，按洗钱风险的高低对义务人进行分类，并据此实施差别性监管的方法；要求保险机构对自身业务风险及客户风险作出全面细致的评估。

（二）凸显责任主体导向

以风险为本的保险业反洗钱监管模式下，更注重保险机构对自身洗钱风险的行动和控制措施，推动保险机构主动识别风险、评估风险和控制风险，更有助于掌握风险、防范风险，根据国际经验，金融机构内部风险评估往往比监管机构外部评估的准确性更高。

（三）凸显有效性为目标导向

监管机构利用风险工具对保险机构、保险行业面临的洗钱风险进行测算评估，根据风险分配监管资源，引导保险机构按洗钱风险大小对产品、服务等进行分类，并采取相应防范措施，最终达到真正控制重大洗钱风险的目的。

途径：依靠三大工具

（一）风险分类

立足当前我国保险业发展实际，本文将保险业洗钱风险细化为六类，即国家/地域风险、产品/服务风险、客户风险、业务风险、内控风险、操作风险。在保险产品体系中，通过寿险产品进行洗钱的风险最大，尤其是高现金价值年金保险、分红保险、万能保险、投连保险。具体到保险公司经营实际，以下环节违规操作，隐藏较大洗钱风险：一是业务拓展环节，不切实开展客户身份识别，不对资金来源进行核实。二是核保承保环节，对期限短、返还保额大、退保有特别约定、追溯保单生效日、资料不真实等保单缺乏有效核实。三是收费环节，洗钱分子可能通过中介机构、银行网点或不相关的第三方缴费，若忽视对第三方缴费客户的身份验证，就容易让“黑钱”流入保险机构。四是保全环节，洗钱分子通过犹豫期退保、犹豫期后退保、频繁变更受益人、要求变更缴费渠道等方式洗钱，此外，短期内分散投保、集中退保或集中投保、分散退保、任意追加保费、改变缴费方式为大额现金或支票追加大额保费等情况也较为可疑。五是满期给付和理赔环节，表现为客户委托他人代领，强烈要求收取现金、支票或将资金汇往被保险人、受益人以外的第三人，或要求将退还的保险费和保单现金价值汇往投保人以外的其他人。

（二）风险计量

风险为本的反洗钱监管模式下，基本手段包括建立评估指标和确定计量方法。借鉴国际监管经验，从两个维度建立洗钱评估指标：一是评估保险机构整体风险管理能力，指标主要反映保险机构管理和控制风险的能力和水平。二是评估保险机构的潜在风险管理能力，指标主要结合行业类别、不同风险业务比重进行设计，同时兼顾机构及业务被洗钱分子所利用的成本大小、便利程度以及化解和处置风险手段的有效性等因素。对于风险管理能力的指标评估计量，可以采取定性分析及随机抽查等方法，例如案例估值法、专家评价法。

（三）风险评估

风险为本的反洗钱监管模式下，保险行业洗钱风险评估包括两部分：一是保险机构开展的内部评估。保险机构根据自身风险管理能力状况，结合地域、业务、产品、客户风险分布情况，自主开展的客户风险评估和机构洗钱风险评估，以及风险预警和系统控制。二是保险监管部门开展的外部评估。监管部门根据所掌握的反洗钱监管数据，对保险机构反洗钱风险状况进行动态综合评定，并对风险评定结果设立预警线。

举措：多管齐下，强化预防

（一）加强监测分析，丰富数据体系

监管部门建立一套较为系统、全面的高风险机构数据库和预警指标分析系统，通常是在加强数据分析的基础上实现的。预警指标主要包括两类：一是定性指标。具体涵盖区域内洗钱案发情况、客户身份调查中存在问题情况、保单第三方代理比例情况、保险标的与投保者关联性、保费第三方支付、多账户来源缴费情况、客户异常表现情况、投保者犯罪背景及受益人异常更替情况等一

系列定性指标。二是定量指标。具体涵盖大额现金异常交易指标、超额交费预警指标、高频率账户交易指标、短期退保率指标、资金往来账户相关系数指标、保费明显超过收入水平指标、投保人与保险人关联交易预警指标、寿险合同续存期异常指标、保单异常批改占比指标、保单付款方式异常占比、以指标趸交方式购买大额保单与其经济状况不符情况占比指标等。

（二）厘定风险等级，强化风险预警

监管部门根据风险评估结果，针对风险轻重分类预警。一是对综合评估达到预警线的轻度风险机构，下达风险预警通知，对其存在的问题和风险隐患，提出整改建议，责令限期整改；对综合评估达到预警线的高度风险机构，核实违规问题，必要时开展现场检查。二是对反洗钱工作的某一环节或领域存在较大风险隐患的机构，下发预警通知，提示反洗钱工作中存在的缺陷和问题，要求其积极纠正，督促及时整改，降低风险。

（三）开展窗口指导，前移监管节点

监管部门借助动态评估和风险预警制度，推动窗口指导机制建设。一是建立监管评估结果披露机制，定期披露保险机构动态评估结果，推动形成良好的竞争机制和激励机制。对于综合评估达到预警线的保险机构，开展现场检查，以洗钱风险预防为主，通过检查机构全流程的风险控制情况，全面检测机构反洗钱工作流程的健全性和有效性，督促其认真落实反洗钱各项监管规定。二是建立巡查机制。及时警示保险机构反洗钱部门存在的问题和风险，促进既有问题有效整改落实，深入掌握非现场无法获取的信息、提高评估信息的准确性和全面性，加强保险机构反洗钱工作意识和能力。

开展保险业反洗钱工作，从现行的合规监管模式向风险为本监管模式转型，需要保险公司切实提高风险管控能力，监管部门转变监管思路，在制度建设、信息系统建设等诸多方面进一步改进提升，并引导、督导保险机构有序、稳定转型，有效防控保险业洗钱案件发生，为保险业发展营造良好的外部经营环境。

（本文发表于 2017 年 3 月 28 日《中国保险报》）

保险需要追赶共享交通进步的节奏

高笑寒　王小韦

随着移动互联网技术发展、人工智能技术在汽车驾驶中的使用以及一些智能汽车制造厂家历年的更新，共享交通“家族”的单车和汽车的发展业态还会有更大的变化，其所蕴含的风险也将呈现新的变化。

互联网约车、共享单车和共享汽车等共享交通形式极大地促进了公众出行的便利性和经济性，但与之共生的各种风险也接踵而至。作为市场经济条件下，化解风险的商业保险，不仅可以促进共享交通的发展，还可以自身行业的发展找到新的“蓝海”和契机。

共享交通：纽带、便捷、低廉

为便于表述，按照产生时间顺序，笔者将共享交通分为三个阶段，依次是网约车、共享单车和共享汽车。

在网约车阶段，经营网约车的互联网平台公司，既不像传统的出租车公司购买汽车，也不招聘管理出租车司机，而是建设平台，促进大量的私家车车主加盟为网约车司机，从而组建出租运力，同时通过开展赠送优惠券等方式，吸引广大公众通过网络进行约车，从交易中按照一定的比例收取费用，成为平台公司的盈利来源。在共享单车阶段，经营者直接将大量的自行车投放到市场，通过收取押金的方式分散自己的经营风险，凭借便利性，共享单车行业获得了飞速的发展。在共享汽车阶段，尽管说其经营模式与共享单车的经营模式没有本质的区别，但是毕竟共享工具从自行车变为汽车，其蕴含的风险也大幅度提高。

通过对共享交通特征的分析不难发现，正是随着经济社会的不断发展，特别是互联网的普及、智能手机的广泛应用以及移动互联环境的变化，新的经济业态和商业模式开始显露头角。2015 年初，共享交通工具开始出现在各大城市的大街小巷，从滴滴打车、Uber 到共享单车、共享汽车，共享交通工具一夜之间站上了新业态的风口浪尖。

共享交通具有以下三大特点。

一是纽带性。互联网平台，一头连接着有出行需求的广大公众，另一头连接着大量的私家车车主和一部分传统的出租车司机。互联网企业利用移动设备、评价系统、支付、LBS 等技术手段有效地将需求方和供给方进行最优匹配，达到双方收益的最大化。也正是基于这种平台技术，共享交通工具企业组织形式也较传统型企业有了颠覆性变化。

二是便捷性。尤其是共享单车，可以最大限度地满足公众随时使用、随时归还的个性化需求，克服了由政府推动的公共自行车固定地点使用和归还的弊端。人人参与是共享交通工具的参与主体。通过人人参与的模式连接了资源稀缺和过剩产能，创造社会价值。共享经济发展所依据的是长尾理论，即将个性化的产品与大规模的消费需求相互匹配，在共享经济中，没有明确的买方或卖方身份界定，任何闲置的资源都可以用来出售，市场需求被最大限度地激发出来，许多实体经济或传统行业、传统供给方式不能满足的消费需求得到释放，每个人都可以参与其中。

三是低廉性。在共享交通工具中"成本"对其结果影响很大，虽然专车与共享单车在企业经营模式上存在差别，专车是 C2C 模式，共享单车是 B2C 模式，即交通工具的服务提供方有所区别，但其共同之处都是提供大规模的供给匹配用户个性化的需求。Uber、滴滴司机就是在"行车"中以"轻松"的方式赚取"可观"的收入；共享单车出行人群也是通过一元一小时或更低的成本便利自己的出行。

保险的"慢拍"现象

保险业是经营和管理风险的行业，其产品设计、费率厘定和准备金提取等一系列经营和管理行为都是基于风险可计量的基础上。对于国民经济发展传统行业来说，基础风险数据较为完备，保险公司在为社会经济发展提供保障的同时，基本可以做到风险可控。

在诸多的风险类型中，交通工具所产生的不可预测风险是最多的，也是发生频率最高的。与传统交通工具相比，共享交通的三个特征不仅增加了风险的不确定性，而且将原有风险不断放大。

首先，共享平台等同于企业的组织形式。以市场份额较大的某网约车平台为例，由于优步公司组织边界的模糊化和可渗透性，可以把它的组织形式称为无边界组织，这也是其他高举“共享经济”企业的组织形式。无边界组织不再用边界来分割组织人员、任务、流程和场所，而是创造机会让信息、权利、能力和报酬透过边界渗透流动到组织间。

其次，人人参与，即参与者不确定。不同的个体由于身体状况、受教育程度等因素，作为交通工具的使用者来说，风险就不能精确计量。比如，共享单车同样存在参与者不确定的风险。据媒体报道，上海一名小学生使用共享单车出车祸身亡，而《道路交通安全法实施条例》明确规定，在道路上驾驶自行车、三轮车者必须年满 12 周岁。

最后，低成本的经营模式创造了新的盈利模式，但新业态模式下企业的经营能力、资产匹配程度等都难以量化。分享经济模式下产品与服务的供给方通常是大量不确定的个人或组织，尤其是当前诸多领域的分享经济都处于探索阶段和发展初期，其服务和产品的安全性、标准化、质量保障体系、用户数据保护等方面仍存在不足和隐患。

追赶之道：创新、防控、协调

鉴于共享交通工具风险有别于传统交通工具，因此保险业在介入时也需转变理念，依据风险特点进行对接。

一是提高经营能力，创新保险产品。动态定价策略是在一定的市场环境中，供需双方为达到平衡点而作出的价格调整。传统车险经营中，保险企业对承保车辆除车型外，在车辆运营性质上只做简单的营运和非营运之分，其车险价格既不反映驾驶人遵守交通法规的状况，也不反映投保车辆年度行使的公里数、行驶区间，更不反映驾驶人的驾驶行为习惯。

目前车险研究前沿的 UBI 车险理论与实践即是动态定价策略的一种应用。通过随车、随人、随行驶里程、随驾驶时间等不同的费率厘定要素，打造一种个性化的定制车险。对于共享交通工具来说，也可以通过“定制”思维，与共享平台合作，运用技术手段科学拟定产品费率。

二是转变经营理念，突出风险防控。当前车险经营中，往往是重销售、轻风控，为了开展车险业务，宁愿将大量的费用用于销售渠道，忽视了向投保人进行风险管控。在监管实务中发现，有的保险主体认为车险服务能力不高的原因在于个别保险中介机构向保险公司屏蔽了车险消费者的真实信息，但是通过对相关数据研究结果表明，存量车险消费者没有出过险的比例不足 12%，也就是至少 88% 的车险消费者是出过险的。在没有智能手机、微信的时代，保险公司与车险消费者之间沟通存在工具障碍，而当前在智能手机高度普及和微信广泛使用的前提下，保险公司树立客户至上的服务理念，按照业务来源，积极探索客户管理体系，拉近与客户之间的距离，逐步了解客户的驾驶习惯等信息，提高对其风险状况评估的准确性。

三是推动监管协调，优化发展环境。以共享单车来说，据媒体报道，目前 ofo 已为每一位使用人购买保险，摩拜也与众安保险达成合作，但大部分单车品牌仍未在产品推广中加入保险要素作为风险保障。因此，政府强制引入保险机制势在必行。2016 年 12 月，深圳市发布《关于规范互联网自行车服务的若干意见（征求意见稿）》，要求提供相关服务的企业购买相关保险。2017 年 1 月，成都市也发布类似鼓励发展共享单车的征求意见稿，鼓励企业为使用者购买意外伤害保险和第三者责任险。

随着移动互联网技术发展、人工智能技术在汽车驾驶中的使用以及一些智能汽车制造厂家历年的更新，共享交通“家族”的单车和汽车的发展业态还会有更大的变化，其所蕴含的风险也将呈现新的变化。作为专门从事风险经营的商业公司，保险公司只有主动作为，瞄准需求，在服务共享交通过程中，促进共享交通的发展，也为自身行业的发展开拓生存空间。

（本文发表于 2017 年 4 月 11 日《中国保险报》）

“碎片化”保险产品应注重“三个结合”

李　霞　浐　灞

“碎片化”保险是指与互联网、大数据等相关的新兴技术影响传统保险行业的产品设计、营销、风控、理赔、监管等全过程的新业态。研究“碎片化”保险，有利于提高保险行业的创新能力，有利于发挥保险保障功能，有利于促进经济社会发展。

“碎片化”保险：一把“双刃剑”

“碎片化”保险，不是凭空臆造，而是一定理论背景和特定技术背景下的混合产物。一是理论背景。1971 年，经济学家赫伯特·西蒙（Herbert A. Simon）就对现代人的注意力匮乏症作出了最好的诊断：信息消耗的是接收者的注意力。在碎片化的冲击下，人们的注意力变得更加容易分散，“一心多用”成为一种常态。二是技术背景。在互联网技术尤其是移动互联网技术飞速发展、智能手机高度普及资费大幅下调的背景下，现实生活中，人们已经实现了在虚拟的网络环境中，通过智能手机在全球范围内购买商品和服务，包括网络购物、预订各种交通工具和酒店、购买电影演出票务等。在这种商业环境中，简洁、明了的快餐式消费成为主流，如何吸引人们的注意力也是碎片化的唯一目的。在保险领域，碎片化具有积极和消极的两面性，是一把“双刃剑”。

“碎片化”保险的四大积极作用

一是营销更精准。在销售方式中，相对于传统的保险营销员“人海战术”产生的较高人力成本，依托互联网和大数据技术的碎片化营销无孔不入，大大降低了渠道营销成本，打破了传统保险营销受到时间和空间的限制，真正实现了全方位、立体化的精准营销。在碎片化的销售渠道中，轻松、有趣、新颖以及简洁的宣传文案更加容易吸引人的眼球，充分诠释了注意力经济的特征。

二是产品更个性。在产品设计中，相对于传统保险产品条款的复杂晦涩，拥有互联网基因的碎片化保险产品在条款设计和营销宣传用语上更加简洁、通俗易懂，更吸引大众注意力，紧跟时下热点事件进行产品设计和宣传，契合了“80 后”“90 后”的消费需求和网络消费习惯。

三是选择更多元化。在产品种类上，在纵向维度上，针对不同消费群体的多元化需求，碎片化为投保人也提供了多元化选择。投保人可以灵活就保险内容进行自由组合，选择保额、保险期间等内容，最大限度地满足了客户的主动选择权。在横向维度上，借助于对碎片化保险产品的网络搜索技术，消费者更容易获得相同或者相似保险需求在不同公司、不同渠道上的比较信息，从而获得多元化选择的保险体验。

四是理赔更便捷。“碎片化”保险对保险业的影响还体现在后续理赔服务中，借助于移动互联网技术的普及，保险公司大多开发了自主软件进行理赔支持。例如，在车辆保险领域，出险后车主可通过车险所在公司的移动互联网自行上传照片及资料完成报案等操作，公司相关部门和车主均可以随时查看处理进展，大大提升了理赔的服务效率。

“碎片化”保险的四大消极影响

一是产品设计更难。保险产品是保险经营的基础，设计保险产品需要大量的历史事件和数据为支撑，很多“碎片化”保险恰恰短缺海量的数据。由于缺乏基本的数据模型和精算基础厘定依据，有的碎片化创新保险产品几乎没有保障功能，偏离了保险本质，更类似于披着保险外衣的赌博行为。例如，某公司曾推出的中秋节“赏月险”、世界杯期间的“世界杯遗憾险”等。

二是风险控制更难。随着社会发展和科技进步，现实生活中的风险因素越来越多。但在碎片化思维下，保险公司侧重于前端的产品销售而忽视了在经营过程中进行风险评估、预防、消除隐患，不以风险预防为目的，保险业对社会的风险控制和管理职能被削弱了，也为行业埋下了隐患。

三是消费维权更难。在“碎片化”保险销售中，由于用时比较短，格式化痕迹明显，缺乏一对一的人工咨询服务，投保人对保险产品难以全面详细的了解，容易出现未注意免赔事项和除外责任等情况。

四是管理、监管更难。“碎片化”保险是新生事物，为保险公司的经营和保险监管部门的监管增加了新的难度。在保险公司管理层面，保险公司一般具备较为严格的组织架构，但在“碎片化”保险产品创新的影响下，其层级明显的条块分割、部门设置很难对新型碎片化保险产品形成有效的整体性的管理，难以构建整体的定价、服务及评估体系，造成不少产品重前端销售轻后端服务，首尾无法相顾。另外，分公司需要更大的自主权无法得到满足，网销、电销、移动端、实体营销等诸多渠道之间容易引发内部的无序竞争，对碎片化保险产品无法形成有效的事前评估和事后追责机制，客观上也影响了公司和行业的信誉。

注重“三个结合”

作为一种新的思维模式和创新之举，对于“碎片化”保险产品，既不能将其扼杀在萌芽阶段，也不能听之任之无序发展，而是应当充分吸纳和接受碎片化对保险行业的合理性和必要性，同时通过各种手段完善其不足之处，使其“化”而不“碎”，更好地服务实体经济，这才是“碎片化”保险产品健康发展的正确选择。

一是脱虚就实，鼓励“碎片化”保险产品创新与实体经济市场需求相结合。

对于经营运作稳健、资产负债管理科学、投资管理能力优良的保险机构，支持其开展各类创新试点业务，为其在产品审批、行政许可等方面提供相应的监管政策支持。

为了推动“碎片化”保险产品更具有生命力和存在价值，客观上需要保险公司做好产品前期调研和论证，做好风险控制。主要体现在明确基础数据、样本分析等要求，不能脱离实践基础一味从营销角度推广保险产品，建议公司对其设计的“碎片化”保险产品进行充分的风险评估和测试，严格落实风险责任和责任追究机制。

二是回归本质，鼓励“碎片化”保险产品创新和风险管控相结合。

首先，要发挥经济补偿功能。目前很多“碎片化”保险产品仅针对风险发生进行赔偿，缺乏对风险发生原因的研究和行动。其次，发挥资金融通功能。实体经济大多需要保险行业的长期资金，也倒逼了保险行业开发、销售长期的寿险产品，而不是做短期的理财型产品，通过此种方式可以避免“短钱长配”风险，做到“长钱长配”着眼未来。最后，发挥社会治理功能。结合实体经济的需要，保险公司应当从风险产生原因入手，借助行业优势、大数据基础为投保人提供专业化的有针对性的风险管理建议，做好相关风险预防的宣传和介入，而不是单一着眼于亡羊补牢式的事后补偿和赔偿。

三是统筹兼顾，鼓励保险管理、监管局部创新和全面优化相结合。

每一个行业的主体，一般都可以分为经营与监管两大主体。面对“碎片化”保险创新，本着发挥市场在资源配置上的决定性作用的前提下，保险公司是创新主体，保险监管制度也要发挥不可或缺的作用。在保险公司层面，需要保险公司在回归保险行业本源的基础上，对“碎片化”保险持扬弃的态度，要扬长避短、长短兼具。由于“碎片化”保险产品具有传播快、影响大的特点，应尽快完善对“碎片化”保险产品的流程化管理，包括产品设计、营销方案及理赔等后续服务，建立快速处理纠纷的机制。在保险监管层面，需要适应互联网技术，尤其是移动化互联网技术发展的新形势，按照保险监管规律和市场经济发展规律，完善和优化监管制度，既要促进行业发展，服务经济社会发展，更要防范和化解风险，保护好保险消费者的合法权益，守住不发生系统性风险的底线。

诚然，“碎片化”保险具有两面性，其良性发展既离不开保险公司的锐意创新、主动作为，也离不开保险监管部门的容错机制与完善优化的监管制度，以及高等院校、科研机构的理论支撑，更离不开广大消费者的参与支持。只有综合各方力量，才能为保险消费者提供更多、更好的保险产品，才能防范和预防更多的风险，才能服务经济社会健康有序发展。

（本文发表于2017年5月23日《中国保险报》）

互联网保险下一站：借力、人才、环境

高笑寒　王小韦

近年来，随着移动互联网技术飞速发展，其使用普及度的提高以及保险业的快速发展，保险公司通过互联网渠道销售的保险规模占比持续攀升，销售的产品种类日益丰富，一些专业的互联网保险公司与各种第三方互联网公司相互融合，促进了互联网保险快速发展。作者通过追溯互联网保险发展历程，剖析当前互联网保险发展过程中遇到的瓶颈和困惑，供同业交流。

发展趋势：雏形、晋级、重构

互联网保险发展阶段，从不同的角度有不同的划分。为了便于研究，按照互联网保险发展的技术水平，笔者将互联网保险发展分为雏形、晋级和重构三个阶段。

第一个阶段：互联网保险发展的雏形。在这个阶段互联网保险刚刚起步，线上世界还是一片空白。互联网保险概念多停留于通过互联网渠道销售的保险产品。类似于保险电销，多数保险业内、业外人士认为，互联网仅是保险的一个销售渠道。大家对于什么是互联网以及保险如何嫁接互联网还没有深入的认知。在这一时期，无论是对于消费者、从业者还是对于投资人来说，互联网保险仅仅是便捷的一种购买手段而已。

第二个阶段：互联网保险的晋级阶段。在这个阶段，技术是主角。技术创造了新的产品。如 UBI 车险，通过车联网数据收集车主的驾驶行为，通过在汽车上安装设备采集注入转向角度、油门踏板深度、发动机温度、排气温度等信息，从而根据不同的个体驾驶行为厘定车险费率。技术同样创造了平台，与多数行业外互联网公司一样，互联网保险也移植了诸如其他行业的比价平台等模式，一些健康险公司还搭载了在线问诊等服务。此外技术还优化了保险购买和理赔流程，提高了用户服务体验。在这个阶段发展起来的很多产品，往往都是依靠体验而取胜的。除了客户接触较多的车险产品外，意外险、健康险、重疾险等越来越多的产品开始标准化、短期化，在理赔上也开始尝试简化手续，优化流程，网上理赔。

第三个阶段：互联网保险发展的重构阶段。经过了第一、第二个阶段的发展，整个互联网保险在产品方面的能力已经得到了普遍提升，消费者对互联网保险这种购买模式的接受程度也不断提高。想要在产品模式或产品机制上创新，可能会变得越来越难，因为可创新的点，可能早就被人做得差不多了，互联网保险发展进入重构阶段。在这个阶段，互联网保险已经突破传统保险业单一的产业链条，而是通过互联网实现全产业链资源的闭环整合。比如对于车险来说，保险公司将进一步整合修理厂、配件厂资源，在交通事故发生的那一刻就可以判断出汽车损坏部位，同时进行事故估损和零件调配；对于医疗险来说，越来越多的医院、诊所、健康机构将纳入整个商业保险体系中，除了传统的精算外，寿险机构还将掌握诸如不同年龄患者门诊报销用量等数据信息，不仅有利于形成以控费为核心的“保险 + 医疗服务”的闭环，而且精准、多维的数据能够帮助保险公司开发更加细分的保险产品。

发展壁垒：技术、运营、政策

虽然互联网保险发展的大趋势是可以预见的，但其发展过程中的艰辛和障碍却是难以准确量化，主要体现在技术、运营和政策三个方面。

一是技术的成熟度和应用方面。目前与保险相关的前沿科技涵盖人工智能、车联网、物联网、可穿戴设备、区块链和无人驾驶等，但多数技术目前还在研究和探索阶段，即技术本身的成熟度有限。此外，即使上述技术发展已经进入成熟阶段，技术与保险的结合也是一大难题。目前很少有公司和团队从事保险数据和互联网行为数据结合的工作，包括第三方大数据公司更多关注互联网金融领域，对保险的涉及非常少。而对于传统保险公司来说，部分公司业务系统开发技术能力有限，日常 IT 技术处理人才储备不足，而且因为部门组织结构问题，很难做深入的创新。此外，在保险业以外的其他行业对保险业的数据开放也是一大难题，即使部分开放，也可能是线下数据或静态数据，很难做到实时更新数据。互联网保险要想借助新技术实现质的跨越，还需一段时间的努力。

二是运营的专业性和准确性方面。对于互联网环境线下的经营模式来说，运营与产品、销售、售后环节一样重要。互联网保险的商业模式容易被复制，多家做同样产品、同样商业模式的企业，最后却仅有一两家能在市场上存活下来，其原因就在于运营上的区别。互联网保险经营又与其他产品的经营相互区别，其对专业性要求更高，很少有公司和团队从事保险产品和互联网运营的结合工作。而互联网思维模式下，产品与运营的关系必须“紧密”，即一个产品如何到达用户面前以及让用户最终选择购买，需要通过互联网思维精密的计算和规划。

随着互联网用户体量的增加和构成复杂性的增加，如何让合适的产品在合适的时间通过合适的方式到达合适的用户面前，是产品最终能否“成活”甚至成为“网红”的关键所在。保险产品的时效性较为明显，可能用户在某个时间点有很强的购买愿望，过了这个时间点需求就比较弱，因为保险需求不属于衣食住行等一级需求，所以到达时机、出现的方式、购买流程的便捷性等都很关键。因而，用互联网的用语来说，在“策略”和“节奏操盘”层面，运营也开始需要有更加精密细致的思考。

三是政策局限和不确定性方面。目前保险公司的业务范围在法律层面上仅限于（直接经营）人身保险、财产保险，延伸经营配套的领域还是存在政策限制。能否自开修理厂、零配件销售厂、医药公司或医疗卫生机构在政策上还需要等待进一步放开。此外，由于保险机构要想打通全产业链闭环，需对接的行业较多，除了行业专业性外，对于其他行业来说，准入政策、经营政策也在不断地变化。

寻求突破：借力、人才、环境

一是携手关联机构，链接信息“孤岛”。保险业具有经济补偿、资金融通及社会治理三大功能。经济补偿功能外化为风险保障外，社会治理功能衍生了保险服务经济社会、化解社会矛盾纠纷功能。对于目前互联网保险面对的新技术应用难、融合难、运营效率低等问题，可以通过借助其他行业的专业优势得到优化。如加强与专业的互联网公司合作，在数据挖掘、数据整合、产品开发、运营销售等环节借助专业力量推动产品上线。

此外，除了借助互联网专业力量外，还可谋划与其他行业的合作。诸多先进技术如车联网数据的采集，一些设备在汽车制造的同时就需要安装完成，设备技术提供方、数据采集商甚至是上游的如汽车制造商等都可以纳入保险产业链条中来。目前，已有保险公司与汽车制造商、设备提供商签订战略合作协议，也有汽车企业通过成立保险公司进行探索。但总体来说，保险公司要跳出过去闭起门来单纯追求自身利益最大化的思维模式，借助技术外力，把互利共赢作为出发点，与合作企业优势互补，将一个个相互关联、若即若离的信息“孤岛”连接起来，建设庞大的数据库，以便更好地收集、分析数据，在合作中寻求共赢。

二是重视人才建设，提升经营能力。打铁还需自身硬，保险公司互联网经营的成败关键还是内功。这就需要保险公司在人才招募、组织架构、企业文化等方面更多地向互联网思维靠拢。

我国第一家互联网保险公司——众安保险，员工结构中 1/3 的员工是 IT 技术出身，1/3 的员工不具备金融行业背景，只有剩下 1/3 的员工在来到众安保险之前有金融行业的工作经验。众安保险的 IT 技术人才大多来自于阿里巴巴、亚马逊以及 Facebook 这样的顶级科技公司。在组织架构上，固然重视销售渠道，更注重 IT 部门在企业中发挥的作用，在产品设计和销售上转变为技术导向型思维，同时改变原有的摊费用做销售的理念，更加注重培养自己的运营人才和运营队伍，积累互联网产品运营经验。在企业文化上，坚信数字化的竞争力比保险专业知识更加重要。

三是营造发展环境，扶持创新探索。互联网保险的发展，公司当然是责任主体，是实践主体，但也离不开具体的监管政策环境。对于监管者来说，应该以更加开放的心态允许互联网保险机构尝新、试错。只要有利于“保险姓保”以及只要有利于保险业服务经济社会民生的尝试都可以进行小范围试点。目前，已经有部分医疗机构与保险公司开展了合作，如“平安好医生”已与南方医科大学深圳医院签署了战略协议，双方从院前、院中、院后三个环节着手，利用各自优势资源，打造“互联网+保险+医院”模式，不仅构建了商保直赔系统，而且实现了线上咨询、线上处方、转诊治疗、慢病管理等在内的互联网医疗服务新生态。

互联网保险是新兴互联网技术和传统保险业结合的产物，有诸多尝试和探索的空间。抓住互联网发展的技术优势，把握历史机遇，直面发展挑战，通过技术来撬动传统保险市场，促进保险市场又好又快发展。

（本文发表于2017年5月23日《中国保险报》）

互联网保险的“风口”和“裸泳”

王小韦　高笑寒

当前，互联网保险处于创业时代。在这个时代中，风险投资者是左右创业趋势的重要推手，其言论备受关注。一位投资人说过，风险投资要选对风口；另一位投资人说过，当大海退潮的时候，才能知道谁在裸泳。那么，对于互联网保险事业来说，“风口”在哪里？做到不“裸泳”的秘诀在哪里？

互联网保险：传统保险业的全面升级

仁者见仁，智者见智。互联网保险的概念一经提出，保险业界和学界看法不一。归纳起来，主要有两种观点：第一种观点认为，互联网保险就是在互联网渠道销售传统保险产品；第二种观点认为，在互联网渠道销售传统保险产品只是互联网保险的一个表象，真正的互联网保险应当是贯穿于保险经营的全过程。客观上来讲，互联网保险刚刚萌芽，要把互联网保险表述好和探索好，的确不是一件简单的事情。但是，要发展互联网保险，回答互联网保险的基本特征问题不能回避。

综合多位保险学界和业界人士的观点和探索，结合“互联网＋”在其他行业特别是金融行业的运营，笔者认为真正意义上的互联网保险，是在保险回归保障功能的前提下，互联网技术对保险也进行了脱胎换骨的变化。具体表现在保险的四大关键经营环节。

一是产品研发。当前的保险产品研发信息来源有限，保险公司设计出来的产品与保险消费者的风险状况相脱节。互联网保险由于通过互联网技术，收集的风险数据数量更多，分析风险数据的能力更强，设计出来的产品与保险消费者的风险状况吻合度提高。以车险产品为例，当前车险费率因子集中于随车因素，主要考虑车价、车龄、车辆“零整比”系数，完全忽略了随用、随人的原则。未来互联网保险经营中，决定车险价格的费率因子会逐步扩大随人、随用的因子，缩小随车的因子。

二是产品销售。当前的保险销售由于产品存在先天性缺陷，保险产品价格与风险状况脱节，营销竞争的主要手段是价格竞争。互联网保险经营中，由于保险产品设计与具体保险消费者的风险状况吻合度提高，对于同一类风险标的和相同保险金额的保险产品，保费价格差异悬殊，营销竞争的主要手段就改变为提高服务水平。以车险经营为例，当前车险经营规则中，对于同一类风险标的和相同保险金额的保险产品，风险状况最小的优质客户享受的费率折扣为 4 折，而风险状况最高的客户承担的费率上浮 2.3 倍，相差区间不足 3 倍。在互联网保险经营中，车险价格费率因子更多考虑驾驶人遵守交通规则情况以及投保车辆年度行驶里程、行驶区间等因子，风险状况不同的车险消费者车险价格悬殊，价格竞争退居次要位置，彰显服务竞争。

三是风险预防。当前保险经营中，在完成保险产品销售后，进行风险管控的措施很少，几乎没有。在互联网保险技术条件下，保险公司完成承保以后，可以通过技术手段对风险标的进行实时管控。以车险经营为例，2016 年全国车险经营行业综合费用率为 41%，赔付率为 58%；某些省份车险市场，甚至出现综合费用率和综合赔付率倒挂的情形。通过对车险综合费用率的数据分析，一方面反映出车险市场经营激烈程度，另一方面也折射出重承保、轻风控的倾向。在互联网保险经营中，可以综合运用监管部门、经营部门建立的监控平台以及驾驶人和特殊关系人的智能手机端，对风险状况进行实时监管。

四是车险理赔。相对而言，当前保险经营中，保险消费者在车险索赔时需要提供一系列的资料，例如保单、事故责任认定书、诊断证明书、医疗费支出等资料；在互联网保险条件下，由于社会各行业数据共享的范围更大、内容更全、方式更简，保险消费者在车险索赔时需要提供的资料更少、手续更简。

综上所述，真正意义上的互联网保险，对于传统的保险业来说，不是

“洗心革面”，而是“脱胎换骨”，贯穿于保险经营的方方面面，体现在业务流程的全过程中。

互联网保险的“风口”：治理　竞争　体验

互联网保险，是一个特定历史时期的产物，不是凭空臆想而来，而是由社会治理手段的升级、不同行业之间竞争和消费者改善体验等多种因素交织而成的产物。

一是满足社会治理的需要。以国家为主导的社会治理，要不断适应经济社会发展和技术发展，提高社会治理的效果、降低社会治理的成本。保险业是社会治理的重要手段，是市场经济条件下进行风险管控的一种工具，在国家整个社会治理体系中具有从属性。

二是适应跨业竞争的需要。互联网技术的快速发展、智能手机的高度普及以及资费的下调，为采集收据、分析数据奠定了坚实的基础，尤其是依靠数据生存和发展的保险行业。对于传统保险公司来说，借助互联网技术提升经营能力，既是难得的机遇，更是严峻的挑战。

三是消费者改善体验的需要。一个人在社会生活中，会面临各种疾病和意外风险，应对这些疾病和意外风险，保险无疑是重要的手段，但不是唯一的手段。传统保险公司涉足精耕互联网保险业务，在应对现有同业、新进主体竞争外，还要应对各类互助类机构的竞争。站在消费者的视角看，只要能在较低成本下规避风险，并不在乎提供风险保障的主体是谁。正是在各种有利条件下，可以开展互联网保险业务。广阔的市场，激烈的竞争，可谓逐鹿中原，胜者取谁，传统保险公司是天然的参与者，但是未必是必然的赢家。

互联网保险制胜的秘诀：风控　防范　共建

互联网保险发展过程中，由于新兴技术的应用，提高了保险公司和保险消费者之间风险状况信息匹配程度。一方面，会降低谨慎型保险消费者的风险，压缩保险业务的空间；另一方面，保险公司会精准评估鲁莽型保险消费者的风险状况，提高了其评估分值，提高了保费。对于传统保险公司来说，面对互联网保险这一新生事物，如果无动于衷，会直接被市场淘汰。如果不认真研究互联网保险发展的真谛，在互联网保险概念大潮涌来时，难免露出“裸泳”的尴尬。

一是加强基础研究，挖掘风控潜力。真正意义上的互联网保险，是在保险业现行经营水平上的一次转型升级，未来发展存在的不可预料因素固然很多，但是对于保险公司来说，如何提高保险行业特有的风险控制能力是永恒不变的主题。

二是优化业务流程，突出防范能力。当前，保险公司经营过程中，无论是在财险公司还是在寿险公司都存在重销售、轻风控的现象。寿险领域的销售误导、车险领域的理赔难是行业顽症。在互联网保险发展中，由于保险产品的设计环节已经与保险消费者见面，产品的研发过程和销售过程，可能是同步进行的，销售过程是保险公司和消费者之间充分沟通的过程，或许可以遏制销售误导。对于当前的车险理赔难问题，在车险销售过程中，近一半的车险保费已经沦为营销成本。在互联网车险经营中，由于车险价格包含的费率因子更多，车险价格与风险状况息息相关，势必会降低保险中介的介入。提高直销的比例，或许会改善车险理赔难的现状。

三是提高自身技能，争取各方支援。互联网的本质是联通，在直接促进信息交流的基础上，间接促进物资交流、人员交流。发展互联网保险，在夯实保险行业自身的基础上，离不开社会治理体系的支持，要主动融入社会治理体系中。例如，在车险经营过程中，《中华人民共和国道路交通安全法》《校车安全管理条例》等法律法规中，要求校车、客车等运营机构安装行车记录仪等电子设备，保险公司要以此为契机，开发相关的车险产品，提前介入风险管控。又如，在寿险领域，国家推动保险公司经办大病保险，保险公司可以以此为契机，为客户建立健全健康档案，一方面为客户提供更多的保健预防服务，另一方面可以掌握和了解潜在消费者的健康状况。保险业与参与社会治理的职能部门合作，通过信息共享，在为保险行业自身发展争取有利条件的同时，也服务于构建全社会更强大的社会治理能力。

尽管说当前互联网保险的意义和内涵基本上是聚焦于互联网销售渠道，

尚未涉及互联网保险业务的本质，但毕竟开启了保险经营的新阶段。从长远看，推动互联网保险业务发展有利于保险公司提高经营能力，有利于减少风险事故的发生，有利于营造经济社会发展安全的环境。

（本文发表于 2017 年 6 月 6 日《中国保险报》）

打造反保险欺诈的“中央厨房”

王小韦　黄明明

反保险欺诈是保险行业发展的天然产物，古老常新，任重道远。研究反保险欺诈机制，有利于提高打击保险欺诈的能力，有利于发挥保险行业的风险保障功能，有利于保护保险消费者的合法权益。

本文通过对当前反保险欺诈机制中存在的短板和“中央厨房”机制的分析，从而对完善反保险欺诈机制进行思考。

困局：三个“信息不对称”

从不同的角度，可以对保险行业有不同的认识和行业定位。从风险管控的角度看，保险行业是经营风险的行业，希望保险消费者能够主动进行风险控制，降低风险事故发生的概率；从信息流的角度看，保险行业是经营信息的行业，在承保环节，保险公司希望充分了解风险标的的风险状况，在理赔环节，保险公司希望保险事故是真实发生的，不存在骗保的情形；从财富增加的角度看，保险行业是一种利润产生的机制，尤其是以万能险为代表的保险产品。总括起来，标的物信息对称是保险行业经营中非常关键的一个要素，是当前保险业反保险欺诈工作的困惑，也是亟待解决的难题。

通过林林总总的保险欺诈案件，制约反保险欺诈成效的多种因素中，信息不对称是根本原因和基础原因。

一是同一公司内部信息不对称。例如，某保险公司积极布局通过银行机构销售借款人意外伤害保险，为了增加竞争力，将产品条款责任扩展为附加一定的疾病。保险消费者患病索赔过程中，保险公司发现该消费者 3 年前在该公司索赔过一笔疾病保险，就以投保时未进行如实告知为由拒赔。该消费者将保险公司诉至法院。又如，某保险公司销售部门为加大销售业绩，在出单过程中，将一辆高档二手车的价格比照略低于新车购置价，该车价格远远高于市场实际公允价。该车投保一个月后，投保人报案称因为驾驶不慎发生严重车祸，车辆几近报废。经过公安机关侦破，为保险欺诈案件。

二是同一行业信息不对称。例如，2014 年某地发生一起汽车落水事故，造成客户驾车死亡案件，家属向十几家保险公司提出意外伤害保险索赔。后由该地保险行业协会出面，向相关部门反映情况，称存在保险欺诈情形。当前在车险经营领域，由于建立了全国统一平台，同一车辆在同一保险期间、在不同保险公司多头投保问题基本上得到有效遏制。

三是跨行业信息不对称。对大量欺诈案件进行分析时发现，保险欺诈之所以能够得逞是因为利用了社会治理中信息不对称的薄弱环节。例如，发生在安徽某地的团伙骗保案件，如果保险消费者的信息在保险行业、公安部门、医疗机构、殡葬机构之间能够充分共享，这样的骗保案件不仅可以迅速侦破，而且很大程度上不可能发生。

综上所述，打通信息壁垒，实现资源共享既是发展保险业的必由之路，也是打击保险欺诈的必由之路。

借鉴：“中央厨房”的优势

中央厨房的概念，最早就是来源于餐饮行业，是餐饮企业的原创。为了保障食品质量，加强对各种营业网点进行管控的一种手段。近年来，《人民日报》等媒体将“中央厨房”的理念用于传媒行业，发挥了积极的作用。

通过对餐饮、媒体等行业总结成熟经验的同时，对建立和完善反保险欺诈机制具有借鉴意义。

一是建立统一平台。目前保险行业存在三个信息不对称的问题，前两个问题发生在保险行业内部，可以通过建立和完善行业内信息系统，实现不同保险公司之间的信息共享。在组织形式上，为了便于指挥，不妨依托现有的各级保险行业协会。统一平台强调了“中央厨房”对各个营业网点的管控作用，确保每一家营业网点产品质量的稳定性。

二是整合各方资源。针对信息不对称中跨行业、跨部门之间信息交换问题，要依靠贯彻落实国务院有关信息化建设的整体部署，充分调动公安部门、医疗部门等机构的积极性，从参与社会治理、提高社会治理能力的高度，重视和积极推动信息共享问题。以“中央厨房”为管理枢纽，消除不同部门和机构之间合作中的“肠梗阻”现象，提高协作的意识和作为。

三是形成发展合力。现代保险也是在市场经济条件下，进行社会治理的有效手段，具有经济补偿、资金融通和社会治理功能。尤其是在2014年保险业“新国十条”发布以后，保险业在经济建设和社会治理中的作用更加重要，在国家层面推动商业保险公司参与承办大病保险。这既是保险业发展的难得机遇，也是检验保险业经营能力的体现。商业保险公司应当以此为契机，从保险业的角度对居民健康、交通安全、生产安全等提出建议，提前介入，进行风险防范。

另外，媒体等行业通过充分利用互联网技术、智能手机普及以及资费大幅度降低等条件，实现传媒智能化、移动化，对反保险欺诈具有借鉴意义。

落地：理念、制度、技术

借鉴餐饮、媒体等行业利用“中央厨房”理念，提升行业的发展，保险行业引入开展反保险欺诈工作，付诸于日常管理，需要在理念更新、制度建设、技术应用等方面积极作为，主动推进。

一是更新理念，树立“一盘棋”思维。思想是行动的先导。保险行业引入“中央厨房”的理念，开展反保险欺诈工作，需要在现有的基础上，更加强调发挥保险监管、公安部门宏观管理和指导的作用，更加强调发挥保险行业协会的推动作用。在各家保险公司内部，要打破传统的反保险欺诈是分管领导和具体业务部门的事情的思想，确立“全员参与，人人有责”的理念，在业务流程中的上游环节部门要对下游环节部门负责，不留隐患。

二是完善制度，树立“一把尺”思维。制度是行动的保障。通过对大量的保险欺诈案件分析发现，对于同样保险诈骗情节的案件，不同地方法院的判决结果悬殊；对于同样以保险业黑名单制度为名建立的制度内容悬殊。为此，建议完善黑名单制度和建立欺诈案件判决范例库。第一，在保险监管部门指导下，由中国保险行业协会等机构牵头，集中行业智慧，制定保险业统一的黑名单制度。当然，如果国家层面的黑名单行政法规能够颁布的话，必将促进此项工作迅速开展。第二，集行业之智慧，对保险欺诈案件进行研究，逐步建设保险欺诈案件判决范例库，服务于相关案件的研究和实务。

三是依靠技术，树立“一套表”思维。数据是工作的生命线。在现有的条件下，目前尚不能够实现理想状况的大数据，但是以保险业现有的数据为基础，以保险业现有的中保信等公司为依托，建立保险业的保单登记平台、销售人员登记平台、保险销售人员诚信档案、不良汽修厂名单等信息平台，至少可实现保险业自身经营过程中的数据信息共享。例如，在一起诈保案件中，诈骗者集消费者、代理人、汽修厂负责人等多重身份于一身。对于此类案件，发现者需要手工集成多重资料。通过建立一套表格，只要输入身份证号码，就可以调取完整的资料，将大大提高反保险欺诈的效率，同时对于不良客户也是一个警醒，减少保险欺诈的发生。

反保险欺诈是一项长期艰巨的任务。伴随人工智能技术的发展，可以预料到与保险业发展同步的保险欺诈也将呈现出新的特点，意味着反保险欺诈工作的道路更长，只有坚持“魔高一尺，道高一丈”的精神，才能做好反保险欺诈工作，才能促进保险业发展，更好地发挥保险在促进经济社会发展中的作用。

（本文发表于2017年6月13日《中国保险报》）

错过网约车，UBI车险还有风口吗

王小韦

UBI（Usage Based Insurance）车险是车险的一种定价机制或者定价原则。在当前推进二次机动车保险深化改革的背景下，研究UBI车险，意义重大，有利于提高车险经营能力，发挥车险参与社会治理的功能，为进一步深化车险改革提供“试验田”。

本文分析UBI车险发展的必要条件、发展机遇和发展愿景，剖析UBI车险的优势，对促进UBI车险发展提出意见和建议，供同业间交流。

UBI车险：未见广泛应用

众所周知，车险定价机制或者定价原则有随车、随用、随人三种基本原则。在随车原则中，车险价格主要取决于投保车辆原始购置价格、使用后折旧价格，在2015版车险经营规则中，新引入了“零整比”系数的概念。该原则下，车险保费中不能够反映投保车辆年度行驶里程，意味着在同样保费的前提下，年度行驶里程可能有1000公里、1万公里，甚至10万公里的差距，不能够反映急加速、急刹车等驾驶习惯。随用原则是随车原则的升级版，在坚持投保车辆新车购置价和使用后折旧价的基础上，在车险保费中新增了投保车辆年度行驶里程、行驶区间等费率因子，意味着年度行驶里程可能有1000公里、1万公里，甚至10万公里的差距，保费差异悬殊。随人原则是在车险价格费率因子中，重新调整了随用、随车的权重，更加注重驾驶人遵守交通规则情况、年度行驶里程等因素，是车险经营的最高阶段。

理论上讲，UBI车险之所以保费计算更科学，主要采取了车险定价机制中的“从用因子”，在费率体系中植入了年度行驶里程、行驶区间及驾驶人刹车或给油等习惯因子。

任何产品或者服务推出以后，不同的社会群体基于自身的利益诉求，认知和态度是不一样的。归纳起来，主要有以下方面：一是设备方面。相关电子设备的生产厂家、安装以及售后服务机构会更热心。二是客户群体方面。年度行驶里程少、行驶区间路况好、出险少的车险消费者非常欢迎保费下调；反之，年度行驶里程多、行驶区间路况不好、出险高的车险消费者反对保费调高。三是保险公司方面。车险数据积累达到一定规模、分析数据能力达到一定水平的保险公司，主要是一些大公司、老公司；反之，车险业务数据匮乏、数据分析能力低的保险公司，主要是一些新公司、小公司。在当前车险经营过程中，保险公司都没收集投保车辆行驶里程数据。

网约车：曾经的最佳“风口”

正如保险是舶来品一样，UBI 车险同样也是舶来品。追寻 UBI 车险的发达国家和地区的保险公司，推广 UBI 车险需要通过安装电子设备来采集数据。随着移动互联网技术快速发展、智能手机高度普及、资费大幅度下调以及共享经济，2013—2015 年在我国不少城市移动数据业务快速发展。数据收集是 UBI 车险的生命线，发展这样的车险产品，需要对大量的数据进行风险评估，需要对投保人的数据进行分析。传统的做法是从零起步，依靠自身的积累。网约车出现以后，可以对网约车在开展主营业务过程中采集的数据进行二次利用。

笔者曾经撰写了《专车现象对车险经营带来深刻影响》《网约车平台会成为车险公司的挑战者吗》等一系列文章，当时的背景是由于共享经济风头正劲、风险投资者看好这个市场并且投入大量的资金，但是后来随着规范网约车的文件颁布，至少有 91 个城市出台的地方版管理规定都要求驾驶员是当地户籍、驾驶车辆是当地牌照、使用车辆的轴距及价格符合一定的标准，甚至对驾驶员的驾龄也有限制，符合规定的驾驶员人数以及车辆数量锐减，风险投资人纷纷停止跟投，甚至撤回投资。喧嚣一时、热闹纷繁的网约车市场几乎成了一场闹剧，草草收场。大量网约车平台的关闭，公司的“关停并转”，在葬送网约车的同时，也使 UBI 车险错过了一个发展的良好机会。

费用大战：车险经营和监管难解的千千结

业内所说的车险“高保低赔”，是指在车险销售过程中，将投保车辆按照较高的价格收取了车辆损失保险费，而在推定全损时按照实际价格进行赔付。而本文提出的“高费低赔”，是指 2016 年车险行业的综合费用率为 41%，综合赔付率为 57%；某些省份的车险经营综合费用率更高，而综合赔付率更低，为保险学界所诟病。

一方面，进一步深化车险市场改革，扩大保险公司经营自主权，这或许为进一步加剧市场竞争埋下隐患；另一方面，保险监管部门安排部署了规范车险市场秩序、治理违规乱象的专项活动，正是为了进一步规范车险市场秩序。

大力发展 UBI 车险的理由和契机

发展 UBI 车险，不是一种主观臆想，而是车险经营发展到一定阶段的必然产物，可以满足深化商业车险改革、应对人工智能、提高社会治理能力等多重需要。

一是深化商业车险的需要。2017 版车险经营规则，从根本上来讲还是属于从车定价法，费率因子中不包括投保车辆年度使用情况。相对于 2015 版车险经营规则，经营车险的保险公司拥有了更大的自主权，但是同时也意味着车险市场非理性竞争的空间增大。

受限于环境保护、改善交通、停车位有限等综合因素影响，汽车增量会呈现出下降的趋势，而同时还会有新的保险公司出现，车险供给和需求倒挂现象可能会增多，车险市场竞争加剧也将不言而喻。客观形势下，保险公司经营车险依靠简单粗放外延式发展的路径会越走越窄，迫使保险公司转型到依靠内涵式、集约型发展道路，迫使保险公司提高经营能力。另外，随着偿付能力监管作用权重提升，保险公司退出机制等监管措施体系的完善，保险主体有进有出、优胜劣汰的局面也会形成。

二是应对人工智能发展的需要。人工智能技术的发展，对于传统车险经营来说，似乎不是改良，而是终结。例如，沃尔沃等生产无人驾驶汽车的厂家为了证明技术成熟、质量过硬，声称在现行的道路交通监管规定不改变的前提下，按照现行的监管规则，属于无人驾驶汽车责任引发的交通事故，由汽车生产厂家埋单。这就意味着，生产无人驾驶汽车的厂商一方面主营汽车制造，蚕食传统汽车市场份额，另一方面将竞争的触角伸向原本是合作关系的车险经营行业，蜕变为车险市场的收割机。对于保险公司来说，不是竞争者，而是取代者。

三是提高社会治理能力的需要。保险业具有经济补偿、资金融通及社会治理功能。具体到车险经营来说，其功能更多是经济补偿功能，社会治理功能发挥的作用似乎不是非常显著。

当前，在保险业回归保障功能的背景下，车险经营可以主动参与社会治理，防范交通事故的发生。例如，2017 年 5 月 9 日山东省某地发生了严重的校车事故，事故中 1 名校车司机、1 名随车老师和 11 名学龄前儿童共 13 人遇难（本文单从风险管控角度思考）。与以往的校车事故不同，此次事故发生在国务院发布《校车安全管理条例》（国务院令第 617 号）以后，校车上应当安装具有定位功能的行车记录仪，交通管理等部门应当安装监控平台。再如，2015 年 5 月，西部某地发生大巴车坠崖导致多名老人遇难事故，该车仅投保了交强险。针对上述两起事故，如果投保车辆安装了行车记录仪，不能说一定可以避免交通事故的发生，至少可以最大限度降低伤害。

为此，笔者建议完善《道路交通安全法》相关条款，要求承担公共运营的长途班车、市内公共汽车、出租车、垃圾车、渣土车等车辆，以及出现违章行为的私家车强制安装行车记录仪，要将行驶数据实时上传至交通管理部门。同时，授权保险行业可以使用来自公共渠道的数据，根据采集的数据进行车险风险状况的精准评估。

诚然，发展 UBI 车险，的确看上去很美，但真正实践起来还需要保险公司积累大量的数据资料，也需要社会其他行业和部门的大力支持和密切配合。反之，营造顺畅、安全的交通环境是所有道路参与者的共同期盼。保险行业以车险、尤其是以 UBI 车险为载体，主动参与社会治理，有利于保险行业自身的发展，有利于消除人民群众生命和财产损失的隐患，有利于促进社会进步和经济社会发展。尽管错过了网约车负增长的机遇，UBI 车险还是有很多“风口”，需要主动争取。

（本文发表于 2017 年 6 月 21 日《中国保险报》）

差异化培训转型呼之欲出

马丽娟　王小韦

保险营销培训是保险经营过程中的常态化行为，培训的内容、方式以及紧迫性是由保险业发展的不同阶段决定的。当前，保险业发展处于回归保险保障功能的新形势。

本文分析在保险回归新形势下，以及在保险营销转型的基础上，解析与之相适应的保险培训面临的新问题，提出加强培训的意见。

保障凸显　结构调整

保障功能是保险业的立业之基，是保险业有别于其他行业的根本特征。在保险实务中，保险业本应当大力开展保障型保险产品，参与社会管理。但是，近年来个别保险公司为了迅速扩大市场规模，向市场投放了高回报、低保障的高现价产品。此类产品因较传统保险产品易于销售，一经推出，便高歌猛进，发展迅猛。保监会数据显示，2015 年共有 57 家保险公司销售高现价产品，占人身险保费的 27%。高现价产品的销售呈现出主体不断增多，销售地域由城市扩展到农村和城市周边，由原来的个性销售逐渐发展为行业共性销售模式等特点。

以 2016 年为例，“开门红”仅 1 周时间，中国人寿、平安保险、太平洋人寿保险、泰康人寿保险、人保寿险、新华保险等七家市场主体个险渠道合计承保保费超过 760 亿元。其中占据寿险市场半壁江山的“老七家”，其个险渠道中按照旧准则口径统计的高现价产品规模超过 400 亿元，占比约为 53%；银保渠道，有统计的八家主体，趸缴保费比例仍高达 90% 以上，规模超 750 亿元，期交保费占比仅约为 6%。可见，高现价产品在保险企业“开门红”中仍占据重要地位。从另一个侧面也反映出，即使保险公司意识到投资环境存在诸多不利因素，也仍把规模考核放在首要位置。

高现价产品对保险公司的流动性管理、资产负债匹配与风险管理都提出极高的要求。近年来，部分中小保险公司销售的中短存续期人身保险产品（以下简称中短存续期产品）投资于中长期资产博取高收益，实际存期只有1~2年，存在“短钱长投”风险隐患。特别是在当前低利率环境下，中短存续期产品收益可能低于同期银行存款利率或理财收益，对客户吸引力下降。加之短期内满期给付及退保，易给公司带来现金流不足的风险。

2016年3月21日，保监会下发《关于规范中短存续期人身保险产品有关事项的通知》（保监发〔2016〕22号），强化了对中短存续期产品的规模管控，规定保险公司销售中短存续期产品规模超过限额的，应立即停止销售。这意味着高现价产品迅猛发展的势头将被遏制，保险业将回归理性发展的轨道。

事实上，除去监管因素，低利率市场环境将提升保险产品的相对优势和绝对优势，保险产品在险种创新、期限设计、渠道投放等保险产品供给端改革的主动性得到提升，为保障型保险业务的发展创造了条件。

重点转换　成本增加

保险回归保障功能，对保险业总体发展的影响是全过程、全方位的，涉及保险产品结构调整、销售渠道转换、保险销售人员资质监管政策改革等，自然对保险营销重点和保险营销培训的侧重点都将产生重大影响。

保险产品调整对保险营销培训重点转换提出新要求。按照中国保监会下发的《关于规范中短存续期人身保险产品有关事项的通知》（保监会〔2016〕22号），保险公司所销售的预期60%以上的中短存续期产品（1~3年）的年度保费收入，2016年应控制在总体限额的90%以下，2017年应控制在总体限额的70%以下，2018年及以后应控制在总体限额的50%以内。这意味着保险公司营销重点将逐渐由理财型产品转换成保障型产品，保险营销培训也将更多地围绕期缴产品的保障功能、客户增值服务、理赔服务等开展，从而也要求保险公司从选人、用人以及培训体系、考核体系等各个环节提高门槛和标准，以应对新形势的需要。

销售渠道转换对保险营销培训的升级提出新要求。理财型产品一般通过银行渠道进行销售，保险公司只需安排一个部门或专属销售公司具体负责与银行渠道对接，对银行渠道进行管理，保险营销的培训对象主要为银保经理和银行柜面员工，银行柜面员工相对素质较高、理解力强，而理财产品本身为标准化产品，销售又较容易，所以保险公司对理财型产品的营销培训投入较少。而保障型产品多由个险渠道销售，其产品多样，后续服务复杂，为了防范后期理赔纠纷，必须强化对个险销售、前端承保、中端服务、后端理赔等各环节培训的投入，建立完整的培训体系，不断提升培训的精准性和系统性。

销售人员准入政策调整对保险营销培训分级提出新要求。2015 年 4 月 24 日，第十二届全国人民代表大会常务委员会第十四次会议对《中华人民共和国保险法》部分条款作出了修改，取消了保险销售（含保险代理）、保险经纪从业人员资格核准审批事项，此后两年保险销售人员数量增长迅速。快速增长的销售人员数量对其素质的提升提出了新挑战，保险回归保障功能意味着保险销售人员必须具备更高的职业道德、业务技能和服务水平，才能适应新形势和新要求。而细分营销群体和客户群体，针对不同基础的营销人员提供差异化培训，进而为客户提供差异化服务，无疑是短期内缓解用人与营销服务矛盾的现实手段。

转变理念　统筹考量

充分发挥保险保障功能。保险公司必须从股东层、经营层、营销基层等各层级转变经营理念，统筹培训方案，优化培训体系，强化考核机制，切实发挥培训对促进保险服务品质提升、树立行业良好形象的作用。

转变思想认识，提升培训的主动性。保险公司必须紧跟新形势，从总公司股东、各级高管人员直至一线销售人员，统一思想，充分认识营销培训在保险业转型升级中的重要作用，加大培训投入，统筹制定培训方案，从产品线上区分个人寿险、健康险、意外险等培训重点，从时间轴上区分短期、中期、长期培训计划，从培训对象上区分直销、个人营销、相互代理、专业中介、兼业中介等不同渠道的培训方式，确保科学统筹地开展培训工作。

完善培训手段，提升培训的系统性。除了传统的晨夕会、产品会等培训方式，保险公司应进一步丰富培训方式和手段，在课程设置上根据销售人员的素质不同因材施教，并与销售产品种类进行关联，通过自主培训、专家授课、案例学习等方式强化对风险预防、客户理赔、增值服务等内容的培训，提升相关人员的风险鉴别、预防及综合服务能力。此外，也要通过客户沙龙、答谢会、产说会等渠道强化消费者教育，通过提供良好的客户消费体验树立良好的保险行业形象。

强化培训考核，提升培训的实效性。现行保险公司对于营销培训的评估反馈方式多限于就课程内容、授课方式、时间安排、讲师调配等细节性问题进行问卷式打分，缺乏对培训对象接受培训后个人业务技能提升情况、专业知识掌握程度、对客户服务质量等效果的评估考核，从而使培训考核流于纸面、流于形式，一方面难以体现组织者的培训效果，另一方面难以体现参训者的学习效果。保险公司应建立更加科学的考评指标和体系，并将培训考核结果与员工薪酬、职业生涯发展等相挂钩，切实保证培训的效果。

总之，保险保障功能回归是大势所趋，为了适应新形势、新变化，保险公司必须与时俱进，转变重人才引进、轻人才培养的现状，切实将培训作为提升核心竞争力的手段之一提上日程、落到实处。

（本文发表于2017年6月22日《中国保险报》）

保险业能否跟上无人驾驶时代来临的节奏

高笑寒　王小韦

近几年，无人驾驶技术的发展一日千里，参与者既有那些尝试完全自动驾驶汽车生产厂商，如福特、奥迪、奔驰、谷歌，也有做自动辅助驾驶的沃尔沃、特斯拉等汽车厂商，更有一群互联网巨头正在涌入。保险业能否跟上无人驾驶时代来临的节奏？

前景不可限量

无人驾驶汽车是一种智能汽车，主要依靠车内的以计算机系统为主的智能驾驶仪来实现无人驾驶。其所依靠的技术支持主要包括自动控制、GPS、人工智能 、视觉计算机等。车上装载的智能驾驶仪依据车载地图及周边传感器数据来实现无人驾驶。一辆全自动的无人驾驶汽车，可以从地点 A 出发，自行识别和应对所有的路面、交通状况，而无须任何人工干预，最终安全到达终点 B。

相比传统的有人驾驶的汽车来说，无人驾驶汽车不仅节省了人力资源，提高了汽车使用效率，更重要的是安全性大幅度提高，交通事故大幅度降低。种种迹象表明，在不久的将来，即盲人、失能老人借助无人驾驶汽车实行自由出行指日可待。

对于无人驾驶汽车来说，最根本的变革就是计算机取代司机，实现自动驾驶。无人驾驶汽车还区分全自动驾驶和半自动驾驶。目前半自动驾驶汽车已经在新车领域广泛应用，包括通过人工智能系统提醒用户留意交通标志，还可以接收指令，如自动规划路线把用户送去已经预约的诊所看病。全自动驾驶汽车，虽然目前只处于路试阶段，但上路实操的日期指日可待。

此外，一旦无人驾驶汽车普及，城市内汽车保有量将大幅下降。有新闻报道，2017 年 2 月，日本无人驾驶出租车公司的机器人出租车开始在日本藤泽市尝试运营。市民可以通过手机 APP 预约机器人出租车，前往目的地。由于目前还是处于试运营阶段，全程都需要随行人员陪同。但可以想象，一旦无人驾驶汽车能够实现无障碍上路，互联网预约车公司会大量投放于城市中，由于其便利性、及时性，加之没有司机成本，用车费用下降，城市内私家汽车需求会随之减少，汽车数量下降。

可以预见的是，无人驾车时代交通行为会更加遵守交通规则，车祸发生概率会大大减少。目前城市道路的交通事故多是超速、超载、不遵守交通规则等人为原因引起的。无人驾驶时代，没有人为因素的干扰，所有的车在相同规格的道路上可以采取相同速度行驶，如果一旦发生事故，所有该道路的车可以同时刹车，避免连带事故。

在无人驾驶技术发展的成熟时期，同一城市的每一个自动驾驶的汽车单元都由这个城市的智慧终端来控制，与现在使用的电子地图基本原理相同。目前驾驶员可以通过人工浏览城市动态地图，手工选择一条最优的通行路径，在无人驾驶时代，理论上任一车辆的出发地点、出发时间、目的地确定后，系统会给每一辆无人驾驶汽车自动分配一条最优路线，大大缓解交通拥堵。

车险市场受到全面冲击

如同汽车代替了马车一样，在提高通行效率的同时，与马车产业相关的大量马场关门、马车用品生产厂家倒闭以及马夫、饲养员等职业退出了历史舞台。可以预料，无人驾驶汽车一旦量产、应用，对汽车产业本身以及相关的保险业等行业带来重大变革。

一是车险增量遭受毁灭性冲击。一方面，对于无人驾驶汽车来说，由于无人驾驶汽车存在费率厘定难、事故责任认定难等问题，厂商有极大可能对车辆事故责任进行全额承担。2017 年 2 月，谷歌公司一辆无人驾驶汽车与一辆公共汽车发生轻微碰撞，谷歌公司表示，无人驾驶汽车在事故中承担一定责任，并表示以后将会推广此种事故处理模式。在这种模式下，厂商替代了保险公司事故承保的角色，厂商在车辆出厂时就将事故维修成本计算到车价之中，传统车险不再有销售市场；另一方面，在无人驾驶时代，传统新车销量将大大减少，越来越多的无人驾驶汽车开始共享化，新车保险也将随之大幅下降，新车车险销售增量将遭遇毁灭性冲击。

二是车险存量也将遭遇“滑铁卢”。在无人驾驶时代里，由于无人驾驶汽车路面行驶规范性增强，汽车行驶的不稳定、不确定因素也将减少，汽车通行效率和事故发生概率将大幅降低，由此造成的有人驾驶汽车的保险消费购买意愿也会大幅降低。对比当前的事故发生概率、事故损失造成的损失等指标，车险保费的费率也会大幅下调，保险公司的盈利空间将不断受到挤压，“市场蛋糕”的缩水，必然迫使大量的保险公司走向倒闭边缘。

三是整个保险行业必将受到波及。做网店的淘宝吞噬了银行的生意，做社交的腾讯让 9 亿人的通信方式发生了时代性变革。占领用户，就等于占领了全部。跨界经营已经成为互联网时代寡头们的新玩法。因此，如果仅仅认为无人驾驶汽车只是带来了车险业的变革，那就太短视了。假想一辆无人驾驶汽车每天载着你上班、下班、娱乐和聚会等，以现在城市发展的速度，你每天最多要在这辆汽车上耗费 2 ~ 3 小时，除了你每日的常规通勤路线以及日常娱乐、消费路线图外，车辆上搭载的网络、娱乐等人工智能设备，将会对你所有的个人信息进行全方位采集。未来的保险业，谁掌握了数据，谁就占领了制高点，整个保险行业都将受到无人驾驶汽车的波及。

变被动为主动

无人驾驶技术的意义已经不是对一个行业的更新换代，一旦普及，对社会以及人们生活方式的影响都是极大的。而保险业在应对无人驾驶技术时代到来问题上则显得有些麻木和迟钝。2014 年，美国颁布自动化等级标准，将自动驾驶技术分为 5 个等级，照各大汽车厂商研发速度，有媒体预测，2020—2022 年，将会有大量四级高度自动化汽车上市。保险业作为汽车产业的下游产业，面对利润挤压、价值减少甚至被时代淘汰的结局，必须主动出击，迎难而上，加强对接无人驾驶技术的紧迫感和使命感。

推动立法研究。首创无人驾驶汽车概念的美国很早就通过立法、颁发牌照支持无人驾驶汽车发展。例如，内华达州在2011年通过了在该州测试自动驾驶汽车合法化的法律，2012年为谷歌颁发了首例自动驾驶汽车牌照，允许谷歌无人驾驶汽车上路测试。2015年11月，美国交通部计划对美国的无人驾驶汽车政策进行修订，以适应无人驾驶汽车发展。此外，一旦发生意外，责任归属问题要在无人驾驶汽车立法中予以体现和明确。如果无人驾驶汽车遭遇交通事故，是由汽车制造商还是无人驾驶系统供应商承担责任等问题都需要先行研究。

革新转型理念。虽然多方汽车产业、互联网产业巨头都已涉足无人驾驶，但尚无保险公司积极主动参与或合作无人驾驶技术研发的任何新闻、消息。现在的保险合同处理的是驾驶员和其他驾驶员等人员之间的法律关系，如车和车撞了，车撞人了，驾驶员因为操作失误自己车发生剐蹭等。无人驾驶时代的来临，保险业必然面临颠覆性影响。保险公司应主动革新保险经营理念，从时代发展大处着眼，摆脱低层次的费用竞争，跳出保险做保险，在技术革新和产业研发上加大投入力度，适应新时代保险需求。

主动对接厂商。对于目前无人驾驶研发厂商来说，如何解决无人驾驶车辆的事故问题是一大痛点。而保险公司在事故处理、风险防范、损失赔偿等方面有着先天优势。因此，在面对颠覆性变革的时代大趋势下，应该利用自己行业多年积累的经验，以更加主动、积极的姿态去迎接新事物的挑战。如在车辆的自动驾驶系统研发上，保险业能否协助其将所有的事故资料上传云端，然后实现依靠技术数据进行定损？能否通过机器的故障率厘定保险费率？保险业能否跟上无人驾驶时代来临的节奏，取决于保险业开放的心态和步伐。

无人驾驶汽车是人工智能在汽车制造和使用领域的应用，其发展进步不仅仅是受到人工智能的直接影响，而且受到其间接影响。所以，从保险行业的发展来说，要突破狭隘的行业思维定式，站在更高的起点，着眼于更远的未来，才能谋求公司的生存、行业的进步，才能服务经济社会的发展。

（本文发表于2017年7月6日《中国保险报》）

未来保险业发展的三大制高点

王小韦　高笑寒

随着互联网、人工智能、大数据等技术的普及和应用，传统的业务流程已经不再是零敲碎打的优化和改进，而是模式上的瓦解和突破。技术的变革不是一蹴而就的，但未来的趋势是可以预见的。市场主体只有抓住现有问题、洞悉未来，在技术和专业性方面下功夫，才能占领未来行业发展高地。

三大瓶颈：产品　成本　服务

一是产品难以个性化。保险业产品的同质化问题一直以来饱受诟病，而且似乎所有保险市场的症结都可归为“同质化”，如保险公司之间恶性竞争问题、保费虚高问题、保险服务消费者不满意问题等。然而，就保险产品来说，同质化问题是无解的。因为生活中的风险是有限的，出险概率也是确定的，因此保险行业提供的保障也是一定的。产品同质化不是问题，产品难以个性化才是真正的瓶颈所在。如同样是健康险，面对不同的个体，身体状态有所差别，饮食、运动、生活习惯等也有差别，如何解决不同个体患病风险差异问题是保险公司下一步在产品费率厘定上要突破的“天花板”所在。

二是交易成本高。在传统保险经营中，中介费用一直居高不下。保守估计，代理人、兼业机构、专业机构中介费用损耗占保费的20%以上。如何让保险产品有效到达消费者面前，是传统保险经营面临的最大问题。在这种经营思路下，甚至有机构从个人或其他渠道非法购买消费者手机号等联系信息。羊毛出在羊身上，高额的渠道费用最终由保险消费者来承担，保险公司利润也不断被蚕食。消费者的服务体验、企业的创新能力、技术改造能力等必然也随之不断下降。

三是服务能力不足。一直以来，保险业发展不仅受制于保险公司自身业务经营能力、管理水平的发展限制，而且保险公司发展理念、经营格局也受固有思维“画地为牢”的局限。而对于消费者来说，除了有行业服务能力提升的需求，还希望能够得到行业外更多的“一站式”服务。比如车险，消费者不仅希望在保险公司购买保险后，出险理赔服务能够方便、快捷，而且能够不需要烦琐的手续、不需要垫钱修车以及东奔西走在修理厂、4S 店、保险公司之间就完成出险事故的勘察、定损和汽车修理等服务。

未来趋势：主体　科技　后发优势

一是竞争主体类型不断增加。一方面，产业链上游开始布局保险业。以汽车保险为例，未来会有越来越多的汽车厂商在销售新车时，把车辆的保险费涵盖进车价，如买新车送保险。厂商会逐渐具备与保险公司讨价还价的能力，任何一家销量可观的汽车厂商，随便一个车系都可以和保险公司定制产品，争取优惠；另一方面，数据端开始发力保险业。英国最著名的两家电信运营商沃达丰和 O2 开始进军保险。移动公司和互联网公司手中握有海量的客户数据资源，利用这些数据，它们可以绕过传统保险公司以及比价网站，直接将产品精准地推送给客户。谷歌曾在比价网站领域做了一次失败的尝试，但分析家认为，这位互联网巨头未来将会从其他领域继续进军保险行业。

二是保险科技成为变革行业的主要驱动力。技术不仅提高行业效率，诸如目前人工智能在保险产品支付流程、操作流程、承保流程、理赔流程上对行业的生产力提升作出的贡献；除了优化传统流程外，也让保险公司在精算、风控和定价能力上得到前所未有的优化和提升。比如，京东保险描述的未来京东车险发展蓝图是未来所有汽车每个部件都是联网的，客户撞车那一秒，京东就已知道哪个部件必须更换，哪个部件只需维修。撞车那一刻，京东的理赔就已经到位；客户还没把车拖到 4S 店，京东就已经把需要更换的配件全部送达。技术所带来的新的业态模式才是市场主体真正的核心竞争力所在。

三是行业壁垒不断下降，甚至新成立的保险公司因为是后发优势更胜一筹。传统保险公司的核心竞争力在于精算、风控和定价能力。但在未来，专业化才是保险公司身价的直接体现。无论是国内还是国外，越来越多的保险公司业务发展开始借助股东或投资人的关联行业经验打造自己的竞争力。

以 2013 年在纽约成立的健康保险公司 Oscar（以下简称 Oscar）来说，与传统大型保险公司不同，Oscar 从成立之初，商业模式就确定为互联网医疗服务，通过在线问诊等方式向消费者提供额外的医疗服务来获得竞争优势。2015 年，Oscar 开始进入美国西部的加州和南部的德州并通过与部分医疗服务方合作，与医疗服务机构共同分担成本和分享利润。在通过上述策略，业务特色鲜明，更容易在竞争瓶颈中实现弯道超车。除健康险外，在车险、农险等诸多领域，有相关领域背景专业化的保险公司在保险服务嫁接上显得更加成熟和专业。

未来制高点：数据　科技　服务

广泛采集数据实现保险需求的精准定制。未来的保险行业，无论是简单的车险还是复杂的寿险都将进入一个精准定制化的时代。而对于这种精准定制来说，无论是将其推送到有需求的消费者面前这个销售环节还是通过一系列个性化数据衍生出个性化保险产品这个制造环节，都需要“数据采集”为前提条件。因此，谁能够采集到数据，谁就可以说制造了未来行业的第一道壁垒。

仍以汽车行业来说，汽车互联网是未来汽车行业发展的主流趋势。对个性化精准定价起决定作用的车辆数据、人数据会极大丰富，但是，最大的问题是这些数据不开放给保险公司，几乎所有的数据都会上传到主机厂的数据库。主机厂未来一定会具备相当强的定价能力，成为保险产品的主导者。

提高数据分析和处理能力提升保险科技价值。除了数据采集能力有限，目前大部分保险公司在数据分析和处理能力上也有所欠缺。对于很多保险公司来说，保险业务的大部分流程还停留在人工作业的 20 世纪。部分公司虽对新技术做了一些探索，但未形成成熟的案例。

2017 年 6 月底，蚂蚁金融服务集团宣布向保险行业全面开放技术产品“定损宝”，通过客户自主拍摄的事故照片，系统能实现自动识别零配件、损失程度，并实现自动定损。原理上来讲，只要有强大的图像识别技术，机器定损的实现并不是难事。目前业内用于车型识别的方法主要是深度学习方法。车的特征较多，只要车没有完全变形，通过从多个角度拍摄多组照片，识别车型的准确度一般可以高于 90%。但真正的困难在于车险事故中的道德风险问题，诸如事故责任怎么判定、案件金额存在争议怎么解决、骗保骗赔如何识别等。数据分析和处理能力同样是未来保险业发展的高地之一。

整合产业资源保证对消费者的服务能力。数据采集、数据分析及处理能力解决的是保险前端销售问题。服务能力考验的是产品销售后保险消费者体验服务的能力。未来保险业的服务将不再是简单地体现在单一理赔环节。保险经营者会更多地将目光投向与保险产业链相关的上游、下游，打通产业闭环，不仅可以提高产业协同效应，而且能够提高对消费者的服务体验。

对于车险来说，保险公司将进一步整合修理厂、配件厂等资源，主机厂和经销商凭借先天优势，在配件供应、维修技术、车辆定制化、个性化、智能化及联网化等方面都能提供一体服务；对于医疗险来说越来越多的医院、诊所、健康机构将纳入整个商业保险体系中，除了传统的精算外，寿险机构还将掌握诸如不同年龄患者门诊报销用量等数据信息，这不仅有利于形成以控费为核心的“保险 + 医疗服务”的闭环，而且精准、多维的数据能够帮助保险公司开发更加细分的保险产品。

（本文发表于 2017 年 7 月 18 日《中国保险报》）

定制保险：保险业发展的下一片蓝海

高笑寒　王小韦

从未来发展趋势来看，保险产品的小型化、分时化将成为主流，大而全的保险产品将被替代。而随着发展理念的革新、新兴技术兴起以及监管政策的松动，定制保险将引爆行业新的发展趋势以及对新产品提供方式、服务方式的转变。

传统市场：抽象　高价　体验差

在传统保险市场里，保险更多的代表一种专业的技术字眼，而琳琅满目的保险产品合同中深奥艰涩的条款约定更是让人心生敬畏，对于普通消费者来说高额的保费同样让人望而却步，复杂烦琐的购买流程又进一步阻碍了消费意愿。

产品概念抽象。长期以来，人们提及保险就意味着复杂的费率厘定、精算规则及难懂的条款约定。加之保险产品本身特性，即是未来风险的一种预测，其发生概率、形式、内容都具有不确定性，因此对于消费者来说，与保险的互动就显得低频，甚至需求难以被激发。无论是寿险还是财险，产品设计的理念都是“大而整”的抽象模式，即风险保障要尽可能全面，涵盖时间要尽量延长，条款约定要绝对的专业。过于抽象的产品与消费者每天日常生活中真实遇到的风险状况严重脱节，难以激发消费者的保险需求。

产品价格过高。对于客户来说，一方面，目前的保险产品实际提供的是多类风险的组合，例如购买一份车险，就是购买了人身伤害、财产损失、汽车损伤等多方面的风险保障，但可能对于长期乘坐网约车的客户来说，他需要的只是一份人身伤害的保障，而网约车的车主可能并不想为额外的人身保险去埋单；另一方面，即使是有全面风险保障需求的客户，其对风险保障的时段要求也不一样。对于客户来说，为偶尔的活动、行为购买整年甚至是更长时段的保险显然并不划算。比如，对于一个常年在外地出差的车险客户来说，汽车的使用频率可能一年仅有一两个月时间，对于他来说，与常年在本地工作的车主缴纳同样的保费就显得不尽合理。

购买体验不佳。作为客户来说，传统的保险购买流程，需要约见保险代理人或经纪人，然后向他们提供投保人的基本信息和风险标的物的基本信息，保险代理人或经纪人通过了解你的保险需求及个人信息向客户推荐适合的保险产品，客户再在纷繁复杂的保险产品中进行选择，随后如果有投保意向，代理人或经纪人再将客户投保信息传递到保险公司，保险公司还要进行全面的核保。这其中，代理人或经纪人要找到有保险需求的目标客户，目标客户要向他们提供自己保险需求，代理人或经纪人还要将保险产品与客户需求进行匹配……其工作耗时、耗力。加之保险并不是日常高频消费的必需品，大部分客户其实并不愿意为遥不可及的未来风险耗费当下的时间和金钱。

发展条件：理念　技术　政策

互联网技术的发展已经日趋成熟，大数据、物联网、区块链和人工智能等新兴技术浪潮已经向各个行业不断渗透。技术的发展虽然是循序渐进、日积月累的，但未来行业的发展趋势是可以预见的。新兴技术创造了投保客户在明确的时间和范围内为风险买单的可能性。

理念革新引爆新的趋势。随着保险业理念发展的革新，越来越多的保险公司开始思考，新科技和消费者行为的概念是否在未来会重塑一个截然不同的市场。也正是如此，这种变革的力量正在驱使一些愿意并有能力改变的保险机构开始尝试新的领域。

对于定制保险来说，国外的保险公司相对要走得快一些。如苏格兰的新兴创业公司 Cuvva，致力于解决人们希望在一个小时之内解决汽车保险的问题，通过提供 IOS 移动应用来提供小时汽车保险服务。成立于 2012 年总部位于加州的 Trov 也备受业界称赞，Trov 是一款移动应用兼数字保险平台，提供跟踪、价格信息以及单项和财产微短期按需保险。客户把购物邮箱跟 Trov 关联起来，一旦邮箱收到电子小票，Trov 就会读取小票，识别购买的物品，甚至马上计算出保费，直接把这些信息放进你的物品列表。Trov 还有一个关键特征是可以实时计算、结算保费，投保时间可以精确到秒。启动保险后，用户还可以根据情况调整重要的保险参数，例如免赔额等，进而调整保费。

新兴技术提供外部支持。目前被保险业广泛看好的大数据、物联网、车联网、区块链等技术为定制保险时代的到来提供了强有力的外部支持。

国外部分保险公司已经在试验利用数据分析客户的方案。2016 年，美国的 Admiral 保险公司曾希望与 Facebook 合作，根据客户在 Facebook 上的发言记录来评估其进行危险驾驶的可能性。在国内，诸如百度、众安科技等公司也在探索通过数据提高对保险产品和客户的匹配性。在未来，新兴技术会为保险机构和客户带来革命性的变革，通过各种技术的应用，保险公司不需要甄别客户信息、资料，客户也无须通过填写烦琐的个人信息浪费时间，在大数据、人工智能等技术的辅助下，可以获得个性化的报价信息。

监管政策成为必要条件。目前世界各国对于保险业的监管都比较严格，定制化保险虽能给投保客户带来极大的便利、给保险机构业务带来突飞猛进的增长，但对于一直以来被保险业奉为行业根基的“大数法则”“生命周期表”等来说都是不小的撼动。

如之前提到的如日中天的 Trov，总融资额已经突破 8400 万美元，是目前融资额最多的科技保险公司。但鉴于保险行业监管严格，Trov 进入市场的步伐较为缓慢。公司 2016 年 5 月登陆澳大利亚市场，其次是英国市场、美国市场。Trov 官方网站显示，截至目前，Trov 已经帮助人们归置、整理了近 100 万件物品，物品的价值超过 100 亿美元。虽然公司目前发展业绩、未来发展前景都被广泛看好，但对于监管者来说，审慎的监管态度仍是定制保险发展的最大阻力。

新的挑战：产品　流程　技术

新兴技术的崛起并不能自动与保险业进行融合、匹配，定制保险还有很长一段路要走。机遇也意味着全方位的挑战，市场主体只有主动应变才能免于退步或被淘汰。

产品设计方面。要对原有的保险产品进行突破性变革，具体来说就是把原有的保险产品分解、细化，以促进短时型保险消费。与此同时，伴随着风险单位不断细化，保险公司的风险计算方式要作出相应的调整。以寿险产品来说，全时型保险的费率厘定基础是生命周期表，但在短时型保险中，生命周期内平摊风险的能力下降。除此之外，期缴产品带来的现金流更加不能期待，保险公司经营的理念要发生根本性变化。这就需要保险公司借助大数据、人工智能、区块链等技术对风险进行更加精确的预测和估算。

购买流程方面。随着移动应用端的不断发力，人们更加习惯于通过碎片化的时间去进行日常消费。因此这种小额、分时保险购买、消费必须与各消费场景、消费平台以端对端的方式实现无缝对接。此外，传统保险购买流程中客户在获得一个报价前，需要回答一系列的问题。未来我们完全可以跳过这个步骤，利用大数据、区块链等技术，可以直接获取客户的信息以及所面临的潜在风险。

技术要求方面。对于保险公司来说，启动定制保险的开发和运营意味着保险经营对技术的依赖越来越高。个性化定制保险产品的前提是海量的数据和高效的筛选以及精确的分析和准确的推送。在未来，决定保险产品设计的不再是精算师，而是市场需求。在这个阶段，保险公司一旦能够掌握核心技术，获取客户行为和场景数据，就掌握了判断客户需求的主动权。

（本文发表于2017年8月15日《中国保险报》）

互联网保险助推保险回归保障的三大支点

王小韦　高笑寒

随着“互联网+”写进政府工作报告，各个行业都推出各自领域的“互联网+”的个性化产品和公共产品，保险行业也不例外。在当前保险“回归保障”的总基调下，研究互联网保险助推保险回归问题，有利于寻求和探索保险回归路径和方法。本文剖析互联网保险的本质特征，从互联网保险助推保险回归视角出发提出建议。

本质：互联网保险并非简单的“保险+互联网”

习近平总书记在第五次全国全国金融工作会议上指出，金融是实体经济的血脉，为实体经济服务是金融的天职，是金融的宗旨。要把更多的金融资源配置到经济社会发展的重点领域和薄弱环节。保险作为金融重要组成部分，回归“风险保障者”的本质角色同样是行业发展的大势所趋。互联网保险这一新兴销售模式、展业方式的诞生大幅提升了保险行业的整体效率，但在角色定位、发展质量、业务合规等方面仍需进一步重新定位和思考。

从角色定位上来说，目前互联网保险有两种发展形态：一是将传统的保险产品放在互联网渠道上销售，即保险产品的渠道互联网化。二是利用互联网技术对现在的保险产品进行“脱胎换骨”式改造，从保险经营理念、保险产品设计、保险销售及保险风险预防等全流程进行“换血”。从本质上讲，保险作为风险管理工具，最重要的是满足经济社会风险管理需求，充当风险稳定器的角色。互联网保险公司应借助新技术，不仅要做传统销售渠道的替代者，更要深刻洞察互联网生态下的新风险及新需求，发挥新技术在风险管理上的优势，只有如此，才能借助新技术走得更远。

从发展质量上来看，互联网保险的优势应该更多地体现在风险保障和赔付能力上，而不是以人为制造的噱头吸引眼球。之前部分高温险、熊孩子险、恋爱险等“网红险”一方面其风险保障能力体现不足，另一方面对风险评估的预测和估计并不充分，诸多后续服务、理赔不能及时兑现，不仅对保险消费者的利益造成侵害，而且对保险业的声誉也造成一定影响。如何真正的借助互联网技术，通过产品、技术、场景的创新及开拓实现产品设计更加科学、费率厘定更加合理、风险覆盖更加充分才是互联网保险发展的核心所在。

从业务合规上来讲，曾红极一时的互联网车险比价平台在2014年前后数量多达千家，根据2017年7月保监会下发的《中国保监会关于整治机动车辆保险市场乱象的通知》（保监财险〔2017〕174号）要求，财险公司可以委托第三方网络平台提供网页链接服务，但不得委托或允许不具备保险中介合法资格的第三方网络平台在网页上开展保费试算、报价比价、业务推介、资金支付等保险销售活动。从短期来看，似乎对互联网保险发展是一定的限制和约束，但从规范行业长远发展来讲，是对市场上“劣币驱逐良币”现象的有效遏制，有助于从根本上树立行业准入及发展规则，减少行业乱象，保障互联网保险健康可持续发展。

方向：脱资向保　脱虚向实

经济补偿、资金融通及社会管理是保险的三大功能。在保险业务中，绝大多数保险公司能够恪守保险行业功能，但是也有部分公司偏离保险行业发展轨道，过分强调保险行业的融资功能，给保险市场、资产市场甚至实体经济代来消极影响。具体表现如下。

在产品设计中，一味地追求自身的经营利润．开发设计的保险产品是低保障、高理财的万能险、投连险等新兴寿险产品，此类产品在个别寿险公司业务中占比居高不下。个别财险公司忽视保障型业务，将大量的人力、物力投放于投资型业务，忽视了保障型保险产品。

在产品营销中，过分地依赖高手续费渠道，比如银保渠道、代理渠道。

对于寿险产品来说，部分保险公司银保渠道占比高达80%以上。对于车险产品来说，车险在业务中占比超过80%，其中有的公司车险业务占比超过90%以上，一些保险公司车险产品手续费率高达40%，代理人渠道、代理机构渠道占比持续上升。车险经营中销售手续费占比持续攀升，直接侵害出险频次低的消费者合法权益。

在风险管控中，与销售产品结构相对应的，是激进投资对抗原股东、资产负债错配等投资端的风险不断积累、扩大。保险行业野蛮式发展方式使得原本化解风险、提供风险保障的行业成为金融行业最大的风险高地。

支点：理念　产品　经营

理念回归。互联网保险的发展促进保险经营理念回归。过去传统保险公司采用的人力密集型、地毯式推广型的销售策略更适用于理财型保险产品，通过较高的收益率，口口相传吸引客户。在传统渠道下，用户的购买行为、需求、对服务的认识都不是投资类产品的核心，但互联网保险恰恰相反。互联网保险的先天优势在于技术含量高，特别是通过物联网、大数据、区块链等前沿科技降低销售成本，优化产品设计，提高风险保障。互联网保险在高保障型产品的设计和推广上显然要优于传统渠道，互联网保险的发展会推动越来越多的客户对风险的认知、对保障的理解及对保险的需求不断加深。

产品回归。互联网保险助推理财型保险产品回归到保障型保险。以车险经营为例，传统的车险定价机制中，费率因子主要包括投保车辆购置价、折旧价及零整比等刚性因素，忽视了驾驶员遵守交通规则、汽车行驶里程和行驶区间、远程监控以及驾驶人年龄、驾龄等柔性因素。在没有互联网的时代，汽车驾驶也是一种专门的职业，保险行业进行车险定价，也只能收集刚性因素，收集刚性因素是一种无法实现的空想。互联网到来的时代恰逢汽车走进千家万户，汽车广泛进入寻常家庭，驾驶员不再成为一种专门的职业，普及为一种生活的技能。与此同时，GPS 、北斗等导航技术的出现和发展，也为收集驾驶里程、行驶区间、驾驶习惯创造了更加便捷的条件。以寿险产品为例，通过采集保险消费者饮食、运动等生活习惯，在承保前能够为客户提供量身打造的保险产品，在承保中为客户提供有益的建议，在出险后能够按照合同约定快速理赔。

经营回归。互联网保险的发展破使保险经营实物回归。一方面，互联网保险对保险公司的品牌形象树立起到促进作用。高收益率保险产品时代，客户更多的是关注产品收益率这一简单指标，而对保险产品真正的风险保障指标则并不重视，也因此对保险公司、服务、品牌都缺乏忠诚度，对保障缺乏认知；另一方面，互联网保险对保险公司的销售渠道提出更高的要求。互联网保险时代，保险公司在销售渠道上将改变以往的粗放型管理模式，不再依靠高额的手续费返还来获取客户，而是根据产品的定位，寻找更合适的用户群体，然后再考虑什么样的渠道更容易获取这些用户。

此外，在开展风险防范上，互联网技术正在探索对承保风险标的物的风险隐患的管理，提醒、督促投保人和被保险人消除风险隐患，降低风险事故发生率，最大限度地减少不必要的生命和财产损失，促进保险行业实现经济效益、社会效益的双丰收。

彰显保障功能，是保险行业永恒的主题。发展真正意义上的互联网保险，预防、减少甚至杜绝风险事故，发挥保险行业社会管理功能，是保险回归的体现，也是落实金融工作会议精神的体现。

（本文发表于 2017 年 8 月 29 日《中国保险报》）

智能保险能否开启交通监管新时代

王小韦　高笑寒

最近，“阿尔法保险”成为保险行业的一个热词，业内人士大量转发相关文章。对于“阿尔法保险”可以形成一个大致的轮廓：不是一种新型的保险行业或者保险产品，但是的确能够给保险行业代来革命性变革。

本文研究“阿尔法保险”对智能交通监管的影响，表面上看，是研究交通行为监管问题，其本质还是研究车险经营与保险风险管控问题。

“阿尔法保险”的核心是人工智能，研究“阿尔法保险”开启智能交通新时代的核心定格在提升交通监管的智能化水平，既减少了交通事故的发生率，也为车险经营营造一种良性循环的环境，体现了保险行业自身的保障功能。

人工监管交通的三大弊端：滞后　低效　连带

现行的交通监管具有滞后性、低效性和连带性三大弊端。

一是滞后性。在人工监管交通模式下，往往是交通事故发生以后，才能够知晓事故已经发生，才能到达现场进行施救。如果事故发生在偏僻地段，缺乏事故现场目击者，且当事人无法报案的情形，由于错过救援的黄金时段，往往诱发次生事故，加重交通事故后果。

二是低效性。分析每个交通事故根源，尽管说各个事故表现不同，但是归纳起来，不外乎超员、超载、超速及超时（驾驶员连续驾驶时间超过相关规定的连续时间）“四超”因素。在传统的交通监管模式下，针对引发交通事故“四超”因素，往往采取人工上路检查的方法。在执法力量一定的前提下，警员被调到一线进行执法工作势必会影响研究制度建设等方面的警员配备，综合评价效果未必是最优。

三是连带性。在传统的交通监管模式下，一般发生的一定后果的交通事故，直接后果是造成乘客以及驾乘人员严重伤亡，造成严重的财产损失，间接后果是对相关运输企业的负责人和相关监管部门负责人进行问责。站在社会治理的视角看，交通监管的后果应该是乘客安全往来、运输公司在安全的前提下实现预期的经济效益、交警等监管部门的人员尽职尽责地在工作岗位上多赢、共赢的大圆满结局，而没有出现乘客伤亡、司机遇难、运输公司高管身陷囹吾、很多相关部门负责人被问责的多输、公输的恶性循环的局面。对于保险公司经营来说，会基于保险金额差异给予相应的赔付，如果出现投保不足，不理解的公众会责怪保险公司；反之，有的保险公司在业务宣传中，建议保险消费者增加保险金额。

阿尔法智能监管的两大风口：技术　政策

在提出智能交通监管概念和理念之前，智能交通监管已经出现端倪。智能交通监管是互联网技术的特别是移动互联网技术的发展、智能手机普及并且资费大幅下降的产物。尽管说技术是成熟的，但推动智能交通监管，在依法行政、依法监管的理念下开展此项工作，需要通过完善法律制度来完成。归纳起来，智能交通监管发展需要技术和制度两大风口。

一是技术风口。GPS 以及我国自主研发的北斗导航系统，为汽车安装具有定位功能的行车记录仪奠定了基础。中国移动、中国联通和中国电信等移动网络运营商，出于业务竞争的需要，移动资费持续向好于消费者的车主。在很多品牌的汽车上，在出厂前已经安装了行车记录仪、倒车雷达等电子设备，其中极少数高档汽车安装了更先进的电子设备，例如可以检测轮胎胎压的电子设备等。上述电子产品在汽车上的应用，能够辅助驾驶员进行安全驾驶。依靠上述电子设备，为智能交通监管采集第一手、第一线信息，为建立后续监管系统奠定基础。

二是政策风口。在一些监管规定中，已经对汽车安装电子设备提出了明确的要求。交通警察可以对机动车行驶速度、连续驾驶时间以及其他行驶状态信息进行检查。

如果营运车辆安装电子设备，以及交通监管部门在交通管理法治建设下和电子技术设备不断发展下，以及实现对更多的电子营运监控设备并有效运行，就能够实现监管部门在足不出户的前提下，实时知晓运营车辆是否存在超员、超载、超速及超时（驾驶员连续驾驶时间超过相关规定的连续时间）“四超”因素，不但能够预防更多交通事故的发生，而且有利于交通事故原因的调查，使调查工作高效、准确。

智能交通监管的三大切点：理念　制度　探索

从当前的人工监管模式向人工智能监管为核心的智能交通监管转型升级，不能一蹴而就、立竿见影，需要在更新监管理念、完善制度及依靠技术基础上循序渐进、整体推进。

一是改变理念，预防为先。以交通事故为代表的各类安全生产事故发生以后，相关领导备案赴事故一线，指导救援和善后处理，发挥了积极作用。通过公开资料可以看到，在有些交通事故救援现场出现的一些工作人员，在事后问责过程中，成为被问责的对象。在此种情形下，已造成的交通事故不但给受害的乘客造成生命和财产损失，而且会对相关失责人员进行党纪政纪甚至刑事问责。通过实施以人工智能监管为核心的智能交通监管模式，可以最大限度地保障乘客的安全，减少交通事故的发生或者减轻交通事故的发生程度；也可以让运输机构实现预想的经济效益、社会效益的双丰收。

从保险行业自身来说，要充分发挥识别风险、归集风险、预防风险和化解风险的作用，对各类风险进行认真研究，同时对推进人工智能监管模式开展研究，形成丰富的、完备的理论体系，积极向相关部门进行献言献策。

二是完善制度，有法可依。从风险管理的视角看，交通监管部门开展风险管理的终极目的是减少风险事故的发生，所以从部门职责出发，监管部门也会主动采取更加科学、有效的管理措施，也会对运输企业以及驾乘人员进行严格要求，此种管理是一种纵向的行政管理关系。

从风险管理的视角看，保险公司开展风险预防的目的也是减少风险事故的发生，所以从自身经济效益出发，会主动采取科学、有效的措施，通过保费价格杠杆手段，对投保的运输企业以及驾乘人员进行严格要求，此种管理是一种横向的合同合作关系。

纵向的行政管理关系和横向的合同合作关系之间，既具有相辅相成、相得益彰的作用，也具有各自独立、相互排斥的功能。在依法治国、依法行政、依法监管的背景下，只有通过制度的“立改废”，才能建立人工智能模式下的监管体系。

三是积极探索，推进联动。推动以人工智能交通管理为核心的智能交通监管模式，尽管是一件多赢、共赢的事情，推动的主体是相关领域的管理机构。保险行业以推动“阿尔法保险”为契机，尝试两项工作：第一，认真开展理论研究，为推动以人工智能为核心的阿尔法交通监管提供智力和舆论支持。第二，积极探索差异化车险费率。在现阶段的车险经营过程中，车险的价格与投保运输公司是否采取安全措施没有关联。为了引导汽车运输公司主动去安装电子安全设备，可以积极探索车险价格与安装电子安全设备进行挂钩。

“阿尔法保险”的持续推进，对于保险行业的影响，用天翻地覆形容是一个大概率事件，尤其是在当前贯彻全国金融工作会议精神、促进保险回归本源的背景下。从“阿尔法保险”到智能交通监管，能够提升交通监管行为的科学性、有效性、前瞻性，能够实现乘客、运输公司及司机等运输从业人员、交通监管部门多赢、共赢，能够提高整个社会的治理水平，为人民群众生产发展、人民安居乐业营造更好的环境。开启以人工智能为核心的智能交通监管新时代是众望所归。

（本文发表于 2016 年 9 月 12 日《中国保险报》）

保险科技迎来发展黄金期 互联网助推“保险姓保”

苏　洁　王小韦

互联网的迅速发展，使各行各业都迎来互联网转型潮，保险行业自然也不例外。随着人们保险意识的提升，主动寻求购买保险的人们越来越多，保险甚至成为日常生活的必需品。传统保险公司如何适应互联网时代发展，成为现阶段乃至未来需要思考的问题。传统保险公司迎来发展瓶颈期，转型迫在眉睫，由此也催生了一批保险科技公司。

近两年，保险科技发展风生水起，融资事件接二连三，其受到投资人追捧的根本还是运用科技真正解决传统行业的某些痛点，提升效率、提高产能。保险科技发展的热火朝天也让众多想进军保险行业的企业看到了风向。内、外因素相互作用，使得保险科技走上发展黄金期。

保险回归保障　互联网功不可没

毋庸讳言，当下所谓的互联网保险与真正意义上的互联网保险“貌合神离”。“貌合”是在互联网上可以进行买卖保险；“神离”是当下的互联网保险大多停留在传统保险经营从线下搬到线上进行销售，还没有完全达到互联网的互联互通技术对传统保险行业进行“脱胎换骨”的改造。而之所以说互联网保险堪称担当保险行业回归本源大任，基于以下理由。

一是互联网技术在保险行业的应用，对保险行业经营理念的影响是全方位的。例如，传统的车险经营主体是保险公司，车险在财险公司业务中的占比处于举足轻重的地位。随着互联网技术、人工智能技术在汽车生产领域的应用，沃尔沃等专注于生产全自动驾驶的人工智能汽车生产厂家，为了给自己智能汽车质量增加信赖，提出了在现有的交通法律框架不变的前提下，发生的交通事故其责任为智能汽车一方的，责任的赔偿由生产厂家来承担。如此模式下，对于传统车险的影响就不止是一个新增的竞争者，而是一个难以抵挡的车险险种的“终结者”。竞争态势迫使传统保险行业必须引入互联网技术，方可取得竞争资格。

二是互联网保险在产品设计上的体现。互联网技术的优势在于能够收集、识别、计算大数据，通过大数据能够为保险消费者设计出量身打造的保险产品，而不是千人一面的通用保险产品。例如，互联网车险在车险定价中植入了投保车辆年度行驶里程、行驶区间、是否遵守交通规则、车辆安全系数等费率因子，在相同保险金额的前提下，不同风险状况的保险消费者，车险保费价格是悬殊而不是雷同。

三是互联网保险产品的销售渠道。互联网保险产品是量身打造的，会降低保险公司对保险中介销售的依赖性，势必会加大保险公司直销比例。直销比例的加大，意味着车险销售成本的降低，必然会给消费者降低保费负担。在加大直销比例的过程中，保险公司会吸收一部分优秀的保险代理人成为保险公司的正式员工。

四是互联网保险加大风险预防的投入。互联网保险产品是基于保险消费者具体风险状况所设计的，保险公司对于风险状况信息更加对称，也便于保险公司进行风险状况变化的巡查，及时对保险消费者下发风险隐患文书，督促保险消费者采取有效措施。

五是互联网保险理赔更快捷。互联网保险时代，不仅是保险行业的发展进入互联网技术阶段，更多的行业也运用互联网技术进行管理和经营。以车险经营为例，很多商业运输公司的车辆实行人工智能驾驶，通过技术手段，运输公司、承保的保险公司和交通监管部门，也能实时掌握投保车辆的行驶速度，一旦发生交通事故，会自动触发报警功能，警察在足不出户的情况下，可以进行远程确定事故责任。同样，保险公司也能够在足不出户的情况下进行远程定损。

科技引领保险创新

2017 杭州·云栖大会上，马云说：“我是不懂技术的，但是正因为我不懂技术，我比谁都支持技术。”相反 BAT 在，腾讯也好，百度也好，都是工程师出身。因此我很感谢阿里巴巴有一批前赴后继努力的工程师。正因为这样，阿里巴巴九年以前全面进入云计算。

平安科技 COO 胡玮在一次论坛上指出未来保险业的七大趋势：趋势一，物联网/车联网/UBI 车险。通过建立车主的“DNA”，将驾驶的位置、速度及习惯做成车主的信息，有了这个以后可以做到差异化的东西。趋势二，防欺诈/风险预测。查找欺诈的成本比较高，如果应用科技的手段能够降低欺诈率，这对业务价值是巨大的。趋势三，跨界融合。很多应用跟保险行业的合作，比如 O2O。趋势四，智能机器人。比如在客服和电销上面的应用。趋势五，决策数字化/大数据定价。精准推荐，数字挖掘分析以后，能够做到针对不同的人群定制。趋势六，理赔智能化。通过人工智能和大数据的平台分析，可以预防骗保。比如利用声纹和图像识别以及身份识别，三合一认证，基本上就可以识别。趋势七，区块链将走出试验田。

互联网年代更注重个性化，但归根结底是如何提高服务，以客户为中心，做定制化的产品和专业性的服务。

传统保险逆袭路径选择

互联网保险是互联网技术和保险行业深度融合的产物，发展互联网保险横跨互联网技术和保险行业，率先尝试的必然是各自先知先觉者。对于大多数的保险公司来说，如何从现阶段的传统经营向互联网保险阶段发展，笔者提出以下建议。

一是，响应要求，回归保障。近年来，部分保险公司过于看重自身的经济效益、过于发挥保险的融资功能，在保险产品研发、经营上偏离了保险行业的主航道。习近平总书记在 2017 年召开的第五次全国金融工作会议上强调，金融行业要发挥服务实体经济、防范金融风险、深化改革等任务。具体到保险行业来说，就是要发挥参与社会管理、经济补偿功能。在此种行业定位历年的支配下，需要保险公司从人员招聘、产品开发、销售渠道及风险管控等经营全过程进行转型升级，而不是简单地对现有的业务流程进行梳理。

二是，依靠技术，做好配套。人们在社会生活中，面临着自然、生产、生活等各种不确定的风险，进行风险管控的手段是由各级政府及其职能部门、商业保险公司以及慈善机构等各部门共同完成的。各种手段之间既具有替代关系，也具有互补关系。替代关系是一种手段作用发挥到位，会抑制另一种手段的发挥甚至生产空间。例如大病保险，如果政府部门主导的社保报销比例加大，就会压缩商业保险的空间。再如，防范交通事故风险，如果交通监管部门加强对各种机动车辆严格限制载客载货、行驶速度、行驶车道以及禁止疲劳驾驶等，势必会减少交通事故的发生。交通事故数量减少、交通事故后果程度减轻，势必会压缩商业保险的空间。所以，行政手段、商业保险手段、慈善手段等各种手段，要密切配合、相辅相成，首先围绕降低和减少事故发生为前提来开展行政管理、合同管理等活动。

三是，提高素质，优化经营。保险行业要在回归风险保障本质功能的背景下，要在实现社会价值的前提下，追求经济效益，依靠各级管理人员和全体员工提高综合素质，优化保险经营。第一，进一步推动保险合同通俗化、标准化建设，消除保险合同理解的歧义，消除发生理赔纠纷的隐患。第二，进一步规范保险销售行为，按照监管规定实行销售过程录音录像措施，严禁销售误导。第三，进一步做好风险防控，消除风险发生的因素，保障保险消费者的生命和财产权益。第四，进一步按照合同条款，做好理赔工作。

互联网保险公司为传统保险行业向互联网保险发展作出了有益的探索和尝试，后续发展拭目以待。但是，从传统保险经营向互联网保险进化，是不可抵挡的趋势。

紧握这个时代的脉搏，用科技塑造崭新的保险新时代。未来，让我们携手共进。

保险科技已成为2017年保险行业最热门的议题之一，中国作为全球金融科技的主战场，保险科技已经在金融科技的风头之上了。科技正在重塑保险行业，可以预见，未来保险科技会渗透这个行业更深、更快，行业的业态与市场竞争格局将发生巨大变革。

（本文发表于2017年10月17日《中国保险报》）

“新一拨”互联网保险中介面面观

王小韦

“新一拨”互联网保险中介是指大型的专业互联网企业通过直接投资设立保险专业中介机构，或者购买现存的保险专业中介牌照，名正言顺地以保险专业中介机构的名义开展保险中介业务。本文以互联网保险发展为主线，穿插介绍保险中介相关政策的变化，分析互联网保险和互联网保险的业态，推演互联网保险和保险中介的发展。

老渠道和新业态

保险中介是搭建在保险公司和广大保险消费者之间的桥梁和纽带。数据显示，从2006年至2017年这12年来，保险中介渠道实现的保费收入占比为78%～82%。有的以经营新型寿险产品的银行系保险公司，销售产品完全依赖于股东的银行渠道，中介业务占比接近100%。鉴于保险中介渠道在保险行业中的主导地位，所以研究保险行业的发展和转型，离不开对保险中介的研究。

作为保险行业老渠道的保险中介，搭上互联网发展的快车主要是外部条件促成的。一方面，随着“互联网＋”写进政府工作报告，互联网保险的概念也应运而生，尽管说现阶段的互联网保险究其本质是传统保险产品销售渠道从线下搬迁到线上而已，但是互联网保险的概念被保险行业普遍接受，在保险监管部门的文件中也使用这个概念；另一方面，随着移动互联网技术的发展、智能手机的普及应用以及相应资费的大幅下降，智能手机已成为很多公众的生活必需品。保险行业发展的内在需要和日益成熟的外部条件相互作用，共同孕育互联网保险中介。基于上述逻辑，互联网保险不是真正意义上的互联网保险，现阶段的互联网保险中介自然也不是真正意义上的互联网保险中介。

面对互联网保险发展势头，对于保险中介发展趋势，业内有两种对立的观点：一种观点认为是“去中介化”。保险行业是典型的信息不对称行业，互联网的优势在于互通互联、消除信息孤岛现象，互联网技术在保险行业的应用，必然派生“去中介”现象，首先淘汰的是一部分保险中介机构和个人代理人。另一种观点认为会更加依靠于保险中介。互联网保险由于采集了被保险人足够的信息，保险条款和费率更加“定制化”，客观上加重对保险中介的依赖。

透过纷繁的保险市场现象，所看到的本质是保险主体和保险中介主体利用互联网技术开展业务，对保险公司、保险中介以及保险消费者等保险产业链条上的所有主体，带来了便利性。

老作为和新牌照

为了便于表述，本文将互联网保险中介发展划分为两个阶段：第一个阶段是互联网企业隐形于传统的互联网企业，从事保险中介业务。在互联网保险中介发展的初期阶段，保险中介机构实现从线下销售往线上销售转移，缺少技术和人员，采取与第三方互联网企业开展合作的方式。此阶段，互联网保险中介主打的保险产品是意外伤害保险、车险等，隐形的互联网企业按照实现保费的一定比例，以技术服务费的名义收取费用或者报酬，其本质为保险佣金。第二个阶段是互联网企业直接持有保险中介牌照，走上代理保险业务的前台。由于机动车辆保险是保险行业经营的一个非常重要且相对粗放的险种，所以互联网公司进入保险行业，往往选择车险为首选险种。

互联网企业在保险行业开疆拓土，同时采取设立保险公司和保险中介机构两种方式，通过关联控股方式，深度涉足保险行业。互联网行业的阿里巴巴、腾讯联合平安保险等公司成立了我国第一家互联网保险公司，腾讯公司联合富邦保险等公司成立了微民保险代理有限公司，联想公司控股北京大树保险经纪有限责任公司，蚂蚁金服全资控股保进代理有限公司，申通、圆通等快递公司拟投资设立保险公司，携程、国美、苏宁等互联网企业有自己的保险专业中介机构。

“新一拨”互联网保险中介，从事保险中介业务，之所以从幕后走上前台，可能有战略规划和监管政策两方面的原因：一是战略规划。从长远发展看，互联网保险发展需要构筑一个完整的产业链条，需要同时拥有保险公司和保险中介，可以同时对现有的客户资源提供增值服务。二是监管政策。第一，为了推动“兼业代理专业化”，从2012年3月开始至本文编写时，保险监管部门暂停非银行类保险兼业代理机构市场准入，互联网企业申请保险中介牌照，只能申请专业中介牌照；第二，2017年7月6日，保监会印发了《关于整治机动车辆保险市场乱象的通知》，规范车险市场行为，其中重要的抓手是规范车险佣金、费用等，改变了个别互联网企业以技术服务费名义变相收取佣金的方式。

“新一拨”互联网保险中介，从幕后变相从事保险中介业务，到走上前台合法从事保险中介业务，对于自身长远发展、集团发展战略和保险监管都具有积极作用。

老市场和新逻辑

从险种视角看，“新一拨”互联网保险中介的发力点还是瞄准车险经营。尽管当前车险经营惨烈，但是不影响保险中介从车险经营产业链条上分一口羹，更不影响互联网企业从掌控的保险中介分上一口羹，因为互联网企业在传统车险经营上，与传统的经营车险的保险公司有截然不同的优势和思路。耕耘车险老市场，“新一拨”互联网保险中介的发展逻辑有以下几点。

一是打通思维。车险是汽车消费的一个重要组成部分，传统的车险公司聚焦于车险经营一个环节，而有的互联网企业已经打通了汽车消费的全环节。例如，阿里巴巴集团联合上汽集团生产智能汽车、联合平安等保险公司成立互联网保险公司，独资控股保险中介机构，在互联网上销售汽车零配件等。通过对存量客户提供增值服务，互联网企业主导的保险公司和保险中介，可以在更多的环节进行营销，获取更多的经济利益。在增加销售收入的同时，降低成本，实现更高的利润。

二是畅通信息。车险定价是车险经营过程中的核心环节，决定车险销售、风控及理赔等全过程。理论上说，车险定价机制有从车原则、从人原则、从用原则。现阶段，车险经营实行完全从车原则，忽略了从用原则、从人原则。互联网企业主导的保险公司和保险中介公司，基于开展的主营业务，有可能采集车险投保人保养车辆的习惯及车辆的使用习惯，其中参与投资网约车的保险公司，在经营主营业务的过程中，已经收集了投保车辆年度行驶里程、加油及刹车等习惯。如果进一步深化商业车险改革，互联网企业主导的保险公司比传统的保险公司具有数据优势，能够准确地识别投保客户年度行驶里程、保养习惯等影响车险价格的关键信息，有可能达到“一人一车一价”，有可能独占优质客户。据推算，连续三年没有出险的客户在1200万人次左右，目前是由经营车险的70余家保险公司分别进行风险管控。而互联网企业主导的保险公司和保险中介，在车险经营中有可能增加对优质车险消费者的份额，在实现高于行业盈利的同时，加剧车险市场竞争状况。

三是方便转型。按照国家汽车产业政策看，以电动车为代表的新能源汽车和智能汽车是未来汽车产业发展的方向，例如百度等互联网企业已经在布局智能汽车，有的智能汽车生产厂家承诺在现行的交通规则不变的前提下，对被认定是智能汽车存在交通事故责任的，汽车生产厂家承担赔偿责任。电动汽车的零配件数量小于传统燃油汽车，更有利于车险经营。相对而言，互联网企业主导的保险公司和保险中介，更适应市场的瞬息变化，比传统保险公司更加具有竞争优势。

按照2017年7月上旬召开的第五次全国金融工作会议的精神要求，作为金融行业组成部分的保险行业，保险行业回归“保险姓保”，保险监管部门履职“监管姓监”，需要未雨绸缪，实时掌握保险市场和保险中介市场变化趋势，开展理论研究、完善监管制度，维护市场秩序，维护保险消费者的合法权益。

（本文发表于2017年10月24日《中国保险报》）

附录

附录一

中国保监会关于深化保险中介市场改革的意见

保监发〔2015〕91号

机关各部门，各保监局，培训中心，中国保险行业协会，中国保险学会，中国精算师协会，中国保险资产管理业协会，中国保险保障基金有限责任公司，中国保险信息技术管理有限责任公司，各保险公司，各保险中介机构：

保险中介是保险交易活动的重要桥梁和纽带，经过多年发展，我国保险中介市场已经成为保险市场重要组成部分，在销售保险产品、改进保险服务、提高市场效率、普及保险知识等方面发挥了重要作用，促进了保险市场的健康快速发展。但总体看，保险中介市场尚处于发展的初级阶段，与加快发展现代保险服务业的要求和广大保险消费者的期待相比，还存在一定差距。为进一步促进保险中介市场健康规范发展，现就保险中介市场改革提出如下意见。

一、指导思想、总体目标和基本原则

（一）指导思想和总体目标。

全面贯彻党的十八大和十八届二中、三中、四中全会精神，落实《国务院关于加快发展现代保险服务业的若干意见》（国发〔2014〕29号）战略部署和保监会深化保险业改革的总体要求，放开放活前端，管住管好后端，健全支持鼓励行业创新变革的体制机制；培育一批具有专业特色和国际竞争力的龙头型保险中介机构，发展一大批小微型、社区化、门店化经营的区域性专业代理机构，形成一个自主创业、自我负责、体现大众创业、万众创新精神的独立个人代理人群体；建成功能定位清晰、准入退出顺畅、要素流动有序的保险中介市场体系；形成主体管控有效、行政监管有力、行业自律充分、社会监督到位的四位一体保险中介监管体系，促进保险中介更好发挥对保险业的支持支撑作用，服务保险业又好又快发展。

（二）基本原则。

一是简政放权，放管结合。全面落实中央深化改革精神，尊重市场经济规律，加快转变政府职能，该放的大胆放、放到位、放到底，把经营自主权还给市场；该管的大胆管、管到位、管到底，不折不扣履行监管职责。

二是统筹谋划，分步实施。加强顶层设计，着眼长远发展，增强改革工作的系统性、整体性、协同性；分清轻重缓急，着力解决当前主要问题和矛盾，制定实施的路线图和时间表，渐次推进。

三是支持试点，鼓励创新。积极鼓励有条件的地区和单位先行先试和创新变革，不断总结推广改革成功经验和做法。

二、主要任务

（一）着力完善准入退出管理，建立多层次服务体系。

清晰功能定位。坚持保险中介在保险交易活动中接受当事人委托、在保险合同缔结履行各环节提供服务、取得报酬的基本职能定位。坚持保险中介在保险市场上发挥畅通信息、降低成本、促进效率的重要功能。坚持发展多层次、多成分、多形式的保险中介市场体系。

改进准入管理。对专业中介机构，实行先照后证的准入程序，降低注册资本标准，实行公估机构注册资本认缴制；推行专业代理机构许可证分类制度，区分全国性和区域性机构两种类型，建立相应准入要求；适时推进专业代理和公估机构对外开放，扩大外资经纪机构经营范围。对兼业代理机构，坚持商业企业性、窗口便利性、业务兼营性和主业相关性准入标准，实施行业准入清单和代理险种目录，实行法人机构申报资格、法人机构持证、营业网点统一登记制度。对个人代理人，完善执业登记制度。

加强退出管理。完善保险中介机构市场退出标准与程序，逐步形成机构自主退出和监管强制退出有机结合的退出机制。丰富市场退出政策工具，开展经营连续性审查，规范许可证到期换发审查，强化退出标准硬约束，加强执法查处，实现应退尽退，限劣扶优。

（二）着力鼓励推动变革创新，提升中介服务能力。

支持专业中介机构创新发展。鼓励专业中介机构提升专业技术能力，在风险定价、产品开发、防灾防损、风险顾问、损失评估、理赔服务、反保险欺诈调查等方面主动作为，提供增值服务。鼓励专业中介机构走差异化发展之路，专业从事再保险经纪、人身险经纪、车险公估等业务。鼓励专业中介机构积极服务国家“走出去”战略，为“一带一路”和海外项目提供风险管理与保险安排服务。支持专业中介机构在境外设立机构。

鼓励保险销售多元化。鼓励保险公司有序发展交叉销售、电话销售、互联网销售等保险销售新渠道新模式。鼓励专业中介机构探索“互联网＋保险中介”的有效形式，借助互联网开发形成新的业务平台。按照线上线下监管一致性原则，规范电子商务平台等互联网企业开展保险中介服务行为。

推进独立个人代理人制度。坚持以有利于个人代理人职业规划、有利于保险业务发展、有利于有效监管为原则，支持保险公司和保监局大胆先行先试，探索鼓励现有优秀个人代理人自主创业、独立发展。鼓励保险公司积极改革现行个人代理人模式，缩减管理团队层级，完善以业务品质为导向的佣金制度和考核机制。

推动市场要素有序流动。鼓励专业中介机构兼并重组。支持专业中介机构通过资本市场募集资金和交易股权。允许专业中介机构在风险可控前提下，探索管理层股权、期权和员工持股计划等激励机制。

（三）着力强化自我管控，促进行业提质升级。

强化专业中介机构治理内控。以全国性机构为重点，制定机构治理和内控指引，建立结构完整、责权明确、运转有效的公司治理体系，完善业务、财务内控制度。强化法人机构和高级管理人员管理责任。

强化兼业代理机构保险业务管理。建立兼业代理机构代理保险业务的内控制度和管控机制指引，明确法人的主体责任，实行书面合规承诺和合规责任人制度。

强化保险公司中介业务管理。明晰保险公司落实中介业务管控责任的监管标准和要求，推动保险公司自上而下完善管控中介业务的组织架构和规章制度。加强保单基础信息真实性监管，推动保险公司规范保单内容与格式，在保单上真实完整反映业务渠道信息。逐步实行中介费用集中支付。

强化机构信息化建设。研究提出保险中介机构经营管理信息化标准要求，推动保险中介机构与保险公司业务、财务管理系统对接和数据自动校验，加强保险公司中介业务全流程信息系统管控。

（四）着力加强监督管理，全面提升行政效能。

加强非现场监管。完善专业中介机构信息登记与报告制度，建立兼业代理机构保险业务数据报送制度，加强中介市场风险监测。改进分类监管，完善指标体系。实行保险中介机构代收保费账户和佣金账户登记备案制度。全面推行专业中介机构和兼业代理机构缴纳保证金和投保职业责任保险制度。推动建立专门的相互保险组织，专业负责保险中介行业的职业责任保险保障和风险防范。

改进现场检查。加快建立检查对象和检查人员随机抽取的“双随机”现场检查制度，开展定期综合检查、不定期专项检查和临时监管巡查。

提升监管手段。运用大数据、云计算等技术手段，开发运用新型监管信息平台，形成监管部门、保险公司、中介机构、从业人员的有效对接，在平台上实现机构人员统一、交易实时清晰、监管及时有效、服务公开透明。

完善监管制度。完善法规制度体系，全面修订监管规章，清理规范性文件，尽快建立以《保险法》为基础、以部门规章为主体、以规范性文件为补充的保险中介监管法规制度体系，构建保险中介市场发展与监管的长效机制。

强化监管机制。全面落实属地监管，各保监局对辖区内保险中介机构、人员和保险中介业务全面履行监管职责。全面加强系统联动，以保险中介机构法人所在地保监局为枢纽，健全监管信息通报共享制度，加强重大监管行动协作。

（五）着力加强组织建设，注重行业自律作用。

支持发展保险中介行业组织。尽快推动成立中国保险中介行业协会，鼓励有条件、有意愿的地区根据当地实际和市场需要，成立地方性保险中介行业组织。

支持行业组织发挥作用。建立分类分层次的从业人员测试制度，开展继续教育与培训，完善全行业统一的执业登记体系。构建保险中介机构服务评价体系和独立个人代理人综合评级制度，健全完善保险中介机构和从业人员诚信记录及失信惩戒机制。

推动行业组织搭建平台。建立重大风险项目和行业人才信息平台，开发专业中介机构股权登记转让系统。

（六）着力加强信息披露，发挥社会监督效力。

强化机构信息披露义务。建立健全保险中介机构基本信息定期披露和重大信息不定期披露制度，加强产品销售、理赔服务等各环节的信息披露。强化保险中介从业人员从业过程中的信息告知义务。建立经纪机构佣金收取方式和比例向客户公开制度。

完善监管信息披露制度。建立多元化的信息披露渠道和平台，加大机构概况、行业信息、行政许可、行政处罚等监管政务信息的对外披露力度，方便社会公众查询，发挥社会监督作用。

三、保障措施

（一）加强组织领导

深化保险中介市场改革工作，涉及监管理念转变和市场机制调整，与保险业市场化改革、保险市场运行机制变革紧密相连，各单位要加强统筹，有重点、有步骤、有秩序地抓好落实和推进工作。保监会成立保险中介市场改革工作领导小组。领导小组由保监会党委委员、副主席黄洪担任组长，成员包括办公厅、财险部、人身险部、中介部、国际部、法规部、统信部、稽查局等部门的主要负责人。各保监局应根据本地区情况，成立由主要负责人牵头的相应工作机构。

（二）加强内部协作

保监会有关部门和各保监局要从大局出发，以高度的责任感、使命感和改革创新精神，切实履行职责，加强协调配合，财产险、人身险、保险中介领域改革要紧密结合，合力推进深化保险中介市场改革工作，确保改革顺利实施、取得实效。

（三）密切外部协调

严格与党中央、国务院确定的商事制度改革、行政审批制度改革的方向和要求保持一致，密切关注工商、税务等部门在商事制度、税收制度等方面的改革举措及进程，积极加强沟通协调，努力争取和谐顺畅的外部政策环境。

（四）加强宣传引导

保监会有关部门和各保监局要高度重视改革举措的宣传舆论工作，及时做好政策解读，正确引导行业预期，最大限度凝聚行业共识，形成行业改革合力，共同推进保险中介市场改革工作。

中国保监会

2015 年 9 月 17 日

附录二

2012年至2017年11月16日发表文章一览表

序号	发表日期	发表刊物	文章名称	课题组成员
1	2012 年 11 月 27 日	《中国保险报》	陕西定制汽车企业代理保险业务实施细则	王小韦
2	2013 年 5 月 22 日	《中国保险报》	车企代理车险改革的重点、难点、突破点	王小韦 高笑寒
3	2013 年 6 月 21 日	《中国保险报》	陕西首试车险兼业代理客户告知	王小韦 高笑寒
4	2013 年 7 月 31 日	《中国保险报》	车企“兼改专”走向专业化	王小韦 高笑寒
5	2013 年 8 月 14 日	《中国保险报》	循序渐进叫停车行代理保险“驻点制”	王小韦
6	2013 年 8 月 15 日	《中国保险报》	陕西加快车企代理保险业务规范化	王小韦 高笑寒
7	2013 年 8 月 28 日	《中国保险报》	联合出资突破中小型车企“兼改专”瓶颈	王小韦 高笑寒
8	2013 年 9 月 5 日	《中国保险报》	陕西局回访新批兼业代理机构	王小韦 高笑寒
9	2013 年 9 月 5 日	《中国保险报》	陕西保监局分类推进车企代理保险专业化工作	王小韦 高笑寒
10	2013 年 9 月 11 日	《中国保险报》	提高营销员持证率新思路	王小韦 高笑寒
11	2013 年 9 月 25 日	《中国保险报》	借鉴护板“银管新规”存量车企代理监管新思路	王小韦 高笑寒
12	2013 年 10 月 29 日	《中国保险报》	改进保险兼业代理机构会计核算	王小韦 高笑寒
13	2013 年 10 月 30 日	《中国保险报》	保险中介监管应与工商登记改革衔接	王小韦 郜恺
14	2013 年 11 月 4 日	《中国保险报》	陕西规范车站代理短意险行为	王小韦 高笑寒
15	2013 年 10 月 16 日	《中国保险报》	车险代理“双驻点”隐忧大	王小韦 高笑寒

续表

序号	发表日期	发表刊物	文章名称	课题组成员
16	2013年11月29日	《中国保险报》	陕西规范券商代理保险业务	王小韦 高笑寒
17	2013年第11期	《保险经理人》	推广沪版银管新规保障银保新政实施	王小韦 高笑寒
18	2014年6月11日	《中国保险报》	解析保险专业代理注册政策	王小韦 高笑寒
19	2013年12月11日	《中国保险报》	申办中介机构 行政许可前置比后置更好	王小韦 高笑寒
20	2014年3月26日	《中国保险报》	美汽车安全管控技术值得借鉴	王小韦 王雨飞
21	2013年12月25日	《中国保险报》	专业代理规模化先要规范化	王小韦 高笑寒
22	2014年1月29日	《中国保险报》	如何杜绝短意险违规	王小韦 高笑寒
23	2014年1月28日	《中国保险报》	探析现阶段保险门店突围之道	王小韦 高笑寒
24	2014年3月20日	《中国保险报》	华泰EA保险门店模式对我国保险营销体制改革的启示	王小韦 高笑寒
25	2014年2月19日	《中国保险报》	从一个案例看提高银保业务监管信息化的重要性	王小韦 高笑寒
26	2014年第6期	《保险经理人》	从完善顶层制度入手推进保险兼业代理专业化	浐灞（王小韦）
27	2014年第3期	《保险经理人》	美国车辆网技术发展掠影	王小韦 王雨飞
28	2014年第8期	《保险经理人》	录音录像：银保业务监管的划时代改革	浐灞（王小韦）
29	2014年7月3日	《中国保险报》	保险专业代理机构转型：一元化还是多元化	王小韦
30	2014年3月21日	《中国保险报》	注册资本金十年上涨一百倍，保险代理“高门槛”效果有限	王小韦 高笑寒
31	2014年8月6日	《中国保险报》	推行间接式监管保险中介市场（上）	浐灞（王小韦）
32	2014年10月15日	《中国保险报》	推行间接式监管保险中介市场（下）	浐灞（王小韦）

续表

序号	发表日期	发表刊物	文章名称	课题组成员
33	2014 年 8 月 7 日	《中国保险报》	陕西：打击保险欺诈开局良好	胡　刚 王小韦
34	2015 年 3 月 13 日	《中国保险报》	营销员转型之道：转岗 转行 转制	王小韦 马丽娟
35	2015 年 4 月 1 日	《中国保险报》	政策红利助推保险门店逆袭	马丽娟 王小韦
36	2015 年 3 月 31 日	《中国保险报》	美国保险门店“生态环境”四特点	浐灞（王小韦） 马丽娟
37	2015 年 3 月 19 日	《中国保险报》	保险代理人转型“新思维”	马丽娟 王小韦
38	2015 年 3 月 10 日	《中国保险报》	探求销售渠道和模式创新	马丽娟 王小韦
39	2015 年 5 月 6 日	《中国保险报》	从阿里造车看车险经营转型	王小韦 马丽娟
40	2015 年 6 月 17 日	《中国保险报》	市场低迷期险企、车商共谋转型发展	王小韦 马丽娟
41	2015 年第 3 期	《中国保险》	互联网技术推动保险营销员转型	王小韦 马丽娟
42	2015 年第 4 期	《陕西保险》	纽约州中介渠道报酬公开制度对遏制银邮渠道销售误导的启示	马丽娟 王小韦
43	2015 年 6 月 17 日	《中国保险报》	专车现象对车险经营带来深刻影响	王小韦 马丽娟
44	2015 年 8 月 12 日	《中国保险报》	“商车改革”中车险转型之道	王小韦 马丽娟
45	2015 年 8 月 26 日	《中国保险报》	车险经营进入 2.0 时代，谁能活得更好	王小韦 马丽娟
46	2015 年 9 月 9 日	《中国保险报》	陕西保监局强力推进“亮剑”行动	王小韦 郭天文
47	2015 年第 7 期	《中国保险》	阿里造车搅动车险价格“二次变脸”	（秦岭）王小韦 马丽娟
48	2015 年 9 月 8 日	《中国保险报》	保险营销体制改革要适应保险经营体制改革	王小韦 马丽娟

续表

序号	发表日期	发表刊物	文章名称	课题组成员
49	2015 年 9 月 23 日	《中国保险报》	车险放送："没有最强，只有更强"：搅局还是常态?	王小韦 马丽娟
50	2015 年第 4 期	《中国保险》	车险新政：车险 1.0 时代的下半场	王小韦 马丽娟
51	2015 年 10 月 13 日	《中国保险报》	新形势下遏制销售误导的新思维	王小韦 马丽娟
52	2015 年 10 月 21 日	《中国保险报》	专车"出击"和车险"突围"	王小韦 马丽娟
53	2015 年 10 月 21 日	《中国保险报》	新能源汽车出险，按照哪个价格来赔	王雨飞 王小韦
54	2015 年第 8 期	陕西保险	专车现象对车险经营带来深刻影响	王小韦 马丽娟
55	2015 年 10 月 29 日	《中国保险报》	陕西车险理赔时效向好	王小韦 马丽娟
56	2015 年 11 月 10 日	《中国保险报》	"见义勇为"汽车出险，保险该怎么赔	王小韦 马丽娟
57	2015 年 11 月 10 日	《中国保险报》	中介新政下保险"三代"的融合发展	王小韦 马丽娟
58	2015 年第 9 期	《保险中介市场》	保险营销体制和保险经营体制辩证关系研究	王小韦 马丽娟
59	2015 年 11 月 16 日	《中国保险报》	陕西保监局"亮剑行动"初显威	郭天文 王小韦
60	2015 年 11 月 18 日	《中国保险报》	挂虚假临时牌照出真实交通事故，车险赔不赔	王小韦
61	2015 年 11 月 18 日	《中国保险报》	陕西保监局恢复保险中介审批"开闸"平稳	王小韦 马丽娟
62	2015 年 11 月 23 日	《中国保险报》	完善机制陕西局防范保险案件风险	王小韦 吴锦今
63	2015 年 12 月 1 日	《中国保险报》	从机构监管到功能监管——保险代理机构监管转型的思考	王小韦 马丽娟
64	2015 年 12 月 2 日	《中国保险报》	车险手续费可以取消吗	王小韦 马丽娟

续表

序号	发表日期	发表刊物	文章名称	课题组成员
65	2015 年 12 月 2 日	《中国保险报》	“电商盛宴”给保险业带来的启示	王雨飞 王小韦
66	2015 年 12 月 8 日	《中国保险报》	论保险中介行政审批衔接商事制度改革	王小韦 郜恺
67	2015 年 12 月 8 日	《中国保险报》	保险营销员监管转型：有所为，有所不为	王小韦 马丽娟
68	2015 年 12 月 22 日	《中国保险报》	“见义勇为”者伤亡，意外险赔不赔	王小韦 马丽娟
69	2015 年 12 月 23 日	《中国保险报》	陕西保监局积极参加省级信用建设	郭天文 王小韦
70	2015 年第 23 期	《中国保险市场》	学平险如何走出“鸡肋”困境	王雨飞 王小韦
71	2016 年 1 月 5 日	《中国保险报》	保险独立个人代理人“顺诞”的三道关	王小韦 高笑寒
72	2016 年 1 月 6 日	《中国保险报》	车险能不能找到新蓝海	王小韦 马丽娟
73	2016 年 1 月 12 日	《中国保险报》	地产系寿险公司“新常态”	杜娟 王小韦
74	2016 年 1 月 19 日	《中国保险报》	境外旅游被蛇咬，保险赔偿有分歧	王小韦 王雨飞
75	2016 年 1 月 19 日	《中国保险报》	深度提高保险代理专业水准	王小韦 高笑寒
76	2016 年 1 月 27 日	《中国保险报》	陕西保监局多措提升公共服务能力	王小韦 杨铎
77	2015 年第 4 期	《保险中介市场》	新背景新格局新策略——未来保险中介市场逻辑思考	王小韦 马丽娟
78	2015 年第 4 期	《保险中介市场》	保险专代机构“三资”问题透视	王小韦 高笑寒
79	2016 年 1 月 28 日	《中国保险报》	违规洒水结冰致系列车祸，保险该赔吗	王小韦 王雨飞
80	2016 年 2 月 2 日	《中国保险报》	当前门店建设扫描	王小韦 王雨飞

续表

序号	发表日期	发表刊物	文章名称	课题组成员
81	2016 年 2 月 3 日	《中国保险报》	陕西保险业履行社会责任促多方共赢	王岩　王小韦 聂秦岭
82	2016 年 2 月 4 日	《中国保险报》	陕西保监局充分发挥非现场监管作用	田丽　李盼 王小韦
83	2016 年 2 月 16 日	《中国保险报》	保险销售关键环节应录音录像	王小韦 高笑寒
84	2016 年 2 月 16 日	《中国保险报》	对完善保险兼业代理监管的思考	王雨飞 王小韦
85	2016 年 2 月 16 日	《中国保险报》	保险中介格局“大洗牌”路演	王小韦
86	2016 年 2 月 17 日	《中国保险报》	微信远程双定一箭多雕	王小韦 马丽娟
87	2016 年 2 月 18 日	《中国保险报》	小狗咬坏汽车面漆，保险赔吗	王小韦
88	2016 年 2 月 18 日	《中国保险报》	见义勇为行为保护机制和商业保险机制并行联动	王小韦 马丽娟
89	2016 年 2 月 19 日	《中国保险报》	保险业履行社会责任实现“四方共赢”之道	王小韦 高笑寒
90	2016 年 2 月 23 日	《中国保险报》	野象“玩”得欢，保险赔得快	马丽娟　陈曙 王小韦
91	2016 年 2 月 24 日	《中国保险报》	汉中保险业履行社会责任追求“三统一”	王小韦　马丽娟 苟蕊
92	2016 年 2 月 25 日	《中国保险报》	保险门店试点在陕西驶入“快车道”	王小韦
93	2016 年 3 月 1 日	《中国保险报》	孔明灯引燃蔬菜大棚，保险赔不赔	马丽娟　杨科技 王小韦
94	2016 年 3 月 8 日	《中国保险报》	浅谈保险中介监管现代化建设之路	王小韦 马丽娟
95	2016 年 3 月 8 日	《中国保险报》	防滑链断裂碰坏自家车，保险赔不赔	王小韦 王雨飞
96	2016 年 3 月 11 日	《中国保险报》	“信用陕西”保险出力	黄鹏　郭天文 王小韦

续表

序号	发表日期	发表刊物	文章名称	课题组成员
97	2016 年 3 月 15 日	《中国保险报》	透视保险产销分离说	王小韦　王雨飞
98	2016 年 3 月 17 日	《中国保险报》	交通事故责任认定：司法鉴定效力高于交警认定	王小韦　陈曙 马丽娟
99	2016 年 3 月 30 日	《中国保险报》	UBI 车险找好商业模式是关键	王小韦 马丽娟
100	2016 年 4 月 1 日	《中国保险报》	人保汉中市分公司公益活动掠影	苟蕊 王小韦
101	2016 年 4 月 11 日	《中国保险报》	小险种、大杠杆 缓解农村融资难	王小韦 李盼
102	2016 年 4 月 12 日	《中国保险报》	保险门店销售不容忽视	马丽娟 王小韦
103	2016 年 4 月 14 日	《中国保险报》	陕西保监局调研保险销售基金	韩蕾 王小韦
104	2016 年 5 月 4 日	《中国保险报》	陕西首个保险创新试验区启动	王岩 王小韦
105	2016 年 5 月 9 日	《中国保险报》	陕西保监局：用创新提升“消保”工作	郭蓉芳 王小韦
106	2016 年 5 月 12 日	《中国保险报》	亮点、惑点、支点——探索基层保险机构微信营销	苟蕊 王小韦
107	2016 年 5 月 11 日	《中国保险报》	车险经营：越亏损越豪放	王小韦 马丽娟
108	2016 年 5 月 19 日	《中国保险报》	景区落石砸中游客，保险怎么赔	王小韦　王雨飞 马丽娟
109	2016 年 5 月 31 日	《中国保险报》	陕西保监局：推动行业提升服务水平	韩蕾 王小韦
110	2016 年 5 月 24 日	《中国保险报》	防控基层保险机构非法集资风险	陈朝阳　王小韦 吴锦今
111	2016 年 6 月 2 日	《中国保险报》	高速公路散落货物酿事故，保险突围路在何方	王小韦
112	2016 年 5 月 31 日	《中国保险报》	银保业务监管转型升级路径抉择	王小韦 杜娟

续表

序号	发表日期	发表刊物	文章名称	课题组成员
113	2016年第9期	《中国保险市场》	营改增对保险中介市场影响几何	王小韦 王雨飞
114	2016年第56期	《保险中介市场》	保险中介新政下，香港保险中介市场监管对内地的启示	关亿信 王小韦 马丽娟
115	2016年6月8日	《中国保险报》	三道防线反车险欺诈	胡刚 王小韦 马丽娟
116	2016年6月16日	《中国保险报》	三大节点提升行业精准培训	王小韦 苟蕊
117	2016年6月22日	《中国保险报》	车险微信理赔实现多赢	王小韦 王雨飞
118	2016年6月30日	《中国保险报》	谈寿险公司高管培训	王小韦 苟蕊
119	2016年7月7日	《中国保险报》	西安推行交通事故微信双定	王小韦 王雨飞 杨科技
120	2016年7月6日	《中国保险报》	车险规则创新：北京一小步 行业一大步	王小韦 王雨飞 马丽娟
121	2016年7月19日	《中国保险报》	“网约车”平台会成为车险公司的挑战者吗	王小韦 王雨飞 马丽娟
122	2016年7月21日	《中国保险报》	当经济轿车撞上豪华汽车	王小韦 陈曙 马丽娟
123	2016年7月21日	《中国保险报》	准驾车型不符，保险不予赔偿	王小韦 陈曙 马丽娟
124	2016年7月28日	《中国保险报》	陕西保监局：促银行类“兼代”新政落地	王雨飞 王小韦
125	2016年12月第47期	《中国保险市场》	“打通”解读银保新规	王小韦 王雨飞
126	2016年8月3日	《中国保险报》	变车险比价为综合评价	胡刚 王小韦
127	2016年8月4日	《中国保险报》	玩具汽车碰倒老人，保险赔不赔	马丽娟 王小韦
128	2016年8月4日	《中国保险报》	违章变道被撞翻车，保险赔不赔	马丽娟 王小韦

续表

序号	发表日期	发表刊物	文章名称	课题组成员
129	2016 年第 57 期	《保险中介市场》	关于车险经营划段的研究	王小韦 马丽娟
130	2016 年第 57 期	《保险中介市场》	“打通”解读银保新规（修订稿）	王小韦 王雨飞
131	2016 年 8 月 11 日	《中国保险报》	陕西试水为养老机构提供保障	范江丽 王小韦
132	2016 年 8 月 17 日	《中国保险报》	“一体化”思维：破解车险经营难题	胡刚　王小韦 马丽娟
133	2016 年 8 月 25 日	《中国保险报》	银保新规“三抓手”	王小韦 胡刚
134	2016 年 8 月 31 日	《中国保险报》	商业车险转型需要新思维新举措	王小韦 王雨飞
135	2016 年 8 月 30 日	《中国保险报》	借鉴美国经验，推动我国农险转型升级	杨科技 王小韦
136	2016 年 8 月 31 日	《中国保险报》	机动车肇事逃离现场，保险赔不赔	马丽娟 王小韦
137	2016 年 9 月 12 日	《中国保险报》	延安保险业快速应对安塞暴雨洪灾	高川 王小韦
138	2016 年 9 月 20 日	《中国保险报》	延安保险业向辖内灾区献爱心	高川 王小韦
139	2016 年 9 月	《中国保险报》	陕西保监局推进中介“两两”回头看	郜恺 王小韦
140	2016 年 9 月 22 日	《中国保险报》	顾客在银行网点跌倒摔坏佩饰，保险赔不赔	王小韦　王雨飞 马丽娟
141	2016 年 9 月 27 日	《中国保险报》	陕西保险业为“丝路行”活动保驾护航	范江丽 王小韦
142	2016 年 9 月 27 日	《中国保险报》	两车先后撞上同一个人致其死亡，保险如何赔偿	王小韦 王雨飞
143	2016 年 9 月 28 日	《中国保险报》	车险经营要不要“去中介化”	曹春喜　王小韦 马丽娟
144	2016 年 10 月 11 日	《中国保险报》	新环境、新理念、新举措——构建农村保险保障新格局	王小韦　马丽娟 （备注：获奖）

续表

序号	发表日期	发表刊物	文章名称	课题组成员
145	2016年10月18日	《中国保险报》	友情代驾要小心！出了事故，可能双方都担责	王小韦 王雨飞
146	2016年10月20日	《中国保险报》	快速处理保险纠纷 陕西保监局坚持“三个一”	耿西瑶 王小韦
147	2016年10月24日	《慧保天下》	机器人“入侵”保险业，哪些保险人的饭碗会被先砸	王雨飞 王小韦
148	2016年10月27日	《中国保险报》	新形势下保险中介培训工作如何做	王小韦 马丽娟
149	2016年11月8日	《中国保险报》	区块连技术是一把“双刃剑”	王小韦 王雨飞
150	2016年11月24日	《中国保险报》	陕西省试行“访后付费”制度	韩蕾 王小韦
151	2016年12月2日	《中国保险报》	陕西保监局举办党务干部培训班	孙韵平　许凤 王小韦
152	2016年12月7日	《中国保险报》	延安保监分局营造发展环境	高川 王小韦
153	2016年第10期	《保险理论与实践》	当前银保业务监管转型路径选择	王小韦 杜娟
154	2016年12月20日	《中国保险报》	激活传统保险市场的“鲇鱼”	王小韦 张婷
155	2016年12月26日	《中国保险报》	推动安责险：法治和技术一个都不能少	王小韦
156	2016年12月29日	《中国保险报》	陕西保监局搭建平台支持行业创新	海畅 王小韦
157	2017年1月5日	《中国保险报》	2016年保险营销：活跃在改革与延续之间	王小韦
158	2017年1月6日	《中国保险报》	细节看保险：理赔快又足，更要防得勤又准	黄明明 王小韦
159	2017年1月10日	《中国保险报》	细节看保险：金华一小步，保险一大步	黄明明 王小韦
160	2016年第11期	《中国保险》	对商业车险改革的深度思考	王小韦　马丽娟 王雨飞

续表

序号	发表日期	发表刊物	文章名称	课题组成员
161	2017 年 1 月 12 日	《中国保险报》	十起大巴恶性交通事故对当前车险主动经营的启示	王小韦 胡刚
162	2017 年 1 月 20 日	《中国保险报》	责任保险发展要靠两大支点	黄明明 王小韦
163	2017 年 1 月 17 日	《中国保险报》	中保信将为 UBI 车险腾飞插上翅膀	胡刚　王小韦 王雨飞
164	2016 年 12 月第 59 期	《保险中介市场》	管控营销“咽喉”，回归“保险姓保”	王小韦 胡刚
165	2017 年 1 月 19 日	《中国保险报》	创新保险营销新思维（上）	王小韦　王雨飞 郜恺
166	2017 年 1 月 24 日	《中国保险报》	互联网保险中介转型之道	王小韦 王雨飞
167	2017 年 2 月 9 日	《中国保险报》	动物园老虎伤人，保险赔不赔	王小韦 王雨飞
168	2017 年 2 月 14 日	《中国保险报》	规范保险移动展业平台的三大抓手	高笑寒 王小韦
169	2017 年 2 月 15 日	《中国保险报》	融合痛点：提升 4S 店车险体验满意度	王小韦 王雨飞
170	2017 年 2 月 16 日	《中国保险报》	保险营销转型至关重要	王小韦 马丽娟
171	2017 年 2 月 9 日	《中国保险报》	互联网车险“破茧化蝶”的三道关	胡刚　王小韦 马丽娟
172	2017 年 1 月 17 日	《中国保险报》	应对车险欺诈“内功”探析（上）	胡刚 王小韦
173	2017 年 2 月 13 日	《中国保险报》	如何把控险资债券回购中的三大风险	倪金乾　王雨飞 王小韦
174	2017 年 2 月 21 日	《中国保险报》	保险中介 APP 营销：创新还是搅局	黄鹏 马丽娟
175	2017 年 2 月 23 日	《中国保险报》	用好校责险，对“校园欺凌”说不	王小韦 陈曙
176	2017 年 2 月 21 日	《中国保险报》	保险公估机构转型：增质、增技、增营	黄鹏　郜恺 王小韦

续表

序号	发表日期	发表刊物	文章名称	课题组成员
177	2017年2月27日	《中国保险报》	陕西创新苹果保险试点助力老区果业发展	杨科技 王小韦
178	2017年3月1日	《中国保险报》	大型保险公司精耕汽车4S店业务策略	王小韦 高笑寒
179	2017年3月	《中国保险报》	农险杨凌提供风险保障13亿元	张育新　张艳玲 王小韦
180	2017年3月7日	《中国保险报》	保险科技抵达彼岸需铺好三块“桥板”	高笑寒 王小韦
181	2017年3月7日	《中国保险报》	保险中介互联网转型的窘境与出路	马丽娟
182	2017年3月10日	《中国保险报》	保险业的碎片化思维和系统化思维	黄明明 王小韦
183	2017年3月15日	《中国保险报》	中小险企4S店业务如何实现弯道超车	高笑寒 马丽娟
184	2017年3月15日	《中国保险报》	与保险公务 共享交通能否走更远	黄鹏
185	2017年3月28日	《中国保险报》	保险业反洗钱监管模式转型：从合规到风控	戴娟 王小韦
186	2017年4月10日	《中国保险报》	陕西延川试点保险扶贫新模式	高川 王小韦
187	2017年4月11日	《中国保险报》	保险需要追赶共享交通进步的节奏	高笑寒 王小韦
188	2017年4月11日	《中国保险报》	陕西黄陵县打造民生保险网	慕阳阳 王小韦
189	2017年4月18日	《中国保险报》	剖析典型热点事件，提高风险管控能力	高笑寒 王小韦
190	2017年4月19日	《中国保险报》	提升车险服务的三大路径	浐灞（王小韦）
191	2017年4月19日	《中国保险报》	车险经营适应汽贸新政之道：三改一加强	王小韦 王雨飞
192	2017年4月26日	《中国保险报》	延安发文促推食责险	薛玥 王小韦

续表

序号	发表日期	发表刊物	文章名称	课题组成员
193	2017 年 5 月 4 日	《中国保险报》	酒驾电动车撞上路边停放的机动车遇难，保险赔不赔	王小韦 李霞（甘肃局）
194	2017 年 5 月 4 日	《中国保险报》	陕西查处非法“车险超市”	王雨飞 王小韦
195	2017 年 5 月 11 日	《中国保险报》	陕西保监局召开保险中介监管工作会	王雨飞 王小韦
196	2017 年 5 月 22 日	《中国保险报》	细节看保险：遏制车祸的三道防线	黄明明 王小韦
197	2017 年 5 月 23 日	《中国保险报》	碎片化保险产品应注重“三个结合”	李霞（甘肃局） 浐灞
198	2017 年 5 月 23 日	《中国保险报》	互联网保险下一站：借力、人才、环境	高笑寒 王小韦
199	2017 年 6 月 1 日	《中国保险报》	闪婚后丈夫谋杀妻子，保险赔不赔	王小韦 李霞（甘肃局）
200	2017 年 6 月 5 日	《中国保险报》	反车险欺诈：练内功终于借外力	黄明明 王小韦
201	2018 年 6 月 7 日	《中国保险报》	揭开另类“车险超市”的神秘面纱	马丽娟 王小韦
202	2017 年 6 月 6 日	《中国保险报》	互联网保险的“风口”和“裸泳”	王小韦 高笑寒
203	2017 年 6 月 13 日	《中国保险报》	打造反保险欺诈的“中央厨房”	王小韦 黄明明
204	2017 年 6 月 21 日	《中国保险报》	错过网约车，UBI 车险还有风口吗	王小韦
205	2017 年 6 月 22 日	《中国保险报》	差异化培训转型呼之欲出	马丽娟 王小韦
206	2017 年 6 月 28 日	《中国保险报》	探寻反保险欺诈机制建设规律	黄明明 王小韦
207	2017 年 6 月 28 日	《中国保险报》	非交通事故导致校车出险，保险赔不赔	王小韦 王雨飞
208	2017 年 7 月 6 日	《中国保险报》	保险业能否跟上无人驾驶时代来临的节奏	高笑寒 王小韦

续表

序号	发表日期	发表刊物	文章名称	课题组成员
209	2017 年 7 月 18 日	《中国保险报》	未来保险业发展的三大制高点	高笑寒 王小韦
210	2017 年 7 月 20 日	《中国保险报》	“叠加”背景下的保险专代监管	马丽娟 王小韦
211	2017 年 8 月 15 日	《中国保险报》	定制保险：保险业发展的下一片蓝海	高笑寒 王小韦
212	2017 年 8 月 22 日	《中国保险报》	预防大巴车风险：管控“软措施”应当更“硬”	王小韦 王雨飞
213	2017 年 8 月	《中国保险报》	互联网保险助推保险回归保障的三大支点	王小韦 高笑寒
214	2017 年 9 月 4 日	《中国保险报》	细节看保险：开学三味	黄明明 王小韦
215	2017 年 9 月 7 日	《中国保险报》	无接触性交通事故中机动车担责，保险赔不赔	李霞（甘肃局） 王小韦
216	2017 年 9 月 11 日	《中国保险报》	保险可以拯救“替罪羊”吗	黄明明 王小韦
217	2017 年 8 月 24 日	《中国保险报》	电梯安全事故频发，保险该怎么赔	浐灞（王小韦） 航天（王雨飞）
218	2017 年 9 月 12 日	《中国保险报》	滞后低效连带：智能保险能否开启交通智能监管新时代	王小韦 高笑寒
219	2017 年第 61 期	《保险中介市场》	政策“切换期”，个代监管转型之道	高笑寒 王小韦
220	2017 年 9 月 20 日	《中国保险报》	中介变革路上勿忘风险防范	王小韦 马丽娟
221	2017 年 9 月 21 日	《中国保险报》	车险理赔“竞速”利好反车险欺诈	黄明明 王小韦
222	2017 年 10 月 9 日	《中国保险报》	保险欺诈的罪与罚	黄明明 王小韦
223	2017 年 10 月 17 日	《中国保险报》	互联网促进保险保障回归	苏洁 王小韦
224	2017 年 10 月 18 日	《中国保险报》	遏制意外险欺诈的三道防线	黄明明 王小韦

续表

序号	发表日期	发表刊物	文章名称	课题组成员
225	2017 年 10 月 27 日	《中国保险报》	陕西保监局与陕西省工商局联合发文整治中介市场乱象	王雨飞 王小韦
226	2017 年 10 月 24 日	《中国保险报》	“新一拨”互联网保险中介面面观	王小韦
227	2017 年 10 月 26 日	《中国保险报》	父母为成年子女购买新型寿险产品效力如何	李霞 王小韦
228	2017 年 10 月 31 日	《中国保险报》	人工智能影响保险业的切入点	王小韦　马丽娟 郜恺
229	2017 年 11 月 1 日	《中国保险报》	发挥保险基本保障功能助力车险经营转型	王小韦 王雨飞
230	2017 年 11 月 14 日	《中国保险报》	互联网保险与传统保险合作大于竞争	田丽　王小韦 苏洁
231	2017 年 11 月 16 日	《中国保险报》	陕西规范保险欺诈案件移办流程	胡刚　黄鹏 王小韦

后记

仰望百万　伏耕卅万

小段子，大调侃、大激励、大智慧。关于奋斗目标的小段子，耳熟能详的如：人要有点梦想，万一实现了；先定个小目标，比如一个亿吧；人活着，如果无梦想，何异于咸鱼。我的写作有没有小目标？我时常自我发问。

给后记写下上魔神标题，是在完成《保险观察与思考（2017）》书稿的最后一遍校对时。利用正常工作之外的“边角碎料”的业余时间，整理近一年来（2016 年 9 月初至 2017 年 9 月初）公开发表的文章，倍费周折，难以一帆风顺，与我想象的相去甚远。

上述后记标题，是我和我的写作团队在写作道路上的小目标。仰望百万，是总体目标，意味着从 2011 年发表第一篇文章开始，到 2018 年底累计发表 100 万字的文章；伏耕卅万，是年度目标，意味着从 2017 年 10 月开始，到 2018 年底发表约 30 万字的文章。《保险观察与思考（2012—2016）》《保险观察与思考（2017）》两本书累计收录文章超过 70 万字，距离 100 万字还相差 30 万字，所以就确定 2018 年度发表文章的目标为 30 万字。

定下这样的写作目标，动力在哪里？目的在哪里？时间在哪里？题材在哪里？写作到底为了什么？蓦然回首，从六年前发表第一篇文章开始，截至 2017 年底累计发表文章 250 篇以上。名乎？在保险业理论研究群体中，知名度小有斩获，跻身于陕西省劳动模范候选人（2017 年）行列，走上了处室工作管理岗位。利乎？长期伏案写作诱发的疾病所花费的医疗费远远大于稿费的收入，说成生意肯定是亏损的。综合起来，还要从心态视角进行破题、答疑。之所自我加压、自我约束、自我激励，更多的原因和答案在于乐于其中，进行自主选材、自主选题、自主思考的写作，不失为一种享受，一种快乐，一种成就。

在此，我和我的同仁们，向百忙之中抽出时间给本书作序的冯占军、郭振华、仝春建三位先生表示衷心的感谢和崇高的敬意。未来，对于保险市场和保险学术，我们将继续观察，继续思考，继续撰文，继续发声。

王小韦

2017 年 12 月 31 日